中国现当代作家传 总主编/温儒敏

图本张爱玲传

杨天舒/著

长春出版社
全国百佳图书出版单位

图书在版编目(CIP)数据

图本张爱玲传 / 杨天舒著. — 2版. — 长春 : 长春出版社, 2015.1

(中国现当代作家传)

ISBN 978-7-5445-3568-7

Ⅰ. ①图… Ⅱ. ①杨… Ⅲ. ①张爱玲(1920~1995)–传记 Ⅳ. ①K825.6

中国版本图书馆 CIP 数据核字(2014)第 261696 号

图本张爱玲传

著　　者 杨天舒

责任编辑 吴　尧

装帧设计 庄宝仁

出版发行 長春出版社　　总编室电话：0431-88563443

发行部电话：0431-88561180　　邮购零售电话：0431-88561177

地　　址 吉林省长春市建设街 1377 号

邮　　编 130061

网　　址 http://www.cccbs.net

制　　版 长春出版社美术设计制作中心

印　　刷 长春第二新华印刷有限责任公司

经　　销 新华书店

开　　本 787mm×1000mm　1/16

字　　数 230 千字

印　　张 16.5

版　　次 2011 年 1 月第 1 版

2015 年 1 月第 2 版

印　　次 2015 年 1 月第 1 次印刷

定　　价 34.00 元

张爱玲像

中国现当代作家传

总序

北京大学中文系教授
中国现代文学研究会会长 温儒敏

现代作家传记坊间已有多种，为何还要出这套书？和以往的作家传记相比，这套书有什么特色？我看有这么四点。

一是图文互动。这套书命名为“图本传记”，因为有大量的“图”。不是新画的插图，而是老照片。每本书的编写过程，编者都花费很多精力去搜寻有关传主的各种照片资料。这套书在“图”这方面是下了大功夫的。照片在书中不是文字的附庸或者补充，而是经过精心的编排，其本身就构成书的主干部分，和文字同等重要。图与文互动映照，互为阐释，更生动也直观地叙说传主的生平。那些斑驳陈旧的老照片不光为了“好看”，也是为了制造浓厚的历史现场感，给人某种冲击，加上文字的点拨，读者就愈加真切地感受到传主及其所处的时代的那些情味。

二是回归日常。和常见的以褒扬颂赞为主的评传不同，这套传记更注重把作家看作是特定时代中有个性的生命体,是“人间的”作家,而不是超人。编者不拒绝传主的日常表现、逸闻琐事,格外留意捕捉一些生活细节、性格侧面,甚至某些独异的品性。这会和我们通常对这些作家的认识有些“落差”,但阅读的兴趣反而由此生发。即使鲁迅这样的大作家,也不见得老要对他仰视,有时采取平视,会让人觉得亲切,能触摸到他生活化、人情味的一面,也就可以更放松地走近文学巨人。对传主的生活与心性的描写越是具体而丰富,也就越有利于对他们创作的深入了解,帮助读者进入作家的世界。

三是史家笔法。这套书虽然面向普通读者,却有厚实的学术支持,有史家的眼光与方法。编撰者都清楚意识到,现代作家传记的写作其实就是文学史研究的一支,内容的真实性与可靠性是前提,而且因为立足真实,还可以纠正或补充文学史之不足。这套书搜求与考证了许多历史资料,补正了以往文学史对相关作家评价上的某些偏失,丰富了对文学史的理解。丛书还吸纳了当前学界对相关作家研究的很多新的成果,显现出鲜明的学理追求。这套书既注重对传主创作生涯的轮廓勾勒,又有历史细部的体察,所唤起的是一种知性与感性的交织。读这样的传记能得到灵魂游历的快感,又有睿智的启迪。

四是优美可读。这套书各册出自不同编者之手,他们都是有建树的学者,彼此风格不同,共同的都很注重和读者平等交流,用比较平实而活泼的笔调去引领读者。这种图本叙述方式既是文学的,又带有浓厚的“科普”特点,文学史研究专深的成果在这里终于转化为平易诱人的传记论说。这套书总让读者感到一种亲和力,仿佛可以和编者一起，在令人心旷神怡的传记林苑中游逛，触摸那些现代作家非同寻常的生活轨迹，体味他们的苦恼与欢乐，思索他们的经验与忠告，细察各种人生况味，增加生活的见识与乐趣！和那些作家“约会”，不但加深了对他们创作的理解，还能感受某种精神的提升，对应我们自己的生活，也许可以在迷惘中得到启示，寂寞中领略抚慰，失意中获取鼓舞。

现代文学已经成为一种“新传统”。作为文学传统的相当重要的部分，是一代代众多作家的创作积存，保留着社会群体的共同记忆。其中一些作品经过时间的筛选，成为经典，占据着传统中显要的位置，对后世产生持续的影响。无论承认与否，现代文学“新传统”已经成为某种常识，或某种普遍性的思维与审美的方式，无孔不入，无处不在，渗透到了社会生活的各个方面。我们为何需要阅读现代文学？就因为这是宝贵的资源，因为它在规范和制约我们的思想与感觉，我们必须了解“新传统”，不断从当代的高度去阐释“新传统”。从这个意义上说，阅读现代作家传记，了解现代文学作品，就是认识与理解“新传统”的一种需要。阅读现代作家传记，可以拉近我们与现代经典的距离，更可以具体感触已经过往的那个世纪的风云，体验前辈先贤的精神气度。从传记角度去理解和阐释“新传统”，也就是这套图本传记的编撰宗旨吧。

几年前，我为人民教育出版社编写过一本《中外传记作品选读》，作为高中语文选修教材。我在前言中曾写下这样一段话，表示我对传记阅读的期望。现不妨转录于此，贡献给读者，特别是接触到这套书的年轻的朋友们：

读传记常常让人陷入沉思：我们该怎样设计自己的人生？从杰出人物和成功者那里吸取经验，可能是最好的途径。年轻人大概都有自己的偶像，这是很自然的事情。如果我们希望自己的人生过得更充实而有意义，不妨就把目标定得高一点，偶像的选择不是追逐时尚，而是取法乎上，把那些真正能在思想、智慧和人格上不断激励我们、完善我们的人物，作为精神上的良师益友，学习的榜样。青少年时期多读一些杰出人物的传记，在接触人类精神高端的过程中张扬我们的灵性，塑造我们健全的人格，那会终身受益。

这就如同英国思想家培根所说过的："用伟人的事迹激励我们，远胜一切的教育。"

2010年5月5日于京西蓝旗营寓所

目录

引 言

引 言

如今，张爱玲在华语世界已经是一个熟透了的名字，甚至颇有些被书写过度的意味。

在文学研究领域，跟张爱玲相关的学士学位论文、硕士学位论文和各种研究论文、专著不断推陈出新，除了对张爱玲小说的文本解读之外，还涉及意象梳理、心理分析、文化模式、流派传承、雅俗之间、女性主义、生平考证等方方面面，可以说是探赜索隐，乐此不疲。

进入到大众阅读领域，更是乱花渐欲迷人眼。在网络传播中，“张爱玲”在百度搜索引擎中的搜索结果，是庞大得惊人的一千零五十多万个网页，而其他现代作家，除鲁迅有三千一百多万个网页外，如老舍、沈从文、钱锺书，仅不到500万个网页。同样，与张爱玲相关的出版物和各种报道也是铺天盖地：各种版本的文集、全集、单行本、插图本琳琅满目，各类或严肃或传奇的生平传记、爱情故事、家族逸闻五花八门，还有各种独具只眼、另辟蹊径的作者，或不辞辛苦地寻访张爱玲曾经的足迹，或百折不挠地试图与张爱玲近距离接触，不断书写着如张爱玲与美食、张爱玲与艺术、张爱玲与城市、张爱玲与广告，甚至张爱玲与垃圾……大家对于张爱玲的关注，似乎已经不再局限于文学爱好，更如追星一般，关注着张爱玲的言谈举止、衣食住行、生前身后，绝不错过任何有关张爱玲的蛛丝马迹，难怪这世上喜欢鲁迅的人不称“鲁迷”，喜欢沈从文的人不称“沈迷”，唯独喜欢张爱玲的人，称“张迷”。

夏志清说，凡是中国人都应该读张爱玲。

林青霞说，张爱玲使她了解并喜爱上海。

宋以朗说，销毁《小团圆》会是一件大罪过。

师叔青说，《张爱玲短篇小说集》是她的圣经。

余秋雨说，在张爱玲笔下，一个远年的上海风韵永存。

胡兰成说，但凡有一句话，一件事，是关于张爱玲的，便皆成为好。

贾平凹说，与张爱玲同活在一个世上，也是幸运，有她的书读，这就够了。

戴文采在采访遭拒转而如数家珍地翻检张爱玲的垃圾之后说，只有张爱玲，才值得自己这样做。

事实上，每一个与张爱玲有关的文化事件，都会催生出一系列新的文化热点和新的书稿。2005年小说佚文《郁金香》的出土，2007年电影《色｜戒》的上映，2009年自传体小说遗稿《小团圆》的出版，加之层出不穷的各种版本的影视剧改编……每每觉得张爱玲仿佛要淡出大众的视野，就又会有新的焦点，引人注目流连。

有人说，张爱玲的传奇，永远完不了。这话也许是对的，她在华语世界掀起的文化热潮似乎从未终结，学者、作家、编剧、导演、“张迷”、普通读者和观众，每个喜欢张爱玲的人，仍在以自己的方式书写着心中的张爱玲。这个生前冷漠地回避着整个世界的临水照花人，仿佛命中注定要以另外一种方式延续自己的传奇，全方位、多侧面、360度无死角地被世人苦苦纠缠。

有关张爱玲的雪球，还在一日甚于一日地越滚越大。

如今，我也成了这庞大雪球中的一粒尘埃，能不能如张爱玲所说的，在尘埃里开出花来，我不知道。只是觉得，在繁花似锦的时尚文化的簇拥下，张爱玲之花越来越异艳夺目，给人的感觉却也越来越虚幻，越来越不真实。

始终觉得，阅读张爱玲还是应该坐在安静的图书馆里，翻阅那些民国时期的旧杂志、旧报纸。《天地》、《杂志》、《万象》、《紫罗兰》、《申报》……下午的阳光透过百叶窗静静地洒落在泛黄的纸上，洗去刺目的光芒，变得温暾而懒散。泛黄的纸片一页页翻过，簌簌落下细碎的纸屑，一股怀旧的气息裹着半个多世纪之前的陈年往事，漫天过海地弥漫在空气中。

此间的张爱玲，没有被大众消费文化过度包装的外衣，安安静静地站在故纸堆里，一颦一笑尽在不言中。看着《天地》杂志上刊登的张爱玲小像，就忍不住嗤笑胡兰成初见此照片时的心念蠢动；看见《申报》上一日不落的话剧《倾城之恋》的广告，就仿佛想见20世纪40年代上海新光大剧院的繁华；看着《杂志》上舞蹈家崔承喜在华演出的大幅剧照，就自然联想起张爱玲穿着明艳的旗袍和胡兰成一起，坐着黄包车去看她的舞蹈演出；看着《万象》杂志上迅雨（傅雷）对张爱玲的评论，就会遥想当年，张爱玲在文坛横空出世、引来世人惊叹的盛况。

思绪在一行行素雅的文字、一张张黑白照片和一幅幅线稿插图之间流转，这让人相信，有时候仅仅是图书馆中安静的一隅，就能感受到一个远年的上海女子永存的风韵。

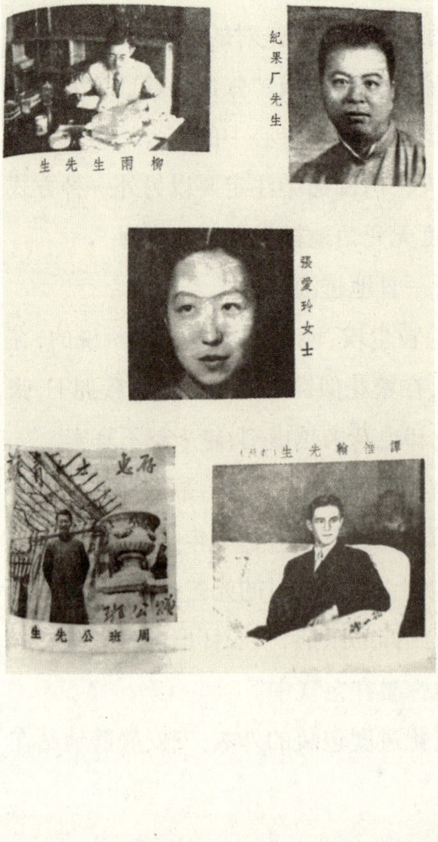

《天地》杂志第四期上刊登的作者照，中间为张爱玲。此时的张爱玲，怀着“出名要趁早”的梦想在文坛崭露头角，仍是内敛地笑着，仿佛在另外四位作者的簇拥下显得有点羞涩。当年胡兰成正是读了她的小说《封锁》，又看到了这张照片之后，才心潮翻涌，决意登门造访的。如今，昔日的才女早已走完了自己孤寂的一生，似水流年也早已淹没了上海滩往日的喧哗与骚动。曾经鲜活的人生沉淀在尘封的纸片上，任岁月染上经年的风霜，只觉笑意淡淡倦倦，透着世事流转的苍凉。

第一章

百年家族

第一章

百年家族

这是张爱玲的母亲最喜欢的一张照片,20世纪40年代末她母亲回国，在张爱玲众多的照片中挑了这张带走，直到1957年她从母亲的遗物中再次发现这张照片。此时已37岁侨居美国的张爱玲,从一箱遗物中拣出这张照片,看自己年轻时的容颜,想着自己和母亲,和整个家族的种种罗愁绮怨,必定是千愁万绪,百感交集。

1957年，侨居美国的张爱玲收到自英国寄来的邮包，这是她母亲的遗物。轻轻打开箱子,多少恍如隔世的前尘往事,在不经意间纷至沓来。一张旧照片、一件老古董,都是一个故事、一段回忆。这一刻,她跟母亲,甚至跟整个家族的罗愁绮恨,仿佛全回来了。

一、蹉跎暮容色,煊赫旧家声

张爱玲的祖母是晚清重臣李鸿章的女儿,祖父是晚清名臣张佩纶,母亲是曾名震一时的长江水师提督、被封为男爵的黄翼升的孙女,连继母也是晚清山东巡抚、后来又做过北洋政府国务总理的孙宝琦的女儿。如果把她的家族各系统的祖辈们算在一起,各级大小官员、状元、进士、举人应有尽有。在今天看来,这份显赫的家族背景,标志着她贵族的血统,也渲染了她传奇的人生,是一个超级豪华的光环。不过这只是今人论史,习惯性地附会。一个大家族在百年间的兴衰流转,对其子弟来说,其间的意味往往要深刻复杂得多。

当少年张爱玲初次发现自己的家世的时候，确实如同发现了一个失传已久的古老神话,不禁带着神秘、向往和浪漫的情感去探究。然而她的兴奋与长辈们的冷淡恰成对比。父亲说,想知道爷爷的事,到屋里看爷爷的全集去;姑姑的态度更是一针见血:现在不兴这些了,问这些干什么?被泼了冷水的张爱玲虽然年纪小,大概也逐渐悟到了什么,她不好意思去问教书先生这些，仿佛爱谈家世似的。

张爱玲出生的上海老宅。据考证,位于今康定东路八十七弄。[①]这是李鸿章给女儿李菊耦(即张爱玲的祖母)的众多陪嫁房产中的一处。它占地颇广,样式中西合璧,有很大的花园,连给仆人住的房子都专门有一整排。辛亥革命爆发之后,张爱玲的祖母举家由南京辗转青岛,然后迁到这里。这座清末民初样式的"豪宅",见证了一个家族的繁华与沉寂。

①此地址据作家淳子考证,参见淳子:《在这里:张爱玲城市地图》,第42页,北京,人民文学出版社,2006。

父辈们的态度其实不难理解，虽然他们仍然受着祖上的余荫，但真正的豪华却已是明日黄花，他们又没有足够的历史距离诉说隔世的繁华，结果只变成豪华背影里的一条尾巴，不是荣耀，而是压抑和难堪。更何况他们的外祖父李鸿章和父亲张佩纶都是毁誉参半的人物，《马关条约》和马江之战的阴影尚未退去，据说张爱玲姑姑当年的一个意中人，就因为她是卖国贼的后人而跟她疏远了。①

随着年龄的增长，张爱玲已经懂得了父辈们在家世阴影下的压抑和沉沦。家族繁华的历史尚未成为华丽的光环，却先成了华丽的古墓。于是，此间的遗老遗少们纷纷被写进她的小说，例如将舅舅写成"酒精缸里泡着的孩尸"，不能不说触目惊心。这时张爱玲跟父母、舅舅的关系或淡薄或反目，唯一的弟弟也很少来往。除了姑姑，她仿佛和自己的家族结下了无数说不清的恩怨。对于家世背景，她采取了和父辈们相似的态度，含糊其辞，敬而远之。虽然也有女作家潘柳黛指证说张爱玲喜欢炫耀自己的贵族出身，但至少目前来看，40年代留下的诸多史料并无此类记载。

时光流转，历史终于给了人们足够的距离来诉说隔世的繁华，张爱玲的贵族出身也成为人们津津乐道的话题。晚年的她，在异乡独自"对照索记"，对百年来的家族血统，终于不再回避，并且不吝笔墨，用去绝对的篇幅。她甚至坦然承认，家族里这些远年的旧影和百年的传奇佳话，是她满目苍凉的心灵的唯一的慰藉：

> 我没赶上看见他们，所以跟他们的关系仅只是属于彼此，一种沉默的无条件的支持，看似无用，无效，却是我最需要的。他们只静静地躺在我的血液里，等我死的时候再死一次。
>
> 我爱他们。②

①参见朱俊英：《爱过半世纪》，载《读者》2007年第15期。②张爱玲：《对照记》，第45页，北京，北京十月文艺出版社，2007。

其实，他们从未离开过。他们只是以不同的方式存在而已。如今，张爱玲终于可以放下一切罗愁绮恨，饱含深情地面对自己的家族血统，相信他们已经沉淀在自己的血液里，穿越前世今生，如影随形。

这是一种讲和，是一种了悟，也是一种豁达。

张爱玲家族的华丽背景可以一直追溯到她祖母的父亲、晚清重臣李鸿章。李鸿章少年聪颖，热衷仕途，21岁中举人，24岁中进士，27岁列翰林院编修，38岁任江苏巡抚并组织淮军镇压太平天国，41岁因镇压太平天国有功被封“一等伯”爵位，44岁任湖广总督、协办大学士、赏太子太保衔，47岁任直隶总督兼北洋通商大臣，统管洋务、通商、海防各事，并且在这个职位上一干就是25年，参与了清政府有关内政、外交、经济、军事等一系列重大决策，直到78岁主持签订《辛丑条约》后不久呕血而死。

1844年，21岁的李鸿章写下“一万年来谁著史，三千里外欲封侯”的诗句的时候，一定不会想到，自己后

李鸿章(1823-1901)，安徽合肥东乡人。他曾这样概括自己的一生：“少年科举，壮年戎马，中年封疆，晚年洋务，一路扶摇。”然而最终随着甲午海战的失败，主持签订各种不平等条约，“一生事业扫地无余”。他的一生毁誉参半，虽然封侯拜相，但终难功德圆满，再华美的官袍顶戴，也难免爬满虱蚤。梁启超在为他撰写的传记中说：“吾敬李鸿章之才，吾惜李鸿章之识，吾悲李鸿章之遇。”

来在宦海沉浮半个多世纪，真的成为被写入晚清几乎所有重大历史事件的重要人物。这个历经道光、咸丰、同治、光绪四朝的重臣，直接参与处理过太平天国、捻军起义、中法战争、洋务运动、中日甲午战争、戊戌变法、义和团运动、八国联军侵华等晚清历次重大事件。他死后被追封为一等侯爵，追赠太傅，入贤良祠，终于实现了少年时封侯拜相的梦想；但是同时，他晚年以主和派的身份代表清政府签订了《中法新约》、《马关条约》、《辛丑条约》、《中俄密约》等一系列不平等条约，又令他成为众矢之的，一时间被斥为“国人皆曰可杀”的卖国贼。李鸿章是中国近代史上最有争议的人物之一，虽然封侯拜相，却终难功德圆满，再华美的生命的袍，也难免爬满虱蚤。这种毁誉参半的人生，交织着极致绚烂的繁华与四面楚歌的苍凉，成为张爱玲家族传统中浓墨重彩的一笔。

张爱玲的祖母李经璹（菊耦）18岁时和母亲的合影。照片中这位威仪端庄的诰命夫人就是李鸿章的妻子赵氏（小字莲儿），出身书香世家，祖父高中状元，父、兄、侄一家三代进士，是李鸿章的同乡。李菊耦陪侍在母亲身侧，“穿着宽博的轻罗衫袴，高挑身材，头发中分，横V字头路，双腮圆鼓鼓的鹅蛋脸，眉目如画，眼睛里看得出在忍笑”①，有名门闺秀的俊雅大气。

张爱玲的祖母李经璹（小字菊耦）是李鸿章的长女。这位

①张爱玲：《小团圆》，第106页，北京，北京十月文艺出版社，2009。

豪门千金，在文学家曾朴的笔下“貌比威、施，才同班、左，贤如鲍、孟，巧夺灵、芸”。除去文学家的渲染，李菊耦确实美丽端庄，熟读诗书典故，精通琴棋书画，擅长煮茶，而且通晓政务时事，洞察官场规则，到23岁出阁之前一直帮父亲代看公文。她出阁后唯一的妹妹李经溥又接下了姐姐的职责，继续帮父亲看公文到22岁出嫁。在当时，姊妹两个都是典型的晚婚。这固然是李鸿章对这一双女儿宠爱至极，着意多留在身边几年，还有一层原因，恐怕就是深似海的侯门有时候也着实令人望而生畏。张爱玲以祖母的妹妹李经溥为原型创作的小说《创世纪》，就曾谈及这两姊妹在婚姻方面的尴尬的处境：

> 姊妹两个容貌虽好，外面人都知道他们家出名的疙瘩，戚宝彝（即李鸿章——引者注）名高望重，做了亲戚，枉教人说高攀，子弟将来出道，反倒要避嫌疑，耽误了前程。万一说亲不成，那倒又不好了。因此上门做媒的并不甚多。姐姐出嫁也已经二十几了，从前那算是非常的晚了。①

从这段叙述中，不难看出表面上风光无限的相府千金，却也不是人人都愿意高攀。把这样的豪门千金娶回家，在别人看来固然有了一棵好乘凉的大树，但是对自己来说，是否好乘凉还未可知，倒是实实在在的，先被遮云蔽日的高大阴影笼罩着门庭了。因此，这双女儿并不如想象中那么好嫁，加之李鸿章的择婿眼光和标准也着实另类，完全没有考虑门庭相若，年纪相当，而是“首先重世谊，其次重本人才学”。②于是，大女儿嫁给了比她大十几岁的流放回来不久的张佩纶做填房，小女儿则嫁给了比她小六岁的知县少爷任德和，一辈子都嫌她老。

张爱玲的祖父张佩纶（1848–1903），原籍直隶丰润县（今河北），因父亲

①张爱玲：《创世纪》，见《张爱玲集·郁金香》，第139页，北京，北京十月文艺出版社，2006。②冯祖贻：《百年家族：张爱玲》，第56页，石家庄，河北教育出版社，2000。

张爱玲的祖母李菊耦和祖父张佩纶。照片是张爱玲的姑姑剪贴成的夫妇合影，两人各坐茶几一边，祖母这边的背景是自己家里的雕花排门，祖父这边的背景却是照相馆的风景幕布。不同样式的茶几，不同花色的地毯，不同性质的背景，只有端坐的两人被命运真实地拼贴在一起。张爱玲的姑姑不经意间的“杰作”，倒是不动声色地道出命运的真意。

一直在浙江做官，生于嘉兴。张佩纶的人生，可以以36岁为界划分为二：一半是火焰，一半是海水。36岁之前，他虽谈不上志得意满，但也是官至四品的监察院左副都御史，朝中赫赫有名的“四谏”之一。他22岁中举，23岁中进士，步入仕途比后来的岳父李鸿章还早。在成为翰林院侍讲之后，有了单独上书奏事权，张佩纶在近十年的时间里，参奏贪官污吏无数，为朝廷重大举措献计献策，外交上坚持强硬主战的立场，逐渐成为清流党的中坚力量。

但是，这半世英名都在1884年的马江之战（中法马尾海战）中付诸流水。战争一触即发之际，没有任何军事经验的张佩纶，作为三品督战钦差大臣被派到福建匆匆上任。从备战到惨败，不过四五十天，战前慷慨激昂的誓言犹在耳边，战中落花流水的逃跑已成满朝笑柄。36岁的张佩纶恍若经历了一场大梦，醒来只剩下满目疮痍。等待他的，是在一片“问责”的呼声中，转年被革职停俸，流放察哈尔戍边。

此后，张佩纶一直坎坷寥落，虽经李鸿章不计前嫌招为东床快婿，几度提携，终于还是没能东山再起。1903年初，55岁的张佩纶接待了来访的张之洞。张之洞是张佩纶当年清流党的同道，如今已是倾动朝野的封疆大吏，而张佩纶的政治生涯，却仿佛一阵急管哀弦，早在19年前的那场水战中就匆匆结束了。今昔对比，张佩纶怎能不感慨欷歔。之后不久，他便与世长辞。也许这里可以借用傅雷评价张爱玲时说的那句话，中国从来不缺少奇迹，只是大多数都没有好收场。

张佩纶和李菊耦的姻缘，在曾朴的小说《孽海花》里，被绘声绘色地描绘成才子佳人的爱情佳话——开始是两人在李鸿章的签押房里惊鸿一瞥的偶遇，继而是张佩纶读到李菊耦“论材宰相笼中物，杀贼书生纸上兵”等诗句，见她一方面称赞自己有宰相之才，未得朝廷重用，另一方面也批评自己不擅领兵，导致马尾海战的失利，不觉大感知音，潸

26岁的曾朴和初版本《孽海花》书影。在这部小说里，曾朴将张佩纶和李菊耦的姻缘，绘声绘色地描绘成一段才子佳人的故事。张爱玲晚年不否认小说家的渲染，但仍然选择相信这个传奇，因为“满目荒凉，只有我祖父母的姻缘色彩鲜明，给了我很大的满足……”①

①张爱玲:《对照记》，第81页，北京，北京十月文艺出版社，2007。

然泪下。最后当然是在李鸿章的授意撮合下，佳偶天成。对此，当年张爱玲曾经非常兴奋地向父亲求证。不料父亲一口否认，说爷爷当初绝不可能在签押房内撞见奶奶，连所谓奶奶的诗，也是捏造的。张爱玲从姑姑的口中也得到相似的回答，“我想奶奶是不愿意（这桩婚姻）的”，“奶奶就只有一首集句是她自己作的”。与父辈极力否认的态度不同，张爱玲年轻时更愿意将祖父母的姻缘看作是一个罗曼蒂克的梦；直到晚年，她仍举证曾朴跟李家的亲戚关系，认为“这一段情节想必可靠，除了小说例有的渲染”。

其实娶李菊耦的时候，张佩纶已经是蓄着胡子、体态发福、死了两任夫人又仕途潦倒的中年人了，因此总觉得文人墨客对二人爱情故事的渲染过于诗化，倒不如张佩纶自己的日记来得平易可亲：

> 菊耦生日，夜煮茗，谈史，甚乐。
> 重阳日与内人煮酒持螯，甚乐。

张佩纶的《涧于日记》中，像这类夫妻二人诗酒风流的归隐生活有很多记载。无论是把酒对弈、评书读画、煮药煎茶，还是谈诗讲史，他们夫唱妇随，感情确实很好。然而夫妻生活的和谐并不能抵消门庭衰落的痛苦。在夫妻偕隐的温馨背面，我们同时看到的是，张佩纶落寞酗酒，自言生不如死，李菊耦郁郁寡欢，忧思伤身，“眠食均不如平时”。人们常说功成身退，可张佩纶的身退，却是由一代才俊沦为满朝笑柄，后半生再没翻身，这种被迫的归隐岂能真的快乐起来？而李菊耦自幼博闻广见，出阁前一直替父亲看公文，通晓政事，并不是没见过世面的小家碧玉，丈夫全靠自己的嫁妆虚度光阴，嘴上不便说，心里又岂能真正豁达看淡？

“四十明朝过，犹为世网萦。蹉跎暮容色，煊赫旧家声。”

这就是张爱玲姑姑所说的，李菊耦唯一的那首集句诗。如果作这首诗的时候李菊耦40岁，那么她的父亲、兄长、丈夫此前都已相继过世，从前华丽的时代正在成为模糊的背景，一点一点地褪色，淡下去，再淡下去，剩下的只张爱玲的祖母李菊耦和儿子张志沂、女儿张茂渊合影。孀居的李菊耦，逐渐变得阴郁孤僻。一方面她望子成龙，对儿女的教育颇为严格；另一方面，她的教育却又是龙凤错位的。她怕儿子跟亲戚子弟学坏，就给他穿得花红柳绿，见不得人；却给女儿穿男装，称“毛少爷”。张爱玲回忆说，李家的小辈也称姑姑张茂渊表叔，而不是表姑。结果是儿子养成了一副懦弱腼腆相，变成坐吃山空的遗少，女儿却成为出洋留学、自食其力的新女性。

是浮华的倒影。

张爱玲的父亲张志沂(1896–1953)，号廷重，就是在“煊赫旧家声”的浮华倒影中长大的一代。张佩纶去世时他只有7岁，寡母望子成龙心切，严苛地要求他背书、做文章，希望他继续父辈们学而优则仕的道路。同时，李菊耦也遵循父亲洋务派的家风，请懂外文的教师教他英文。英文方面，他可以会话、处理英文信函、文件，用一个手指在英文打字机上打字，他的第一份工作就是做英文秘书。不过比起西学，张志沂的中文功底更加扎实。张爱玲在《对照记》中回忆说：“我父亲一辈子绕室吟哦，背诵如流，滔滔不绝一气到底，末了拖长腔一唱三叹地作结。沉默着走了没一两丈远，又开始背另一篇。听不出是古文时文还是奏摺，但是似乎没有重复的。”①李菊耦要求儿子从小背书，背不出就打，就罚跪。这种背书背得川流不息、不舍昼夜的习惯，张志沂后来

①张爱玲：《对照记》，第44页，北京，北京十月文艺出版社，2007。

也一直保持着。因为从1905年科举制度废除以后，八股取士之路就已走不通，这一唱三叹的吟诵早就毫无用处，所以张爱玲只觉父亲的吟哦每日回荡在空阔的老宅中，令人心酸。

李菊耦虽然家世豪华，陪嫁颇丰，但一向持家节俭，从前的老用人回忆起来，印象最深刻的竟是“老太太那张（辰光）总是想方（法）省草纸”。这固然是孀居的寡妇在风雨飘摇的时代变迁中，坐吃山空的恐惧，另一方面也是那一代人的生活习惯和生活方式。母亲过世后，张志沂的异母兄张志潜持家也不尚奢华，规矩又多，家风守旧。张志沂夫妻和妹妹张茂渊，都颇为不满。直

张爱玲的父亲和姑姑与他们的异母兄张志潜合影。20世纪30年代，这个异母兄长，曾经和张志沂兄妹因为一批宋版书，打过家产官司，最终张志沂兄妹败诉。因为张家财产几乎都来自他们母亲李菊耦的陪嫁，因此这个异母兄长的霸道作风令张志沂这一房颇多微词。不过在一些亲戚眼中，张志潜持家虽守旧，但是强势能干，这么做也有保存先父遗物之意，毕竟落在张志沂手里，早晚也是进了当铺。如今这批图书已经被捐给上海图书馆，[1] 这陈年旧怨终于也可以入土为安了。

①参见闫红：《哪一种爱不千疮百孔·序》，第Ⅲ－Ⅳ页，天津，天津教育出版社，2009。

到他有了儿子张子静之后，才借口找到差事，和妹妹一起搬到天津。

张爱玲的母亲，虽然没有父亲家世显赫，但也系出名门，不乏传奇。母亲黄素琼的祖父黄翼升(1818-1894)，从湖南长沙的普通农家从戎，因军功升至长江水师提督，后封男爵爵位，曾做过李鸿章的副手，跟曾国藩的湘系部队和李鸿章的淮系部队都关系密切。黄素琼的父亲黄宗炎，在张子静的叙述中，是在承袭父亲黄翼升爵位后很快死在广西任上，年仅30岁。黄素琼和弟弟黄定柱是一对孪生遗腹子。当时外祖母听说姨娘生的是女儿后绝望晕倒，得知还有一个孪生男孩时才又转悲为喜。

不过据张爱玲在自传体小说《小团圆》中的说法，黄宗炎是二十几岁死在云南任上，死于瘴气这点和张子静的叙述倒是相同。在张爱玲笔下，这对遗腹子姐弟的降生更是狸猫换太子故事的翻版：老爷过世后，本家要来分绝户的财产，被一妻二妾死死守住，把一切希望寄托在第二个妾室怀孕的身子上。终

张爱玲的母亲黄素琼(后改名黄逸梵)和侍女。张爱玲说，自己的母亲深目高鼻，薄嘴唇，头发不大黑，肤色也不白，有点像拉丁民族。从照片中可以看出来，张爱玲的母亲是缠足的。她后来正是踏着这双三寸金莲横跨两个时代，在瑞士阿尔卑斯山滑雪，比天足的张茂渊滑得还要好。这个湖南女子总是说，湖南人最勇敢。

于生的还是小姐，于是偷偷遣了个伶俐女佣，挎着菜篮出门，悄悄买个男婴回来算做是双胞胎。此时整个大宅已被本家手下的湘军团团围住，进出都要盘查，因此这个伶俐女佣之举可谓充满凶险，幸而侥幸成功——小孩子也不曾在进门时啼哭。

对于这段传奇，张爱玲与张子静的叙述不同。究竟是小说家的渲染，还是母亲在香港时单独向张爱玲吐露的秘密，已无可知。总之，黄氏姐弟出生的故事，彰显的是那个时代，没有子嗣的寡妇感受到的赤裸裸的恐怖气息。跟这种恐怖相比，例如主动替丈夫纳妾，是不是会分割掉原本只属于自己的情感之类的爱情话题，都变得幼稚可笑了。另外，子嗣可以保全家产，女孩子却不能，敏感的黄素琼从这个狸猫换太子的故事里感受到的，可能更多是不平和缺失，加之后来黄氏姐弟读完私塾，弟弟被送往震旦大学读书，而姐姐却不得不待字闺中，20岁时嫁给了张爱玲的父亲。这更让她一生都为自己没能跟弟弟一样进新式学校而耿耿于怀，成为“学校迷”，并且永远固执地追求男

黄素琼的生母是妾室，二十几岁时感染肺病去世。照片上这个湖南长沙附近的农家女，看上去朴实厚道，但面有忧戚。她身为妾室，虽然一度是整个家庭香火的希望所在，也是狸猫换太子事件的焦点，但却永远都是人生舞台上的配角。

女间的自由和平等。

二、悠长得像永生的童年

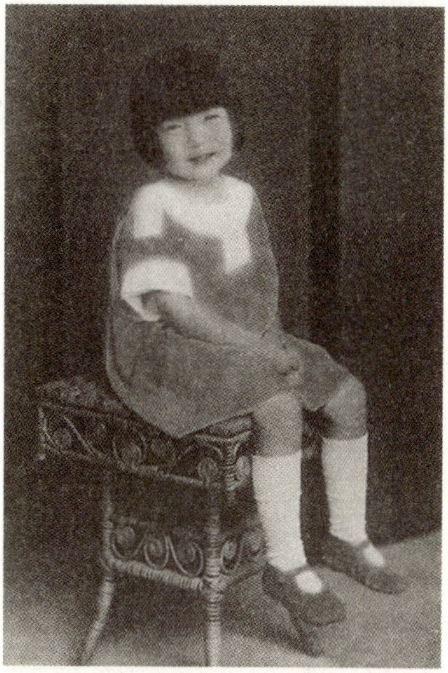

三岁左右的张爱玲。她记得母亲在一个阴暗的下午，用水彩给这张照片上色，给她画上薄薄的红唇，粉嘟嘟的腮红，再把衣服染成鲜艳的蓝绿色。对于童年，张爱玲有着相当强的感性记忆。她甚至记得更小的时候，站在朱漆描金的站桶里，女佣喂她喝粥的一只白铜汤匙，塞进自己嘴里留下的那股金属腥味儿。

1920年9月30日（农历八月十九），张爱玲出生于上海，取名小煐。这时，张志沂和黄素琼已经结婚四年，过着闲散的少爷少奶生活，与异母兄嫂同住在上海的一座清末老宅里。张爱玲名义上过继给了伯父。[①] 中国旧家族庞大的亲戚体系，不但有着繁缛而令人费解的辈分称呼，各房之间盘根错节的明争与暗斗，有时还会产生种种亲情的错置。例如黄素琼的生母是妾，那么只能称自己的母亲为姨娘，要称父亲的正室为母亲。张爱玲因为名义上过继给伯父，所以一直称父母为叔叔婶婶。她在《小团圆》中提到，她的弟弟背地里喜欢跟她一样，也称父母为叔叔婶婶，而她则喜欢跟弟弟一样，称过继的父

①关于张爱玲称自己父母为叔叔婶婶的问题，张子静的说法是沿袭了母亲家的习惯。因为舅舅的孩子们就称他们自己的父母为叔叔婶婶，而称黄素琼为伯伯。所以他和姐姐也称父母为叔叔婶婶，称姑姑为伯伯。不过张爱玲在《私语》和《小团圆》中都提到自己称父母为叔叔婶婶，是因为名义上算过继给另一房。《私语》是散文，写作时间又早，因而更可采信。

母为伯伯伯母。也许在年幼的孩子心里，这样的称呼方式是陌生而有趣的，可是随着年龄的增长，就不难体会到其中的隔阂。后来两房关系恶化，伯父那边张爱玲是很少去了，对父母却还是叫惯了“叔叔婶婶”。

“悠长得像永生的童年，相当愉快地度日如年。”

搬到天津以后，两三岁的张爱玲开始形成关于童年的最初记忆。她记得在夏天的中午，自己穿着白地小红桃子纱短衫，坐在板凳上，由保姆喂一碗淡绿色的六一散，然后咿咿呀呀地诵唱着书上的儿童谜语：“小小狗，走一步，咬一口。”

张爱玲的父亲(左二)、母亲(右二)、姑姑(右一)与两个堂侄的合影。在张爱玲2岁，弟弟张子静1岁的时候，父母、姑姑如愿与他们的兄长分了家，搬到天津。这时候，张志沂得到大笔遗产，又摆脱了兄嫂的束缚，在堂兄张志潭的引介下进了津浦铁路局做英文秘书。夫妇二人住在英租界的一幢花园洋房里，有司机，有厨子，有佣人，孩子也由专职保姆照顾，事事都不必自己操劳，日子过得春风得意。

在《私语》里，张爱玲童年生活的记忆大多数跟仆人有关，提到最多的就是带她长大的“何干”。她记得小时候搬家，被何干抱来抱去，以及那时脾气很坏，不耐烦起来便会抓得何干满脸的血痕。除了何干，还有荡秋千掉下来、在额角落了一个疤的“疤丫丫”，给自己讲《三国演义》故事的“毛物”（因为通文墨、经常在青石砧上用毛笔蘸了水练习写字，所以被张爱玲取了这样的绰号），以及红扑扑的鹅蛋脸、一肚子“孟丽君女扮男装中状元”故事的“毛物新娘子”。在《小团圆》中，童年生活有了更多小说化的丰富细节。例如韩妈（何干）在浴缸里弯腰洗衣，她站在后面调皮地解开韩妈腰后的围裙带，让围裙溜下来拖到水里，系上了再偷偷解开……或是仆人带她上街，让她坐在高高的肩头看木偶戏，带她逛游艺场、吃冰糖山楂；或者是为了方便，两个保姆分别在大浴缸的两端，同时给她和弟弟洗澡，结果姐弟俩都羞涩地低着眼皮。

在佣人中张爱玲最不喜欢的，是弟弟的保姆“张干”。这位裹着小脚、伶俐要强的保姆，因为带的是少爷，处处觉得高人一等。而张爱玲的保姆“何干”，因为带的是个女孩子，自觉心虚，凡事都让着她。张干有时会半开玩笑地对张爱玲说些话，“你姓碰，碰到哪家是哪家”，“少爷将来娶了少奶奶，不要你这尖嘴姑子回来”。那时张爱玲虽然年幼，当然也懂得张干的意思，将来这个

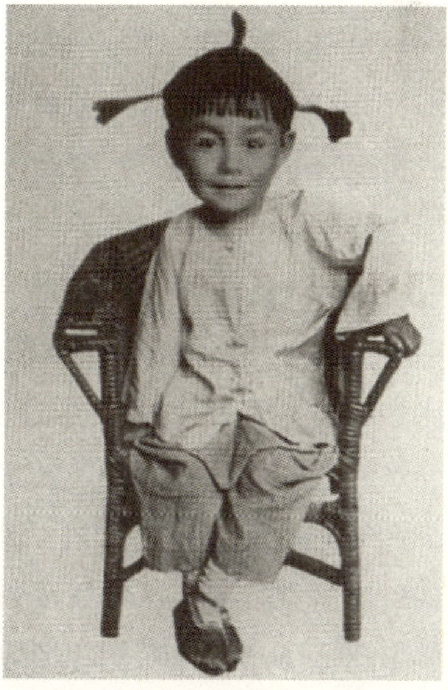

张爱玲的弟弟张子静。他比张爱玲小一岁，长长的睫毛、大大的眼睛，非常漂亮；但他自幼体弱，经常生病，嘴馋、懒散，性格也比较懦弱。有时会恶作剧，趁没人的时候把姐姐的画拿来撕了或是涂上两道黑杠子。张爱玲始终认为这是一种儿童的妒忌心理。他后来也一直羡慕姐姐的早慧和天资，认为姐姐各方面都胜过自己。

张爱玲的母亲，20世纪20年代初摄于北京。照片中的黄素琼年轻漂亮，穿着时髦，完全不像是已经生了两个孩子的母亲。张爱玲最初的记忆之一，就是母亲立在镜子跟前，在绿短袄上别翡翠胸针。小不点儿的她，在旁边仰脸看着，羡慕万分，自己简直等不及长大。

家是少爷的，小姐无非是个外姓人。出于自尊，张爱玲常常跟她争辩，并决心锐意图强，务必要胜过弟弟。这大概是张爱玲关于男女平等思想的人生第一课吧。

张爱玲童年对于母亲倒并不怎样依恋，因为她和弟弟的起居饮食都由保姆照顾。母亲出洋前留在她心中的印象，主要是文化教育方面的。每天早上，她由女佣抱到母亲的铜床上去，爬在方格子青锦被上，跟着母亲不知所云地背唐诗。除背唐诗之外，还有认字，“伏在床边上，每天下午认两个字之后，可以吃两块绿豆糕”。

这时黄素琼并不开心。当年她和张志沂结婚的时候，一个是御史少爷，一个是军门小姐，两家又是远房表亲，在别人眼中是金童玉女，一对璧人。可张志沂是个还没长大就已经过了时的少爷，显然并不是勇敢好强的黄素琼喜欢的类型。在上海时期，张志沂的日记上就经常记着“莹归宁”，显然夫妻二人的生活不够和谐。到了天津，张志沂脱离了兄长的拘束，又得到了丰厚的财产，久被压抑的人生突然失了重心，很快就急坠直下，走上吃喝嫖赌、变卖家产、娶姨太太和吸鸦片烟的没落贵族遗少之路。

张爱玲与姑姑（左一）、堂侄女妞儿（右一）合影。在《对照记》中，张爱玲没有留下一张和母亲或者父亲的合影，跟姑姑的合影，倒保留下来三张。跟父母相比，她与姑姑相伴的时间显然更长，感情也更深。

对于张志沂的荒唐行径，张茂渊和黄素琼都非常寒心。张茂渊决定出国留学，而黄素琼借口小姑需要有人监护，干脆姑嫂相携，一走了之。张爱玲记得母亲上船那天伏在竹床上痛哭。佣人几次催促，她仍不肯动身；佣人于是把张爱玲推上前去，叫她说：“婶婶，时候不早了。”母亲还是伏在那里痛哭，仿佛有无穷尽的悲恸。母亲虽然舍不得年幼的儿女，虽然痛心从此婚姻彻底失败（在丈夫有了姨太太的情况下一走了之，她显然已经不打算维持这段婚姻），她还是为自己改了个富有诗意的名字黄逸梵，踏着三寸金莲走出了国门。

没有母亲的日子，依旧一天一天地过。姐弟两人继续在仆人的照顾下，读书玩耍。张志沂照祖例给姐弟二人请了私塾先生，一天读到晚，在窗前摇摆着身子。张爱玲小小年纪就非常勤奋用功，甚至为了背不出书而烦恼哭泣，弟弟对读书却没什么兴趣和天分。姐弟俩一同玩的时候，也总是姐姐出主意。年幼的张爱玲编故事的能力就非常强，她假设姐弟二人是“金家庄”上能征惯战的两员骁将，一个叫月红，一个叫杏红，一个使一口宝剑，一个使两

张爱玲的母亲1926年在伦敦留影。母亲比姑姑年长五岁。《小团圆》中说母亲刚嫁过来，当时15岁的姑姑感觉好像爱上了嫂子一样。这虽然是一种文学性的表达，但姑嫂二人确实一度相见恨晚，形影不离。她们都热爱自由、思想独立、崇尚男女平等、厌恶旧家族的种种陈规陋习，一同结伴出洋四年，后来也一直互相扶持。

只铜锤，还有许许多多虚拟的伙伴，故事更是曲折有趣。弟弟偶尔也编一次故事，却总是乏味得被张爱玲中途打断。在这类玩耍中，张爱玲有时高兴起来，也会亲亲弟弟可爱的小脸。

也许是因为跟父亲决裂，张爱玲青年时期的创作，几乎没留下什么关于父亲的正面记述，八岁以前，就只有站在烟榻前背书算是半个正面——督促女儿学习固然是正面的父亲形象，可是躺在烟榻上的父亲督促女儿背书，就更像是一种讽刺了。除此之外，张爱玲笔下的父亲就只剩下召妓聚赌、打吗啡针过量和被姨太太打破头，这种近似于丑角的形象了。父女日常生活中的温馨场景，只有在多年之后的《小团圆》里，还能寻到一些恍惚的旧影。例如母亲回国前，九莉在舅舅家和表姐妹们玩得高兴，藏在舅舅的姨太太屋里，不肯跟父亲回家，结果还是被父亲找到，拖出来，一起乘着人力车回家，坐在父亲腿上，跟父亲有说有笑。再如九莉用父亲办公桌上的打孔器，在一张白纸上打出许多镂空的花样来玩，父亲看到了，夺过打孔器，生气地说一声“胡张爱玲和弟弟在天津的法国公园。母亲和姑姑走后，佣人依照母亲在时的规矩，每天带着姐弟俩去公园。张爱玲会在草地上叫喊疯跑，尽情欢乐；而弟弟身体不好，保姆就用一条大红阔带当胸绊住，牵住两头，以防摔倒。他也想像姐姐一样叫喊着飞跑，结果总是被保姆牵得紧紧的，艰难地挣着。不知《小团圆》中的这个情节是否具有某种象征意义，张爱玲的弟弟确实像一个永远被拴住的孩子，久而久之忘了自己会奔跑。

闹”。虽然是训诫，但也是父女之间的人伦之乐。

妻子离家之后，张志沂更加放纵起来，干脆让姨太太搬了进来。家里车水马龙，宴客吃酒，甚至叫妓女出局。张爱玲还记得一对十六七岁的姊妹，打着前刘海儿，穿着一样的玉色袄裤，偎依着坐在家里的沙发上，像生在一起似的。张志沂的这位姨太太也出身妓馆，外号老八，苍白的瓜子脸，垂着长长的前刘海儿，比父亲年龄要大一些。张志沂看不起她的出身，嘱咐保姆不必让孩子们叫她。她也许因此更想赢得孩子们的好感，并且通过和孩子们在一起，提高自己的地位。所以她最初喜欢把张爱玲打扮得漂漂亮亮，带在身边。她给张爱玲做跟自己一样的顶时髦的雪青丝绒的短袄长裙，问她是喜欢自己还是喜欢母亲。张爱玲说：“喜欢你。”虽然老八也知道未必是真心话，但心里总是高兴的吧。她还经常带着张爱玲到起士林去看跳舞，请她吃奶油蛋糕，一直到凌晨三四点钟，昏昏欲睡的张爱玲才被佣人背回家。张爱玲后来

张爱玲和弟弟抱着母亲从英国寄来的玩具。姐弟俩都曾提到，童年时母亲的离去并没有给他们的生活造成什么缺憾。但纵观张氏姐弟的成长经历，就会发现，其实随着年龄的增长，这种亲情的缺失对人生的影响，才逐渐显露出来。

还一直对这个姨太太心存好感，想当初一大一小两个人，穿着一模一样的时髦丝绒短袄长裙，走在哪里必定也是一路风景。

张志沂这一段放荡不羁的生活，越来越像一出闹剧——终于闹得难以收场。他的烟瘾越来越重，已经开始打吗啡，吃喝嫖赌，把家里弄得乌烟瘴气，姨太太的脾气也越来越坏，常常把自己的一个侄儿虐打得眼睛肿成一条缝，终于把张志沂也打了，用痰盂砸破了他的头。不久，他在天津的靠山堂兄张志潭离职，声名狼藉的张志沂也不得不离开津浦铁路局。一塌糊涂的生活，令他日夜思念远在异国的妻子。他用几车的银器家什打发了姨太太，开始写信央求妻子回来，发誓痛改前非，戒除鸦片。

1928年，张爱玲八岁，全家搬回上海等待母亲回国。从《小团圆》中童真童趣的叙述中，可以想见当时的情景：搬家前夕，仆人们在天津的旧家拆拆装装，尽管忙碌却是一派喜气——也许是为终于赶走凶恶的姨太太而松了一口气。晚上，九莉和弟弟九林跟保姆一起打地铺，姐弟俩四目相对，充满了儿童新奇愉快的体验。

张爱玲四岁时与堂侄女妞儿的合影。因为堂亲之间长得有些像，又都戴眼镜，所以很多人误以为这是张爱玲与姑姑。其实应该是母亲与姑姑出洋后，妞儿来看望张爱玲姐弟时照的。想必母亲也知道姨太太进了家门，不放心两个孩子，因此托妞儿及其兄弟们轮流照看，再写信向她汇报情况。

母亲一回来，就发现张爱玲的衣服都已经小得很，额前的刘海儿也太长，萋得不长眉毛。不久给女儿做了新衣，又用毛笔蘸着蓖麻油亲自给女儿描眉毛，让眉毛快点长出来。母亲又亲自选了一所花园洋房，让张爱玲姐弟拿着色板，自己挑房间墙壁的颜色，然后全家搬进去——蓝椅套配着旧的玫瑰红地毯，有钢琴，有狗，有花，有童话书。父亲被送到医院里，戒掉了吗啡。家里不再像过去一派迟暮的气息，陡然添了许多温润华美的亲戚朋友，母亲和姑姑也完全是西式时髦女郎的气派，《小团圆》中的二婶三姑正是二人的化身：

她心目中的二婶三姑永远是像她小时候第一次站在旁边看她们换衣服出去跳舞，蕊秋穿着浅粉色遍地小串水钻穗子齐膝衫，楚娣穿黑，腰际一朵蓝丝绒玫瑰，长裙。[1]

①张爱玲：《小团圆》，第35页，北京，北京十月文艺出版社，2009。

张爱玲姐弟在母亲回来之后，与母亲一起游西湖。不满十岁的张爱玲，对西湖诗意的美，想必是印象颇深。她在《天才梦》里提到的那部少时写的爱情小说，就有失恋的女郎专程从上海坐火车去西湖自杀的情节。

有时候，姑姑坐着弹钢琴，母亲则站在后面，把手搭在姑姑肩上唱歌。张爱玲为这美丽的气氛所陶醉，充满羡慕与渴望。于是，母亲开始按照西式淑女的风范教育她，教她学画，学钢琴，学英文，对她讲食品营养，跟她一起读《小说月报》。后来她还一直记得母亲坐在抽水马桶上，一面看老舍的《二马》，一面笑，一面读出来。她自己也靠在门框上跟着母亲一起笑。她幻想着英格兰是蓝天下的小红房子，而法兰西是微雨的青色。虽然母亲给她纠正，英国是常常下雨的，法国是晴朗的，可是她对自己这童话般的想象，仍有着一种固执的坚守。弹钢琴的时候，她想象那七个音阶有不同的个性，穿戴了鲜艳的衣帽，携手舞蹈。她梦想着将来做一个音乐家，在华丽的大厅里演奏钢琴。

母亲刚回国的日子，一切都美得姹紫嫣红，一时间让张爱玲有些眩晕，沉浸在快乐的顶巅。然而好景不长，父母终于还是离了婚。姑姑因为跟母亲要好，也和母亲一起搬走了。据说签字离婚的当天，她的父亲几度犹豫，长吁短叹，还是不愿签字。最后，律师询问她母亲的意见，黄逸梵回答说：“我的心已经像一块木头。”他的父亲才无奈签字。

关于他们的离婚，张爱玲在《私语》中的说法，是父亲把病治好之后，不拿出生活费来，要母亲贴钱，想把母亲的钱逼光了，那时她要走也走不掉了。因此二人争吵不断，最终感情破裂。张爱玲的母亲，几乎在所有版本的传记中都是以一个勇敢自立的新女性面貌出现的。不过随着《小团圆》的出版，我们也看到她母亲"风流罪人"的另一面。按照小说中的说法，她回国前就已经有了男朋友，预备好回来离婚的。离婚后她没了牵绊，更是交友广泛，追求者众多，曾多次打胎。有一次，追求她多年的男友在新加坡等她，她却逗留香港，主动和一位年轻的英国军官交往，结果倒被那个军官怀疑为间谍而告发，因此还受到盘查。当然，这些都是小说的叙述，张爱玲自己也曾说过，害怕中国读者根本不理会"fiction"（虚构）的意义，只在小说里寻找作家经历，对号入座。不过这些叙述也不可能全是空穴来风，夏志清看过《〈张看〉序言》之后，曾建议张爱玲写她祖父母和母亲的事，她回信说，"你定做的小说就是《小团圆》"，又说这部书"小说与传记不分明"，可见得《小团圆》中对"二婶"的基本叙述是真实的。再参照张爱玲早期散文的叙述，来看她在《小团圆》中

1926年老舍在伦敦寓所。张爱玲的母亲经常和她一起读新报刊，尤其喜欢在《小说月报》上连载的老舍的小说《二马》。这是老舍客居伦敦时写的小说，讲的是在伦敦经营古玩店的中国父子在异邦的生活遭遇，笑料百出。黄逸梵在其中有感同身受的共鸣，因而爱不释手。张爱玲承认老舍后来的小说如《离婚》等更优秀，但因为跟母亲一起读小说的这段记忆深刻而美好，所以一生仍然偏爱《二马》。

对“纪实与虚构”的处理，一般说来，时间地点人物和小细节可能改头换面，然而绝不至于为了增加戏剧性，给母亲这一形象无端地捏造那么多令人难堪的情节。

父母离异后，母亲对张爱玲说，不要怪你的父亲，他如果是娶了别人，会感情很好的，希望他以后遇见合适的人。后来人们习惯性地把张爱玲父母离异的原因，归结为父亲的荒唐行径令母亲失望，倒是张爱玲的母亲自己十分大方地承认，她不爱自己的丈夫，才是两人婚姻无法维持的根本原因。其实张志沂的确是一直很爱黄逸梵的。他从小在母亲严苛的管教下长大，性格温和懦弱，想必十分仰慕美丽大胆又强势的妻子。黄逸梵姑嫂出国后，他曾在第二次直奉战争中天津被围期间寄去照片，并题诗一首：

才听津门金甲鸣，又闻塞上鼓鼙声。
书生自愧只坐拥，两字平安报与卿！

妻子回国后，住什么样的房子，选什么样的家具，也都是由着妻子来做主。可是他始终把握不住一心追求新潮浪漫和自由的妻子。他觉得妻子性格厉害，又有丰厚的陪嫁，凡事自己做主，他根本无法控制，才出此下策，想逼光妻子的钱，把她困在家中。不想弄巧成拙，反倒成了两人离婚的导火索。离婚后他甚至还举家搬到前妻娘家附近，想靠小舅子的撮合破镜重圆。可是前妻很快再度动身去法国，他的希望彻底破灭了。

那时，离婚在社会上还是很少见的事，张爱玲对父母的离异，一方面惆怅，为着新潮美丽的家不复存在了；一方面赞同，为着父母无穷无尽的争吵和摔东西，愿意母亲得偿所愿；一方面可能也有点得意，“家里有人离婚，跟家里出了个科学家一样现代化”。

1930年，母亲不顾父亲的反对，如同拐卖人口一般，偷偷把张爱玲送进了黄氏小学。因为基础好，10岁的张爱玲直接插班读六年级。黄逸梵只读过私塾，没受过现代教育，因而一生都难以自食其力，只能靠变卖祖上留下的

母亲回国后在西湖赏梅留影。《小团圆》中也有九莉的母亲游西湖的情节，而且还作了一首情诗，题在照片背面："回首英伦，黛湖何在?/想湖上玫瑰/依旧娇红似昔，/但毋忘我草/却已忘侬，/惆怅恐重来无日。/支离病骨，/还能几度秋风?/浮生若梦，/无一非空。/即近影楼台/亦转眼成虚境。"① 按照小说中的说法，母亲这次回国前就已经有了男朋友，预备好回来离婚。只不过回来后，看到过得一塌糊涂的丈夫、孩子，又耽搁下来。大概后来母亲的这个男友跟别人结婚了，她在西湖黯然神伤，写了这首诗。

古董生活，为此她非常恼恨。她不能让女儿重复这种老路，所以坚持让女儿进小学，接受现代新式教育。在入学册上填名字的时候，母亲觉得"煐"字

①张爱玲:《小团圆》，第76页，北京，北京十月文艺出版社，2009。这首诗在《小团圆》中，和另一首父亲的诗(残句)并列。《对照记》中则只见父亲的那首诗，没有提到母亲的这一首。所以这首诗的真实性目前无法断定。笔者推测也许确有其诗，只不过涉及母亲的生活隐私，跟《对照记》中的母亲形象不符，所以没有录入。

读起来嗡嗡的不响亮，又急又乱中，就随意从英文单词译取了“爱玲”两字。[①] 她不会想到，很多年以后，这个名字会真的在中国文坛绚烂绽放，作为张氏百年家族的一个新的传奇，百转千回地流传下去。

黄逸梵30年代在海船上留影。她临去法国之前曾来学校跟张爱玲告别。母女之间没有惜别的表示，一切就这样光滑无痕迹地度过，一点麻烦也没有。直到母亲出了校门，隐没在关闭了的红铁门外，张爱玲才渐渐地觉得伤心，在寒风中大声抽噎着，哭给自己看。母亲对童年的张爱玲来说，永远像一个剪影，美丽神秘，却又是那么的不真实。

①有人考证，“爱玲”两个字很可能译自英文“ailing”，意为烦恼、苦恼。参见孔茂庆：《魂归何处：张爱玲传》，第17页，海口，海南国际新闻出版中心，1996。不过如今张爱玲的英文名字一般译为“Eileen Zhang”。

第二章

天才梦魇

第二章
天才梦魇

一、小荷才露尖尖角

圣玛利亚女校。它和圣约翰青年中学、桃坞中学都是美国圣公会设的大学预科性质的学校，成绩优秀的毕业生有机会到世界著名学府深造。作家林语堂就是圣约翰青年中学毕业的，中学时期的张爱玲一度渴望自己“要比林语堂还出风头”。

1931年，张爱玲从黄氏教会小学毕业，进入圣玛利亚女校初中部读书。这是当时一所著名的美国教会女子中学，分初中部和高中部，学制六年。这样的学校，有两个特点，一是重视英文甚于国文。这里英语、数学、物理、西洋的历史和地理及《圣经》等课程是全英文授课，大多数是外籍教师。中文授课的只有国文和中国的历史、地理。学校的第二个特点是贵族化。大多数学生家境优越、衣着入时、英语流利，活泼爱交际，是培养上流社会名媛的温床。

在圣玛利亚女中的这六年生活，张爱玲有着非常明显的双重记忆：

> “一大半是因为自惭形秽，中学生活是不愉快的，也很少交朋友。”①
>
> “在学校里我得到自由发展。我的自信心日益坚强……”②

从这两段回忆中，我们可以看到既自卑又自信的双重性格的张爱玲。其实这正是她六年中学生活的两个侧面。她的自卑，来自于在贵族化女校里难

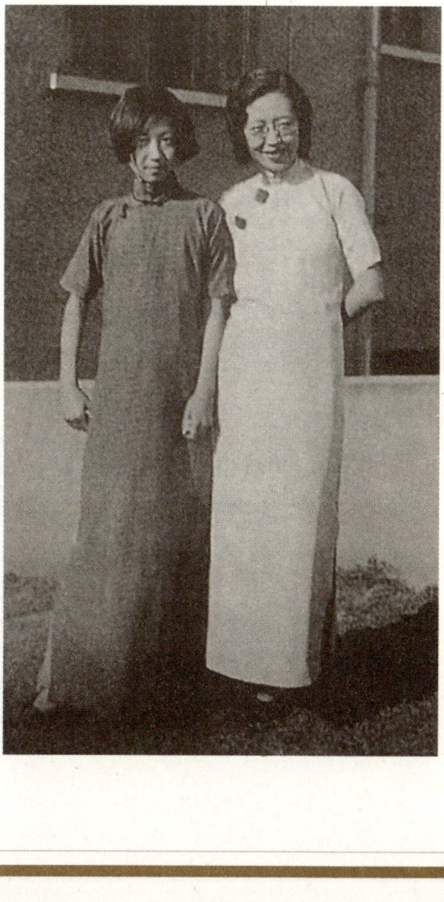

张爱玲穿着继母给的旧衣服，右边是她的姑姑。继母听说身材和她差不多，特地带了两箱嫁前衣来给她穿。在圣玛利亚中学这样的贵族女校，穿着早已过时、领口袖口都磨破了的不合身的旧衣服，张爱玲的难堪可想而知。学校曾一度要定制校服，张爱玲非常渴望，幻想着自己也能穿上白衬衫，藏青十字交叉背带裙，结果学校当局没通过，令张爱玲十分失望。这种心理使她后来一度变成clothes-crazy（衣服狂）。

①张爱玲：《童言无忌》，见《张爱玲集·流言》，第6页，北京，北京十月文艺出版社，2006。②张爱玲：《天才梦》，见《张爱玲集·流言》，第188页，北京，北京十月文艺出版社，2006。

堪的“穷酸相”;而她的自信,则是来自于她优异的成绩,以及在文学和绘画方面的才华。

张爱玲受母亲影响,从小就向往时髦漂亮的打扮:“8岁我要梳爱司头,10岁我要穿高跟鞋……”然而父亲因为吸鸦片,又带着遗少坐吃山空的恐惧,一向对儿女很吝啬。张爱玲一直不能忘记自己那时候站在烟榻旁边,向父亲要学钢琴的学费,许久,许久,都得不到回答。待到父亲续娶,继母带来的两箱子嫁前旧衣,更是彻底毁灭了她童年急切而美好的梦。她从此只能拣继母穿剩的衣服穿,“永远不能忘记一件黯红的薄棉袍,碎牛肉的颜色,穿不完地穿着,就像浑身都生了冻疮;冬天已经过去了,还留着冻疮的疤——是那样的憎恶与羞耻”。[①]在圣玛利亚中学这样的贵族女校,穿着早已过时、领口袖口都磨破了的不合身的旧衣服,张爱玲的难堪可想而知。

出于这种自卑心理,童年时活泼讨喜会说话的张爱玲,在中

张爱玲中学时代的漫画《某同学之甜梦》,载上海圣玛利亚女校《国光》第四期,1936年12月。画中睡着的女孩子,梦中去理发店剪了个时髦的发型,再从数双漂亮的高跟鞋中,挑一双换掉自己土气的拉带布鞋。这可能就是张爱玲自己的甜梦。因为在现实中,她的寒酸懒散,不重修饰,一直是令自己尴尬难堪的一个心结。

①张爱玲:《童言无忌》,见《张爱玲集·流言》,第5-6页,北京,北京十月文艺出版社,2006。

学时期逐渐变得内向漠然，懒散健忘，也很少交朋友。据老师和同学回忆，她那时最常说的一句话，就是“我忘啦”，不但常常忘记把不穿的鞋放回鞋柜，寝室凌乱，不重修饰，而且常常忘记交作业，忘记交编辑约稿，每每受到批评或询问，也就是一句“我忘啦”，没有过多的解释，口气中更无少女常有的娇嗔。张爱玲的这些习惯，固然是她“自理能力差”的体现，但也不能说跟她的自卑没有关系——为着与众不同的难堪，与其兢兢业业地修补，于难堪上更加了些许小家子气，还不如彻底放弃这一面，正如大雅大俗，彻底不修边幅，懒散淡漠，倒还显得有几分魏晋风度的大气。年轻的张爱玲洞察世情人心，未必不懂得这一点。

贵族化的环境让张爱玲窘迫自卑，不过她也有颇为自信和令人羡慕的一面，那就是学习用功，成绩优异，以及突出的文学和绘画才华。

张爱玲的文学才华可以追溯到童年，她仿佛天生就会写小说似的。

她3岁开始背唐诗，7岁已经能阅读章回小说，并且写了第一部小说，是讲小姑子趁兄长外出时，设计陷害嫂子的一个家庭悲剧。这时母亲尚在国外，张爱玲遇到笔画复杂的字，常常跑去问厨子。第二篇小说是关于一个失恋的女郎，从上海乘火车到西湖自杀的故事，张爱玲因为西湖诗意的背景，

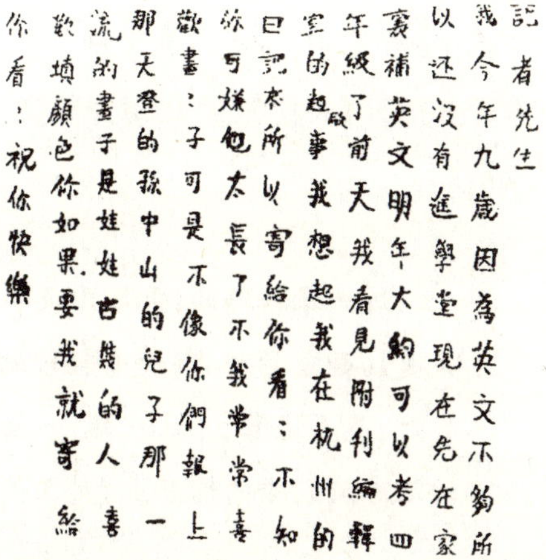
記者先生
我今年九歲因為英文不夠所
以还沒有進學堂現在先在家
裏補英文明年大約可以考四
年級了前天我看見附刊編輯
室的啟事我想起我在杭州的
日記來所以寄給你看看不知
你可嫌他太長了不我常常喜
歡畫畫子可是不像你們報上
那天登的孫中山的兒子那一
流的畫子是娃娃古裝的人喜
歡填顏色你如果要我就寄給
你看看祝你快樂

张爱玲9岁时的第一封投稿信。她仿佛天生就是个作家，“从初识字的时候起，尝试过各种不同体裁的小说，如‘古今奇观体’、演义体、笔记体、鸳蝴派、正统的新文艺派……”[①]看来张爱玲少作颇丰，而且有很自觉的文体意识和写作训练目的，可惜今天能见到的篇目并不多了。

①《女作家聚谈会》，载上海《杂志》第十三卷第一期，1944年4月。

所以不顾母亲批评其不符合生活逻辑，终于固执地保存了这一点。

8岁的时候，张爱玲构思了一篇乌托邦题材的小说《快乐村》。快乐村人是一好战的高原民族，因征服苗人有功，蒙中国皇帝特许，免征赋税，并予自治权。所以快乐村是一个与外界隔绝的大家庭，自耕自织，保存着部落时代的活泼文化。她还为这个乌托邦绘制了包括图书馆、“演武厅”、巧克力店、屋顶花园、公共餐厅等多幅插图。这个有着图书馆、巧克力店的儿童眼中的快乐村，可以看作是《桃花源记》与母亲回国后那个新奇、时尚、美丽的新家的结合体。8岁的张爱玲，人生充盈着美丽的幻想。

1932年，张爱玲还是圣玛利亚女校初一的学生，就开始展露她的文学才华。她在这年的学校校刊《凤藻》（总第十二期）上发表了小说《不幸的她》。这是目前发现的张爱玲最早发表的小说，这一年她12岁。《不幸的她》讲述了一个因为反抗母亲包办婚姻而出走，在社会上漂泊的女孩子的痛苦和哀伤。因为阅历所限，女孩子在社会上漂泊的生活是模糊的，小说通过两个小女孩10岁时在海边天真嬉戏，以及十几年后在海边重逢，一喜一悲的对照中，串联起了中间的故事。张爱玲的聪明之处就在于，懂得用自己熟悉的生活弥补社会阅历的不足。整篇小说文笔清新，加之蓝天白云碧海新月和忧伤的抒情，是一篇典型的承续“五四”遗风的“新文艺腔”的试笔之作。这一时期，张爱玲还在《凤藻》上先后发表了散文《迟暮》、《秋雨》、《论卡通画之前途》、《牧羊者素描》、《心愿》（后两篇为英文）。其中有些文笔已经能体现张爱玲的风格：

> 灯光绿黯黯的，更显出夜半的苍凉。在暗室的一隅，发出一声声凄切凝重的磬声，和着轻轻的喃喃的模模糊糊的诵经声，“黄卷青灯，美人迟暮，千古一辙”。她心里千回百转地想，接着，一滴冷的泪珠流到冷的嘴唇上，封住了想说话又说不出的颤动着的口。[①]

①张爱玲：《迟暮》，载上海圣玛利亚女校年刊《凤藻》，第十三期，1933。

圣玛利亚女校校刊《凤藻》封面，上面刊登过不少张爱玲的作品。

这是一幅非常令人慨叹的美人迟暮图。幽暗苍凉、青灯古佛、美人迟暮，除了最末半句语法欧化，显得有些生涩之外，语言和意境都已经颇有她后来小说的那种味道了。

张爱玲在中学时代，文学才华能得到自由发展，她的国文教师汪宏声功不可没。[①]这位汪先生于1936年秋出任中文部教务主任兼国文教师，他没有八股的酸腐气，爱好新文学，鼓励自由创作，给学生出的作文题目新颖有趣，如《学艺叙》、《幕前人语》等。他由一篇题为《看云》的散文作业，注意到张爱玲的文学才华。他把《看云》作为范文在全班朗读，并且大加赞扬，令张爱玲在学校中迅速文名鹊起。为了鼓励创作，汪先生还发起出版校园刊物《国光》。张爱玲在《国光》上发表了小说《牛》、《霸王别姬》和书评若干。其中《霸王别姬》是一篇历史演义体的小说，这个故事在文人墨客笔下和戏剧舞台上都很常见。此前，著名作家郭沫若刚刚发表过小说《楚霸王之死》。郭沫若是借小说探讨项羽失败的原因，“利用我的科学知识，对于历史的故事重做新的解释与翻案”。而张爱玲独辟蹊径，小说不重历史，重在演义和心理分析，让虞姬通过自我意识的觉醒，反思自己一直以来，“以他的壮志为她的壮志，以他的胜利为她的胜利，以他的痛苦为她的痛苦”，这种给英雄做陪衬品的命运。因此最后虞姬的死，成了一个主动的自我选择：

①参见汪宏声：《记张爱玲》，载《语林》第一卷第一期，1944年12月25日。

……她张开她的眼，然后，仿佛受不住这样强烈的阳光似的，她又合上了它们。项羽把耳朵凑到她的颤动的唇边，他听见她在说一句他所不懂的话：

“我比较喜欢那样的收梢。”①

在传统的霸王别姬故事中，虞姬都是因为殉情而自刎于帐前：“汉军已略地，四面楚歌声。君王意气尽，贱妾何聊生？”张爱玲正是从质疑、反思这一传统主题入手，构思了这篇小说。这里的虞姬主动为自己选择这样一个“收梢”，结束了自己的生命，也结束了作为男人附属品的生涯，实现自我价值的确认。这篇小说可以说是张爱玲中学时期的代表作品，是这个17岁的女孩文学才华和人生思考的集中体现。

最喜欢吃	最喜欢	最怕	最恨	常常挂在嘴上	拿手好戏
叉烧炒饭	Edward Ⅷ②	死	一个有天才的女人突然结婚	“我又忘啦！”	绘画

张国荣主演的电影《霸王别姬》剧照。霸王别姬的故事在文人墨客笔下和戏剧舞台上都很常见。“汉军已略地，四面楚歌声。君王意气尽，贱妾何聊生？”张爱玲正是从质疑、反思这一点入手，构思了自己的小说《霸王别姬》，虞姬自刎时那句“我比较喜欢那样的收梢”，出自一个17岁少女之笔，令人惊叹，同时也备感苍凉。

①张爱玲：《霸王别姬》，载上海圣玛利亚女校《国光》第九期，1937年5月。②爱德华八世（1894-1972），英国国王（1936）。

张爱玲在音乐课上和同学合影。后排左三为张爱玲。此时,张爱玲的文学和绘画天才得到发展,但是却对钢琴逐渐失去了兴趣。严苛的钢琴教师,经常把琴谱一掼,一掌打在张爱玲的手背上,把她的手横扫到琴盖上,震得骨节生疼。少年时做一个音乐家、在华丽的大厅里演奏钢琴的梦想逐渐褪色,张爱玲每次上课之前,立在琴房门口等着铃响,总是紧张得浑身发抖。

结合张爱玲在《凤藻》上填的毕业班问卷,更可以看出这时期她对女性在爱情婚姻中的地位的思考。她最喜欢的爱德华八世正是著名的不爱江山爱美人的温莎公爵,而最恨的是"一个有天才的女人突然结婚"。按照她的国文教师汪宏声后来的说法,这句话应验在张爱玲的好友张如瑾①身上——她

①张爱玲与张如瑾是好友,这是根据张子静的回忆;另外根据张爱玲的同班同学顾淑琪的回忆,认为张爱玲当时只有一个无话不谈的好友,是低一个年级的张秀爱。参见止庵、万燕:《张爱玲画话》,第128页,天津,天津社会科学院出版社,2003。关于自己中学时期的好友,张爱玲曾经提到两次。一次是说跟一位姓张的同学要好,她喜欢张资平而自己喜欢张恨水,常常争辩。另一次是说在一种戏剧化的场景下,她曾对好友说过"我除了母亲,就只有你了"之类的话。由此推断,张爱玲在中学期间应该是有一位像后来的炎樱那样的好朋友的,但是因为两位同学都姓张,所以跟张爱玲要好的到底是张如瑾还是张秀爱,如今已无法再找到其他证据了。

和张爱玲一样爱好文学，是《凤藻》的编辑，张爱玲曾给她的长篇小说《若馨》写过书评，称赞其风格“轻倩美丽”。结果她毕业后结婚，逐渐远离了文学，跟小说再也无缘了。张爱玲此时还是一个十七八岁的少女，尚未体会情为何物，只是从理念上对婚姻中女性主体性的丧失保持着警惕。其实理念上是一回事，现实生活是另一回事。这句话又何尝不是张爱玲自己的预言。理念上她的确对女性精神上的独立看得非常重，害怕女性在婚姻中迷失自我，然而她自己后来在两次婚姻中，却付出了沉重的代价。

张爱玲的中学时期，虽然有种种的不如意，为着清贫时时觉得窘迫难堪，但外表懒散而内心富有激情，对未来仍是充满少女的希望：

> 在前进的一方面我有海阔天空的计画，中学毕业后到英国去读大学，有一个时期我想学画卡通影片，尽量把中国画的作风介绍到美国去。我要比林语堂还出风头，我要穿最别致的衣服，周游世界，在上海自己有房子，过一种干脆利落的生活。①

童年时期做音乐家的梦想逐渐褪色之后，绘画和文学，成为中学时的张爱玲为自己圈定的两个人生方向，虽然她没有真的成为卡通电影画家，不过后来为自己的小说画过多幅插图，她在绘画方面的理想也并未完全埋没。至于“比

林语堂(1895-1976)，曾经是中学时期的张爱玲心中的偶像。

①张爱玲：《私语》，见《张爱玲集·流言》，第135页，北京，北京十月文艺出版社，2006。

林语堂还出风头”的渴望，那时候圣玛利亚女校的学生，都喜欢把这位成绩优异被保送到美国留学的学长作为榜样，张爱玲大概也是其中之一。如今，两位各有千秋的现代作家，在大众的心目中谁更出风头？

二、困依危楼，过尽飞鸿字字愁

母亲离开后，张爱玲继续在圣玛利亚女校住读，只有节假日才被司机接回家里。父亲的家又回到了从前的那种迟暮的气息，“那里什么我都看不起，鸦片，教我弟弟做《汉高祖论》的老先生，章回小说，懒洋洋灰扑扑地活下去。”[①] 可是这样平静的日子也没过多久。1934年，父亲娶了继母孙用蕃。孙用蕃也是大家族出身，父亲孙宝琦（1867–1931）是前清的山东巡抚，1924年曾任北洋政府国务总理，共有8男16女，24个孩子，大多与豪门结亲。孙用蕃是他第七个庶出的

张爱玲与姑姑。母亲去法国后，姑姑答应代为照应张爱玲。张爱玲觉得，姑姑的家里留有母亲的空气，纤灵的七巧板桌子，轻柔的颜色，还有些可爱的人来来去去。比之于古墓一样沉闷的父亲的家，姑姑的家是她所有美好的希望和情感的寄托。也许只有在姑姑家，她才有这样开心的笑容。

①张爱玲:《私语》，见《张爱玲集·流言》，第135页，北京，北京十月文艺出版社，2006。

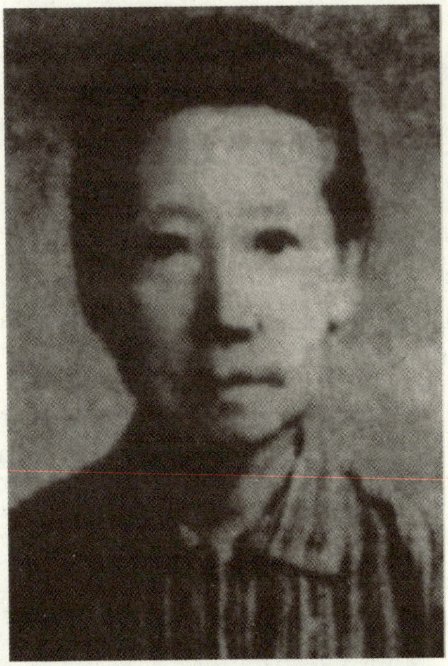

张爱玲的继母孙用蕃。因为孙用蕃是张爱玲被父亲毒打和囚禁半年之久的导火索，所以她可能是现代文学史上最恶名昭著的继母之一。不过也有张家亲戚认为她是个温柔和知书达理的人。张子静在与她长期共同生活中，跟这位继母的感情也逐渐有了好转。张爱玲在《小团圆》中为这位继母补充的“前传”，更是荡气回肠，颇有点李碧华的小说《胭脂扣》的味道。只是不知道究竟是确有其事，还是文学作品的虚构。其实每个人生在这世上，都是立体的，不同的人因为接触到不同的时期、不同的侧面，所以感受也不同。

女儿，当时已经36岁，与陆小曼是好友，也有鸦片烟瘾，在别人眼中是一个能交际、善理家、精明干练的女人。

对于孙用蕃的晚婚，张子静的说法是因为吸大烟，不易嫁。张爱玲在《小团圆》中则写道，她年轻时和一个穷亲戚子弟相爱，已经有了关系，遭家人反对，约定在旅馆双双服毒自尽，不料男方违约反悔，打电话通知她家人去接她。结果事情败露，父亲逼她自尽，终于被劝住，但从此在父亲眼里算做死人，婚事也耽搁下来了。这段“前传”因为只存在于小说文本中，所以显得真假莫辨扑朔迷离。这样一个爱情故事，更像是李碧华的小说《胭脂扣》的半个翻版，可惜女主人公没有殉成情，也就没有成为如花，曾经荡气回肠的爱情，在后半生鸦片烟的浊雾中逐渐隐没。直到中年，她才在兄长的撮合下草草嫁给一个没落的遗少——离异后带着两个十几岁小孩的男人。她的后半段《胭脂扣》显然唱走了板，再粉墨登场的时候，已经不再是花旦，而变成了彩旦。

从姑姑口中得知父亲要再婚的消息，张爱玲十分震动。她看过太多关于后母的小说，却万万没想到有一天这种事会落在自己身上。十四五岁处于青春期的张爱玲，甚至激烈地想，如果那女人就在眼前，伏在铁栏杆上，自己必定把她从阳台上推下去，一了百了。

父亲和继母结婚宴客的礼查饭店。这是民国时期上海最豪华的饭店之一。

然而继母还是进了门。她不愿丈夫和前妻的娘家住近邻，于是张家就搬回了原来张爱玲出生的那个老宅——虽然四口人住这么大的房子实在空旷得很。这个家，有太阳的地方使人瞌睡，阴暗的地方有古墓的清凉。张爱玲平日住校，倒是很少跟继母接触，见面也不过客气地问声好，或礼节性地说几句闲话。有感于这种家庭关系，她还写过一篇作文，题目叫作《后母的心》，设身处地地写身为后母的不易，后母孙用蕃看了很感动。

不过张爱玲终究是不属于这个家的。

冬天的下午，父亲与继母一起躺在烟榻上吞云吐雾，因为只有这间屋生火炉，有时候弟弟也斜倚在烟榻上，偎在继母身后，像一只小猫，一副心安理得的神气。张爱玲看在眼里，一时间竟有一丝眩晕，这幅"家庭行乐图"里，显然没有自己。再一定睛，时光流转，弟弟已经变得高而瘦，穿一件不甚干净的蓝布罩衫，租了许多连环图画在看，刚想跟他说点什么，一晃就不见了。别人向她数落弟弟的劣迹，逃学，忤逆，没志气。"我比谁都气愤，附和着众人，如

张爱玲的母亲在法国。1936年，张爱玲的母亲偕美国男友回国。母亲此次回国，主要是为了与前夫商讨女儿出国留学事宜。

此激烈地诋毁他，他们反而倒过来劝我了。”[①] 弟弟不争气，加上继母在旁边煽风点火，父亲对弟弟也越来越粗暴。常常为一点小事就对他大打出手，一个耳光扇过去，或者在花园里罚跪。张爱玲还记得自己为此难过痛哭，发誓今后一定要“报仇”，可是弟弟却转眼间就跑到阳台上去踢球——他在父亲司空见惯的粗暴拳脚中，早已经麻木了。

1937年夏，张爱玲中学毕业。母亲回国，托人约张志沂出来谈女儿出国留学的事，被张志沂拒绝。张爱玲自己又以演说的方式再次向父亲提出留学的要求，结果父亲大发雷霆，继母也对此十分不满：“你母亲离了婚还要干涉你们家的事。既然放不下这里，为什么不回来？可惜迟了一步，回来只好做姨太太！”对继母来说，当然希望快点把这个继女嫁出去，可以省一笔开销。对父亲来说，舍不得钱可能是一方面，痛恨出国留学是另一方面。他觉得妻子正是出国留学，才开了眼界，变了心，越来越看不起自己，最后飞出了自己的家。他感觉到历史正在重演，女儿如今也看不起自己，越来越急于走母亲的路，飞出这个家了。

张爱玲留学的事，因为父亲不同意暂时搁浅。“八一三”沪战爆发后，张爱玲以躲避隆隆炮声为由，到姑姑和母亲住处小住。回来那天，继母再也压抑不住愤怒，质问道：“怎样你走了也不在我跟前说一声？”张爱玲回答说：“我向父亲说过了。”她说：“噢，对父亲说了！你眼睛里哪儿还有我呢？”然后刷地打了张爱玲一个嘴巴，张爱玲本能地要还手，被两个老妈子赶过来拉住

①张爱玲：《童言无忌》，见《张爱玲集·流言》，第11页，北京，北京十月文艺出版社，2006。

张爱玲被父亲囚禁在老宅的一个房间。白日里,张爱玲望着窗外蓝天中的无数飞机,希望有个炸弹掉在自己家里,让自己和他们同归于尽;晚上,她看到自家楼板上蓝色的月光,感到一股静静的杀机。数星期内,张爱玲已经觉得自己老了许多。

了。继母立刻一路尖叫着奔上楼去:"她打我!她打我!"父亲趿着拖鞋,啪嗒啪嗒冲下楼来,揪住张爱玲,一边拳脚交加,一边吼着:"你还打人!你打人我就打你!今天非打死你不可!"张爱玲在父亲疯狂的拳脚下,全身是伤,只觉得耳朵里嗡嗡作响,什么都听不见了。一时间瘫在地上,父亲还揪住她的头发踢,后来,终于被佣人拉开了。

这一切都来得迅猛而剧烈,像夏日的一场雷雨。虽然天气已经阴沉压抑了很久,却没想到一个闪电,就引来暴雨倾盆,顷刻间已经砸得人头晕目眩,却又避无可避。以至于张爱玲清醒后爬起来,去卫生间照镜子查看伤势,然后走到大门口要去报巡捕房,都还茫然没想到要哭。直到被看门人拦住,不许出门,又被父亲掼了一个花瓶过来差点砸中头,她才扑在保姆何干的身上痛哭起来。第二天,姑姑来说情,结果被父亲用烟枪劈头打过去,把姑姑的眼睛打伤了,在医院缝了六针。姑姑从此不再上门,张爱玲被父亲一关就是半年。其间，她患了严重的痢疾，差点病死。在昏迷中，父亲背着继母给她打了消炎针。她渐渐好起来，却有一种恍如隔世之感：

> 也不知道现在是哪一朝，哪一代……朦胧地生在这所房子里，也朦胧地死在这里么？死了就在园子里埋了。①

这次父女冲突，可以说是张志沂和张家新女性之间多年积怨的一次总爆发。对黄逸梵，他虽然是“道不同不相为谋”，冲突不断，但是因为一直爱着，多年来还是比较忍让的。对张茂渊，他虽然一直怨恨妹妹缠住妻子，姑嫂形影不离，离间了他们夫妻感情，但妹妹身上，有太多前妻的气息，对前妻都不能怎样，还能把妹妹怎样？多年以来，张爱玲更是成为连接他和她们之间的一条纽带。也许不为再续前缘，只为心中残留的一缕温存。对张爱玲，他很少照顾，但是的确很喜欢这个聪慧有才华的女儿。他不喜欢懦弱平庸的儿

救救孩子！这是张爱玲为苏青的同名散文画的插图，同期发表的张爱玲的散文《造人》中写到孩子的眼睛——“那么认真的眼睛，像末日审判的时候，天使的眼睛”。图上的小孩扎着三个小辫的造型，来源于她的弟弟张子静儿时的一张照片，但那紧紧握着栏杆的手和恐惧仇恨的眼神，总让人想起被父亲和继母囚禁时，张爱玲“把手紧紧捏着阳台上的木栏杆，仿佛木头上可以榨出水来”的情景。

①张爱玲：《私语》，见《张爱玲集·流言》，第139页，北京，北京十月文艺出版社，2006。

子，打骂是常事，但此前从未动手打过女儿。

可是现在前妻回来，要把最后的纽带也掐断，带走女儿——继续花着他的钱！女儿人在这儿，心却飞走了，不把这个家放在眼里，也不把继母放在眼里。黄逸梵、张茂渊再加上张爱玲，在他眼中简直就是张家的三个叛逆。多年来的爱与恨，痴与怨，冲突与压抑，希望与幻灭，都在瞬间化成仇恨爆发。所以他失去理智地打了女儿，又失去理智地打了妹妹。他也知道，从此什么都完了，他和前妻、妹妹、女儿之间的那一丝一缕的联系，也断绝了。他剩下的，只有在静沉沉的下午，到女儿曾经的房间里愣坐一会儿。

继母孙用蕃在这场冲突中，显然是导火索，也是催化剂。最初，张爱玲在她看来并不是什么重要角色，不过将来找个合适的人家，早点打发了也就算了。她可能更在意的是张子静这个儿子，所以总是有意无意地，加速恶化他

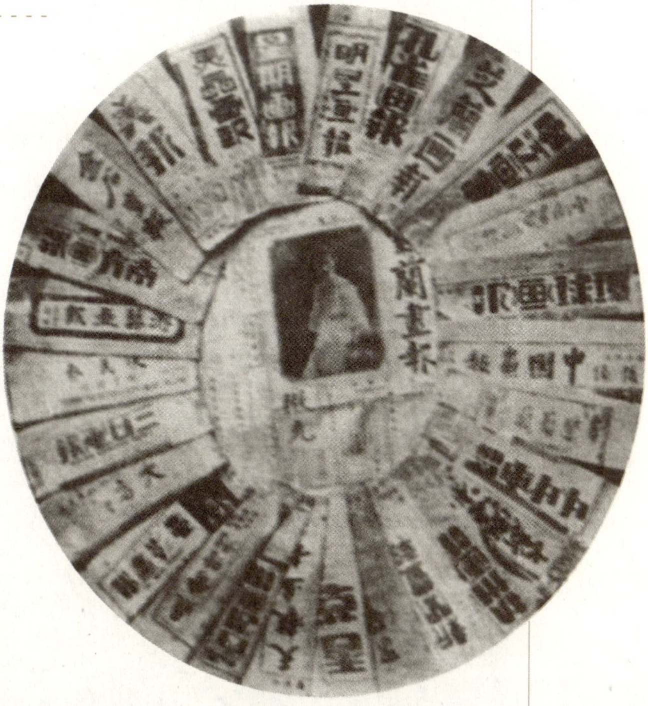

20世纪20年代的上海小报。张爱玲喜欢读上海小报是受父亲的影响，这是她记忆中父亲的家温馨的一面："属于我父亲的这一边……有时候我也喜欢。我喜欢鸦片的云雾，雾一样的阳光，屋里乱摊着小报……看着小报，和我父亲谈谈亲戚间的笑话——我知道他是寂寞的，在寂寞的时候他喜欢我。"①但是父亲的毒打和囚禁，把最后的依恋也毁掉了，从此只有决绝。

①张爱玲：《私语》，见《张爱玲集·流言》，第135页，北京，北京十月文艺出版社，2006。

们父子间的关系(后来孙用蕃一直没有生育,渐渐地对张子静倒是好多了)。但是如今张爱玲的母亲的再度出现,在她看来,这是对她作为女主人的权威的嚣张挑战。她跟张爱玲的冲突,是将张志沂推上前台,逼他在自己和前妻、女儿之间选择立场。

被父亲关了近半年,终于可以扶墙行走,张爱玲就趁着黑夜逃出了父亲的家。对于张爱玲来说,这个家也曾经有着属于她的温馨:"属于我父亲的这一边……有时候我也喜欢。我喜欢鸦片的云雾,雾一样的阳光,屋里乱摊着小报……看着小报,和我父亲谈谈亲戚间的笑话——我知道他是寂寞的,在

母亲和姑姑的家。这是母亲和父亲离婚后,和姑姑在法租界合租的大公寓。当时她们买了一辆白色汽车,雇了一个白俄司机,还雇了一个法国厨师,生活很阔气。母亲去法国后,姑姑换了较小的公寓,搬家前在这里拍照留念。从照片上,能够感觉出当时公寓的设计、装潢都非常时尚。

寂寞的时候他喜欢我。”[①]但是父亲的毒打，半年的囚禁，把最后的一点依恋也毁掉了。在后来很长一段时间里，父亲的家对她来说都是可怕和可恶的梦魇："我生在里面的这座房屋忽然变成生疏的了，像月光底下的，黑影中现出青白的粉墙，片面的，癫狂的。”[②]在她50年代的小说《十八春》里，曼桢被姐姐、姐夫囚禁的悲惨经历，就是张爱玲这段记忆的写照。

在此之前，保姆何干曾经告诫过她，千万不要出逃，出了这个家门就再也不能回来了。母亲也曾秘密传话给她，“你仔细想一想。跟父亲，自然是有钱的，跟了我，可是一个钱都没有，你要吃得了这个苦，没有反悔的”。[③]这些

20世纪30年代的上海怡和洋行，张爱玲的姑姑曾经在这里工作。张爱玲的弟弟张子静曾提到姑姑将分得的家产做投资，结果差不多蚀光本钱的事。《小团圆》中的相关情节则写得更加清楚，九莉的姑姑做股票投资，差点蚀光了自己和九莉的母亲两个人的钱，经济上陷入困境，于是成了自食其力的职业女性。

①②张爱玲：《私语》，见《张爱玲集·流言》，第135页、第138页，北京，北京十月文艺出版社，2006。③张爱玲：《我看苏青》，见《张爱玲集·流言》，第247-248页，北京，北京十月文艺出版社，2006。

话当然都不能动摇她出逃的心，对这个百年家族，她已再无留恋。逃出家门，走在冬夜凄冷的大街上，她只觉得每一步踏在地面上都是一个响亮的吻。她带着与这个世界久别重逢的狂喜，甚至还没忘记跟黄包车夫讲价钱，奔向姑姑和母亲的现代公寓。

张爱玲最初是带着无限的希望和憧憬，来到母亲家的。“我一直是用一种罗曼蒂克的爱来爱着我母亲的。她是个美丽敏感的女人，而且我很少机会和她接触，我四岁的时候她就出洋去了，几次回来了又走了。在孩子的眼里她是辽远而神秘的。有两趟她领我出去，穿过马路的时候，偶尔拉住我的手，便觉得一种生疏的刺激性。”① 在张爱玲的这段叙述中，能够看出她自幼由保姆照顾，和常年在国外的母亲真正的接触很少，甚至普通母女之间的怀抱亲吻都没有，母亲带给她的，更多是新鲜时尚的生活方式和美丽神秘的向往。可以说一直到这个时候，她对母亲的感情，还是一种带有幻想成分的亲情。

当罗曼蒂克的空中楼阁堕入真实生活之后，张爱玲才发现，原来现实只是种种琐碎的难堪。她的烦恼主要来自于经济的紧张和自理能力差两个方面。

> 问母亲要钱，起初是亲切有味的事……可是后来，在她的窘境中三天两天伸手问她拿钱，为她的脾气磨难着，为自己的忘恩负义磨难着，那些琐屑的难堪，一点点的毁了我的爱。②

根据张子静的回忆，张爱玲的母亲和姑姑刚搬出张家的时候，经济情况很好，雇得起法国厨子、白俄司机，住很大的公寓。但是在张爱玲住过来时，她们似乎已经很窘迫。青年时的张爱玲并未提及原因，只说母亲是个清高的人，有钱的时候固然绝口不提钱，即使后来为钱逼迫得很厉害的时候也还把钱看得很轻。在《小团圆》中倒是对事情的来龙去脉有了一个交代。小说提到

---

①②张爱玲：《童言无忌》，见《张爱玲集·流言》，第4页，北京，北京十月文艺出版社，2006。

九莉的母亲在法国的时候，将财产委托九莉的姑姑代管，没想到她姑姑为了帮助一个自己心仪的亲戚子弟打官司，把她母亲的钱全投进股票市场投机，结果蚀光了本。姑嫂二人也因此有了隔阂。关于母亲和姑姑经济情况迅速恶化的原因，《小团圆》中的叙述也许是个合理的解释，至少可以作为一种参考。总之，张爱玲的母亲一直靠着遗产生活，每次出国都要带着几箱古董变卖，原本就有坐吃山空的危险，经济上陷入困境之后，由前夫抚养的女儿又赶来投奔，无异于雪上加霜，被前夫家嘲笑为搬起石头来砸自己的脚，自然非常恼恨。

1937年夏天，当张子静也来投奔母亲的时候，黄逸梵只能理性地拒绝了他。她这时的经济力量已经无力再顾及儿子了。这一刻，张爱玲和弟弟都哭了。她看着弟弟哭着回去的身影，想着总有一天，要救出弟弟。后来张爱玲一直都承认自己喜欢钱，是一个“拜金主义者”。她知道，钱可以成全亲情，也可以断送亲情。她永远记着弟弟带着来，又带着走的，报纸包着的那双篮球鞋。

张爱玲和母亲感情的疏远，一方面是经济上的原因，“能够爱一个人爱到问他拿零用钱的程度，那是严格的试验”。另一方面，就是她母亲希望将她塑造成心目中的西式淑女，可是她在日常生活和待人接物中，却表现出惊人的愚钝。母亲不停的训诫毁了张爱玲的自信，也消磨了她对母亲的爱。

在父亲家里，张爱玲的一切日常生活起居

张爱玲的母亲。跟母亲一起生活的张爱玲，觉得自己成了母亲多余的负担，常常为着母亲在窘迫中的坏脾气而尴尬难堪；同时，因为不符合母亲心中的淑女标准，也常常为着母亲的教训而心理失衡。这时张爱玲觉得，母亲的家也不复柔和了。

饮食都有保姆照顾，住校期间也是保姆每周来送零食并带走要洗的衣服。她甚至连划火柴都不会，做化学实验的时候不会点酒精灯，令外籍教师侧目。到母亲家里后，一切要从头学起，适应没有保姆照顾的生活。她开始学习煮饭、洗衣服、削苹果、补袜子、织毛衣……张爱玲在父亲的家里一向少与人接触，在孤独的环境中成长，如今母亲交际频繁，在待人接物方面，她也要从头学起。母亲按照“淑女”的标准，要求她照镜子研究面部神态、练习走路的姿势、学习看人的眼色，记得点灯后拉上窗帘、拿不准谈吐是否得当时就乖乖闭嘴。结果证明母亲的“淑女”计划彻底失败了。很多日常生活的技能张爱玲仍是不能掌握，在一间房里住了两年，对于电铃在哪里还是茫然；天天乘黄包车上医院去打针，接连三个月，还是不认识去医院的路。在待人接物方面，张爱玲更不能令母亲满意。《小团圆》记述了这样一

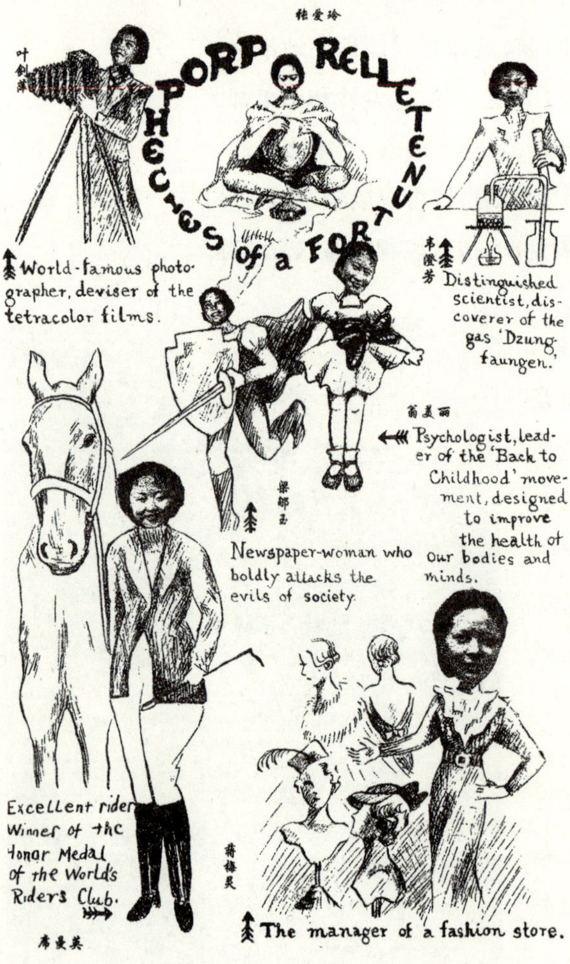

张爱玲中学毕业时，以照片和卡通画相结合的方式，为校刊《凤藻》画的插图。她根据对每个同学的了解，预言和祝福了每个同学的将来，如百万富翁的妻子、报人、摄影家等等。张爱玲把自己画成看着水晶球的预言家。在这些图画中，我们能感觉到张爱玲在中学毕业时那份俯瞰众生般的自信。可惜从中学毕业到进港大读书之间的这两年，她经历了被父亲毒打囚禁的恐怖生活，又在母亲不断的训斥和贬低中苦恼不堪，一直没能放飞自己的青春。

个场景，母亲请朋友吃饭，缺一张椅子，九莉到别的房间四处找，发现只剩一张沙发椅，于是决定把它推出去。结果沙发椅放在地毯上，滞涩异常，推得十分艰难，又差点带倒一只落地灯：

……好容易拱到过道里，进了客室的门，精疲力尽，忽见蕊秋（小说中母亲的名字——引者注）惊异得不能相信的脸。

"你这是干什么？猪！"

项八小姐南西夫妇与毕先生都在。九莉只好像他们一样装不听见，仍旧略带着点微笑，再把沙发椅往回推。①

我们虽然不能把这种小说化的场景，简单地跟张爱玲的真实经历混为一谈，不过至少可以想见，张爱玲所说的到了母亲家，骤然想学做人，而且是在窘境中做"淑女"，那种尴尬和难堪。她初到母亲家，遇到劳作总是马上动手，表示她能适应环境。但是在母亲不断的训诫和斥责中，变得越发沉默和瑟缩，开始怕上理发店，怕见客，怕给裁缝试衣裳……她后来说："我的两年计画是一个失败的试验。除了使我的思想失去均衡外，我母亲的沉痛警告没有给我任何的影响。"②

张爱玲生活自理能力差确实有成长环境的原因，另一方面，她这种心不在焉的性情，在日常生活和人际交往中的迟钝，如她自己所言，也是一种天才式的乖僻。她没能迅速适应环境成为善于交际、举止得体的淑女，而是在母亲不当的贬损式教育中，越来越走向了反面。在没有人与人交接的场合，她可以幸福地沉浸在自己的精神世界中，看"七月巧云"，听苏格兰风笛，享受微风中的藤椅，吃盐水花生，欣赏雨夜的霓虹灯，从双层公共汽车上伸出手摘树巅的绿叶。可是一旦在众人的目光下，她就自信全无，窘迫异常。她常

①张爱玲：《小团圆》，第119页，北京，北京十月文艺出版社，2009。②张爱玲：《天才梦》，见《张爱玲集·流言》，第189页，北京，北京十月文艺出版社，2006。

中学毕业时的张爱玲。为了实现中学时期出国留学的梦想，张爱玲在母亲的家里潜心补习功课，终于以远东地区第一名的成绩，考取了英国伦敦大学，但因为战事而转到香港大学读书。

常觉得自己“是赤裸裸的站在天底下了，被裁判着像一切的惶惑的未成年的人，因于过度的自夸与自鄙”。①

这个时候，母亲的家也失去了最初令人憧憬的光环，不复是柔和的了。母亲虽然为张爱玲牺牲很多，也花了很多钱，但总觉得在母亲眼中她不过是个废物和负担，母亲甚至常常怀疑这一切牺牲是否值得，这令张爱玲非常痛苦，觉得自己不过是一个寄人篱下的乞食者。《小团圆》中写九莉决心将来一定把母亲为自己花的钱还给母亲——装在一只长盒子里，埋在一打深红的玫瑰花下。后来九莉对此一直心心念念不断提起，几乎贯穿了整部小说。以张爱玲的性格和她对母亲的态度来推断，九莉的这个心愿无疑也是张爱玲自己的心愿。这看似非常完美的戏剧化的“谢母恩”的方式，也许正是因为对母亲那种真实的爱，已经因为失望而淡薄。

在母亲家里，张爱玲虽然摆脱了继母那些无穷无尽的旧衣服，但“穿最别致的衣服”的愿望仍是遥不可及。她的母亲提出，如果要早早嫁人的话，那就不必读书了，用学费来装扮自己；要继续读书，就没有余钱兼顾到衣装上。张爱玲选择了后者。母亲为她请了外籍教师，以每小时5美元的高价补习数

①张爱玲：《私语》，见《张爱玲集·流言》，第140页，北京，北京十月文艺出版社，2006。

学，终于在1939年以远东地区第一名的成绩，考取了英国伦敦大学，但因为战事未能成行，转到香港大学读书。

三、凄凄去亲爱，泛泛入烟雾

大学时代的张爱玲。这是张爱玲为数不多的戴着眼镜的一张照片，她曾提到自己中学毕业后刚配眼镜时的感受，好像是驴马戴上了眼罩子，走上了漫漫长路。不过从她一副开心的表情来看，应该是饱含着希望的漫漫长路。

1939年夏天，张爱玲从上海起程到香港，8月29日正式注册，成为香港大学文学院的学生。在港大的三年间，张爱玲继续了中学时期的学习习惯，刻苦用功，成绩优异。她几乎每门功课都名列前茅，一位教书十几年的老师曾经感叹地说，他从来没有给过像张爱玲这么高的分数。这样骄人的成绩，使她一人独得港大文科二年级的两个奖学金：一个是尼玛齐捐赠的奖学金（Nemazee Donor Scholarship），另一个是何福奖学金（Ho Fook Scholarship），她得以全免学费、食宿费，既减轻了母亲的经济负担，又有希望被送到英国的牛津大学继续深造。张爱玲似乎正在踏上梦想中的人生旅程。

在港大，张爱玲作为贫家女的窘迫感，某种程度上也有了些许缓解。虽

张爱玲画的大学即景。图中低头学习的女孩酷似她的好友炎樱，另一幅是先生在黑板上写字，学生们正在姿态各异地听讲。张爱玲说，自己能够揣摩每个教授的心思，所以每一门功课总是考第一。

然她也提到港大富家子弟如云，每个学生都有自来水笔，自己是学校里唯一拿着墨水瓶和蘸水笔出入的学生，因而非常引人注目。不过得了两个奖学金后，她添了几件称心如意的衣服，着装上不必再那么寒酸，人也开朗了些。

张爱玲的大学生活就这样日复一日地过下去。每天上课，跑图书馆，闲暇时和同学一起谈天说地，游山玩水，逛街吃东西，然后期待着毕业，梦想着牛津大学——理想中的人生下一站。她最大的恐惧，也不过就是所有学生的大敌——考试。《小团圆》里关于等待大考的一段描写，可以反映出张爱玲每次考试前如临大敌的感受：

大考的早晨，那惨淡的心情大概只有军队作战前的黎明可以比拟，像《斯巴达克斯》里奴隶起义的叛军在晨雾中遥望罗马大军摆阵，所有的战争片中最恐怖的一幕，因为完全是等待。①

张爱玲后来对她的好成绩，有时会轻描淡写地带过。但是在当时，她为此确实付出了极辛苦的努力，并始终承受着巨大的心理压力。这种压力甚至很多年后，仍然发着余威——直到三十多岁，她仍然对“考试”心有余悸，想

①张爱玲：《小团圆》，第15页，北京，北京十月文艺出版社，2006。

着老了至少有一样好处，用不着考试了。可是仍旧一直做梦梦见大考，总是噩梦。

张爱玲在港大最知心的好友，是跟她在各方面都形成互补的炎樱。炎樱本名法蒂玛·摩希甸(Fatima Mohideen)，父亲是锡兰(今斯里兰卡)人，母亲是天津人，父亲在上海开珠宝店，家境富有。这个混血姑娘美丽大方，正像张爱玲给她取的中文名字——“炎樱”，热烈而灿烂。张爱玲很欣赏炎樱，能将天真和世俗融合一处，聪明有趣，绝无做作。她因为自身漂亮，所以从没有夸赞过别人美丽；她可以看遍报纸摊上的画报，结果一本也不买；她会在买东西时拼命跟老板讲价钱，一副就要破产的样子。她还有很多有趣的语言，例如关于加拿大的一胎五孩，她会说：“一加一等于二，但是在加拿大，一加一等于五。”后来张爱玲把这些总结为《炎樱语录》。张爱玲在港大期间，画了许多图画，都是由炎樱着色的。其中有一幅她非常喜欢，炎樱用全是不同的蓝与绿来着色，使张爱玲联想到“沧海月明珠有泪，蓝田日暖玉生烟”的诗句。可惜炎樱并不怎么懂中文，恐怕理解不了这种古典意境。

1941年12月8日，正是港大期末考试的第一天。学生们聚在食堂，一边吃着早饭，一边惨淡地叫着“死咯！死咯！”等待着令人恐怖的大考。可是大考没等来，却等来了战争——太平洋战争爆发，日本恰在这一天早上开始进攻香港。“学生大

张爱玲的好友炎樱。炎樱是中国人和锡兰(今斯里兰卡)人的混血儿，矮小丰满，皮肤黝黑，一双活泼灵动的大眼睛，开朗而快乐。她不懂中文，但在文学、艺术、服饰等方面和张爱玲都谈得来，二人互补型的友谊保持了几十年。

在港大时的张爱玲。战争中，张爱玲曾经经历炸弹落在不远处的生死之险，曾经忍饥挨饿几天领不到粮食，曾经在战后冒险到教师的空房子里去排队等着用卫生间洗澡，也曾经在医院里冷漠地看护那些痛苦不堪的病人。虽然后来她在《烬余录》里，力求用一种冷漠的琐碎消解战争那巨大的无所不在的影响，但是战争的确是张爱玲在香港几年里最深的记忆，并且从此改变了她的人生轨迹。

都乐得欢蹦乱跳”，因为“平白地免考是千载难逢的盛事”。这时候，尚不知战争为何物的青年学生们，生活在学校的小圈子里，只觉得大考是最恐怖的，只要停止考试，一切都像节日般令人欢欣鼓舞。甚至有的女同学，带着迎接节日一样的心情迎接战争，急着想弄清楚在战争这种“场合”该穿什么样的衣服。

战争的恐怖和毁灭感，终于冲淡了免于大考的喜悦。港大停止办公，本地学生接二连三地被接回家，异乡的学生要参加守城工作，才能解决膳宿问题。结果张爱玲刚刚和同学们在防空总部报名做防空员，出门就遇到空袭。炸弹落在对面街道，她把防空员的铁帽子罩住了脸，过了好一会儿，才知道自己并没有死。

后来，她在冯平山图书馆的防空站里，负责用一个闹钟和一本练习簿记录敌机的轰炸时间。张爱玲常常忘记了记录，倒把图书馆里的章回小说看了一本又一本。图书馆的屋顶平台上装着两挺高射炮，因此引来敌机盘旋，炸弹一个接一个，越落越近。“昨天枪林弹雨中大难不死，今天照样若无其事地炸死你。"就在这种朝不保夕的恐怖中，张爱玲一边读小说一边想，至少等我看完了吧。战争中的供给也成了问题，有时候一连几天领不到口粮，张爱玲饿得虚飘飘的，只能靠自己仅剩不多的钱买高价饼干充饥。

我们对于战争所抱的态度，可以打个譬喻，是像一个人坐在硬板凳上打瞌盹，虽然不舒服，而且没结没完地抱怨着，到底还是睡着了。①

张爱玲在战争中的种种遭遇，后来被她比喻为"在硬板凳上打瞌睡"，这是时过境迁之后的回首，但也能看出战争在她眼中的意义。虽然不乏恐怖与幻灭，但因为没有国家主义的信仰，战争对她来说，甚至既不是神圣的也不是罪恶的，更多的倒是提供了一个用来审视人性(当然也包括审视自己)的视角。

对于世事人情，张爱玲似乎一向就有着敏锐的穿透性的洞察力。在战争中，身边千姿百态的同学，首先成了她审视的对象。那位急着不知道迎接战争该穿什么衣服的华侨富家女，对于社交上的不同场合需要的不同行头，从水上跳舞会到隆重的晚餐，都有充分的准备，但是唯独没想到战争。终于明白战争是怎么一回事

炎樱。她是唯一敢于在战争中冒死去看电影的学生。回到宿舍后又独自在楼上洗澡(其他学生都躲在楼下)，流弹打碎了浴室的玻璃窗，她还在浴盆里从容地泼水唱歌，张爱玲说："她的不在乎仿佛是对众人的恐怖的一种讽嘲。"

①张爱玲：《烬余录》，见《张爱玲集·流言》，第35-36页，北京，北京十月文艺出版社，2006。

之后，这位女同学借到了一件宽大的黑色棉袍，用于躲避轰炸中可能会遇到的危险。另外一位来自马来半岛的偏僻小镇的医学专业的苏雷珈，从前因为顾虑被解剖的尸体穿衣服不穿之类的问题，被张爱玲嗤笑为“天真得可耻”，在炮火中，她还坚持将自己最好的衣服装在一只累赘的大皮箱里，设法搬运下山。然而她终于加入了防御工作，在红十字会分所充当临时看护，穿着赤铜地绿寿字的织锦缎棉袍蹲在地上劈柴生火，同男看护们一起吃苦，担风险，开玩笑，渐渐话也多了，人也干练了。另一位据说在内地身经百战的同学艾芙林，却在日军轰炸邻近的军事要塞时，第一个受不住，歇斯底里，大哭大闹，说了许多恐怖的战争故事，然后整天吃饱了就坐在一边啜泣。还有一位叫乔纳生的华侨，在浪漫化的情绪支配下，加入志愿军上阵打仗，结果因为英军派两个大学生出壕沟去把一个英国兵抬回来而久久愤恨难平——“我们两条命不抵他们一条。招兵的时候他们答应特别优待，让我们归我们自己的教授管辖，答应了全不算话！”既要投笔从戎又怕冒生命之险，难怪张爱玲后来揶揄

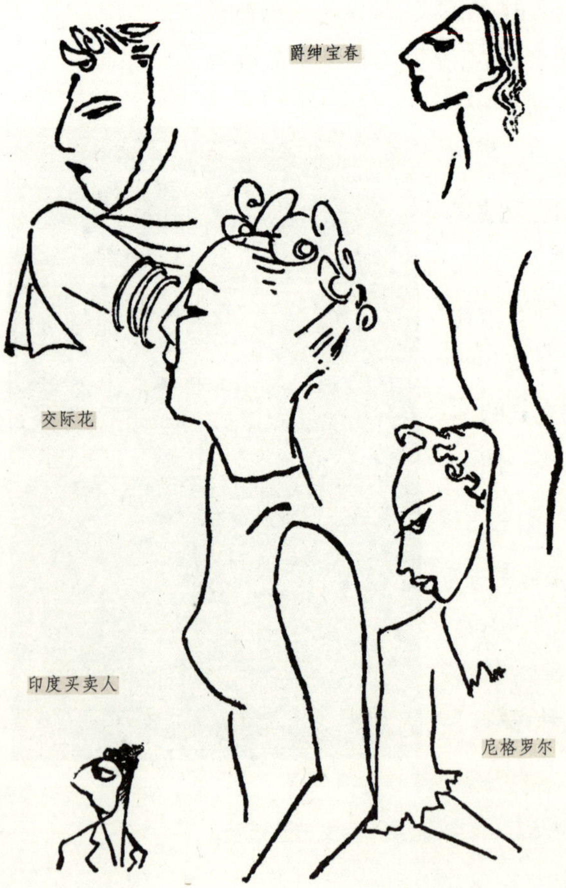

张爱玲绘的《香港》，为香港的各色人等画像。战争期间，张爱玲在空虚无聊中重操画笔，画了很多图画。她自言虽然是些杂乱重叠的人头，但确是非常好的画，而且以后也休想再画出来。对张爱玲来说，这是战争的特殊空气下，被激发出来的对世态百相的洞察，是灵光闪现的不可重复的艺术感受。

道，他“大约以为战争是基督教青年会所组织的九龙远足旅行”。

香港沦陷后，市民们带着劫后余生的惶恐，陷入近似于狂欢的生活方式中。战后的香港世相，被张爱玲归结为“饮食男女”。“吃”的欲望，被无限放大。“在战后的香港，街上每隔五步十步便蹲着个衣冠济楚的洋行职员模样的人，在小风炉上炸一个铁硬的小黄饼。”“所有的学校教员，店伙，律师帮办，全都改行做了饼师。”“汽车行全改了吃食店，没有一家绸缎铺或药房不兼卖糕饼。香港从来没有这样馋嘴过。”① 一时间港大的同学们整天谈论的也无非是吃。张爱玲曾和同学满街地找寻冰淇淋，步行十来里路，只为吃一盘昂贵的、里

张爱玲绘的《青春》。战后的香港，人们在空虚和无聊中，因为急于攀住一点实在的东西而纷纷结婚，这种情况在年轻学生中也很普遍。张爱玲说：“恋爱与结婚是于他们有益无损，可是自动地限制自己的活动范围，到底是青年的悲剧。”② 在她看来，战时的婚姻，显然是一种死里逃生后的感伤和自我放纵，并非明智之举。

①②张爱玲：《烬余录》，见《张爱玲集·流言》，第40-41页、第46页，北京，北京十月文艺出版社，2006。

天才插图画家毕尔斯莱为王尔德的《莎乐美》所画的插图。张爱玲在《小团圆》中写到，九莉在人去楼空的外籍教授住宅里，排队等待用人家的浴室洗澡，结果从书架上翻出一本王尔德的《莎乐美》(毕尔斯莱插图版)，竟然撕下全部插图，准备带回上海去，保存一线西方文明。偷入民宅、排队洗澡、随地解决内急、撕毁图书这些情节也许只是小说家的虚构，但是战争笼罩下人的心态是绝对真实的——在战争带来的那种毁天灭地朝不保夕的幻灭感中，所有的荒谬都有了堂皇的理由，人们自恋地纵容和原谅着自己的一切。张爱玲笔下的战争，也许看不见硝烟，但可以清楚地看见人性。

面吱咯吱咯全是冰屑子的冰淇淋。除了对“吃”的渴望，就是男女间的情感寄托。战后的香港报纸上，挨挨挤挤地登满了结婚广告，在空虚与恐怖中，也许这是唯一攀得住的一点实在的东西。学生中结婚的也很多。有些外埠学生困在宿舍里没事做，男学生躺在女朋友的床上玩纸牌一直到夜深。第二天一早，女生还没起床，男朋友又来了，坐在床沿上。

隔壁便听见她娇滴滴地叫喊:“不行! 不吗! 不,我不! ”一直到她穿衣下床为止。

战后,张爱玲在医院做了一段时间看护。张爱玲从来不肯施舍廉价的同情,更不会扮演爱心泛滥的天使姐姐。因此,这段经历她后来叙述得颇为冷漠,但还是看得出当时她内心的极度煎熬。那是香港前所未有的寒冷的冬天,医院里挤满了病人,他们有的穿着宽袍大袖的病号服满街跑,有的试图偷医院的纱布、剪刀,有的濒临死亡异常痛苦,不断地哼叫;另一面则是逃避责任的看护,她们在病人的呻吟声中用黄铜锅煮牛奶,在病人死亡的早上用椰子油烘小面包,在司空见惯的麻木的痛苦中,靠着冷漠和自私若无其事地继续活下去。

对于战争,张爱玲唯一的“准英雄”叙述,就是在战争中死去的历史教授佛朗士。然而他却并非为国捐躯,而是最无名目的死——因为没听见哨兵吆喝,被自己人开枪射杀。这让悲壮变成了悲哀,仿佛演了一出关于战争和英雄的荒诞剧。在《小团圆》中,张爱玲又从文学的角度为这个故事补上了更加荒诞的一笔,即九莉对上帝的祷告:“你待我太好了。其实停止考试就行了,不用把老师也杀掉。”小说通过“学生考试”和“香港沦陷”之间的必然性叙述——上帝为了成全学生们停止考试的心愿,而带来了战争,甚至杀掉了老师——带来一种奇异的荒诞感。张爱玲一向对宏大叙事敬而远之,也并不想从高屋建瓴的历史视域中得出什么结论,她眼中的港战,似乎全在那些不相干的事情上。她把宏大与渺小、崇高与荒诞、历史与个人纠缠在一起,在参差的对照中,在一系列貌似跟战争不相干的事件中,形成自己看待战争的独特视角。也许正是这些所谓庸常的琐碎,难堪的自私,空虚的冷漠,从人性的角度,揭示了战争的另一种真实:

时代的车轰轰地往前开。我们坐在车上,经过的也许不过是几条熟悉的街衢,可是在漫天的火光中也自惊心动魄。就可惜我们只顾忙着在一瞥即逝的店铺的橱窗里找寻我们自己的影子——我们只看见自己的脸，苍白，渺小：我们的自私与空虚，我们恬不知耻的愚蠢——谁都像我们一样，然而我们每人都是孤独的。①

在港大的三年，因为繁重的课业压力，因为全英文的授课方式，因为战事的爆发，张爱玲的中文创作暂时搁浅。目前所见的这一时期唯一的中文作品，就是1940年《西风》杂志的获奖征文《我的天才梦》。《西风》杂志是20世纪30年代很流行的一种综合性杂志，以"译述西洋杂志精华，介绍欧美人生社会"为宗旨，注重趣味性和可读性，经常发表林语堂的文章。1939年9月，《西风》创刊三周年之际，以"我的……"为题进行有奖征文。

张爱玲应征的就是那篇著名的才女宣言《我的天才梦》。这时候，她已经两年没有发表中文作品了。两年的沉淀和积累，张爱玲在文学上完成了从青涩到成熟的成长。她的选题"我的天才梦"，比起其他获奖的文章，如：我的亡妻、我的妹妹、我的嫂嫂、我的同窗等等，明显剑走偏锋，视角独树一帜。"我是一个古怪的女孩，从小被

1940年4月，张爱玲的散文《天才梦》获得上海《西风》杂志创刊三周年纪念征文第十三名（名誉奖第三名）。该书结集出版时就以张爱玲的散文题目《天才梦》命名。

①张爱玲：《烬余录》，见《张爱玲集·流言》，第46页，北京，北京十月文艺出版社，2006。

目为天才，除了发展我的天才外别无生存的目标。然而，当童年的狂想逐渐褪色的时候，我发现我除了天才的梦之外一无所有——所有的只是天才的乖僻缺点。”①张爱玲开宗明义，将“天才”和“天才的乖僻”作为一个问题的两个方面，将自己19岁的人生娓娓道来。从天才的绚烂，到“废物”的难堪，文中没有凄婉做作的“新文艺腔”，也没有生涩牵强的“为赋新词强说愁”，落笔自信从容，辞藻华丽善雕琢，味道冷峭又不失幽默。尤其是结尾的那句“生命是一袭华美的袍，爬满了蚤子”，是“天才”和“天才的乖僻”最终的联结点，生命的终极意象。这样一个华美而颓废的意象，凝结了这位19岁女孩对生命的全部感悟。从这篇散文开始，张爱玲终于找到了属于自己的文字感觉，或者可以说，“流言体”从此诞生了。

关于《天才梦》的获奖，张爱玲自己有一段回忆，是说开始收到杂志的信，通知是获了首奖，但公布结果时发现是第十三名，实际上成了末奖（正奖十名外还有三名荣誉奖）。她还记得征文限定字数为500字，结果自己用普通信笺写完后一五一十地数字数，改了又改，一遍遍数得头昏脑涨。然而第一

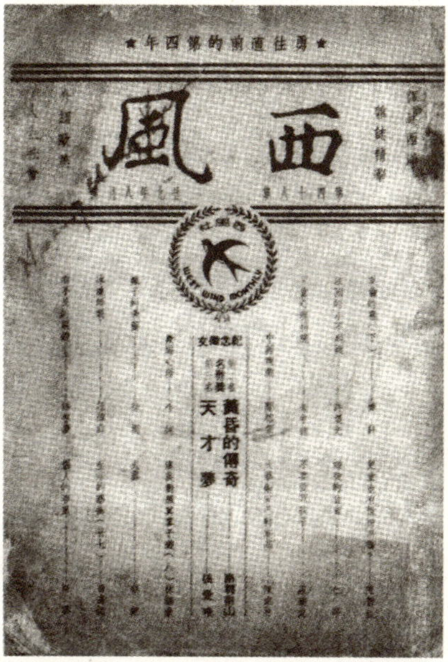

上海《西风》杂志。张爱玲当年接到的那张《西风》杂志的获奖通知单，早已在流年中烟消云散，无迹可寻。是首奖还是末奖，对于这位天才女作家来说，已经不重要了。唯一值得欣慰的，是30年代的《西风》杂志，曾经开启了一个绚丽的梦想，一个关于文学的天才梦。

①张爱玲：《天才梦》，见《张爱玲集·流言》，第187页，北京，北京十月文艺出版社，2006。

名的文章却有几千字，杂志也没给任何解释。这令张爱玲几十年后仍耿耿于怀。后来对这个问题曾有学者进行考证，发现当时征文的字数要求是5000字而非500字，所以第一名的文章符合字数要求。这很可能是张爱玲自己粗心大意看错了。并由此推断也许张爱玲接到的只是获奖通知，是她自己弄错，以为是首奖通知。[①] 往事如烟，张爱玲当年接到的那张通知单，早已在流年中烟消云散，无迹可寻。是首奖还是末奖，对这位天才女作家来说，已经不重要了。如今，她的作品早已不需要一张小小的通知单来认可、来评判。那个曾经用文字放飞了梦想，在希望中等待着的女孩，再回首已是地老天荒。唯一值得欣慰的，是30年代的《西风》杂志，曾经开启过一个绚丽的梦想，一个关于文学的天才梦。

①陈子善：《〈天才梦〉获奖考》，见《说不尽的张爱玲》，第194-201页，上海，三联书店，2004。

第三章

横 空 出 世

第三章

横空出世

一、春风得意马蹄疾

1942年夏天，张爱玲和好友炎樱乘船返回上海。因为战事，学校免费送她去英国留学的话变成了虚空的泡影，连她在港大三年的学习成绩、学生记录，也都在战火中灰飞烟灭。张爱玲三年来的苦读不了了之，也没有拿到文

爱丁顿公寓(今常德公寓)。张爱玲回上海后跟着姑姑住在这里，开始了她的文学生涯。“公寓里的家还好好的在那里，虽然我不是那么绝对地信仰它了，也还是可珍惜的。现在我寄住在旧梦里，在旧梦里做着新的梦。”① 她的著名散文《公寓生活记趣》写的就是这座公寓里的六楼六五室，这也是她和姑姑合住最久的公寓。

①张爱玲:《私语》，见《张爱玲集·流言》，第140页，北京，北京十月文艺出版社，2006。

凭，"分数烧了，确是像一世功名付之流水"。然而年轻人毕竟不那么容易绝望。一边是"流水落花春去也"的无限失落，另一边也隐隐生出了新的模糊的憧憬。她憧憬着上海的繁华与摩登，可能还有自己从未淡忘的天才梦，跟炎樱携手登上了回家的客船。

回到上海，母亲不在国内，她住进了姑姑的公寓。她一边给两个学生做家教，一边准备投考上海圣约翰大学。但是姑姑的经济状况不能负担她的学费和生活费，劝她重新跟父亲沟通。父亲同意付出学费，可是父女二人经过四年前的那场冲突，彼此间芥蒂已深，永远都回不到从前了。张爱玲在父亲家里勉强坐了十分钟，就漠然地走了，从此再也没有踏入家门，也再没跟父亲相见。

有了学费，张爱玲插班转入圣约翰大学文学系四年级。可是她并不喜欢这里的教学方式，原来在港大选修课很多，教授教学方法灵活，考试又不拘泥于背书背笔记，更重视学生的自由发挥。当然更重要的还是她没有生活费，强烈的自尊使她不愿再向父亲开口，而姑姑1942年在怡和洋行裁员时失业，经济情况也不乐观。她希望早点赚钱自立，免得增加姑姑的负担。所以两个多月后，张爱玲就从圣约翰大学辍学了（她的好友炎樱同时入圣约翰大学读书，后来毕业），还是没有拿到文凭。

这时候，张爱玲开始了她的写作生涯。因为性格内向、怕见生人，

张爱玲在英文杂志《二十世纪》上的作者像，她为这个杂志写了不少英文散文和影评。在港大三年的全英文学习语境中，张爱玲已将自己的英文磨砺得流畅典雅，纯正地道。她的姑姑说，张爱玲的英文比中文还要好。从照片上看，这时的张爱玲卷发朱唇，气质上非常西化。

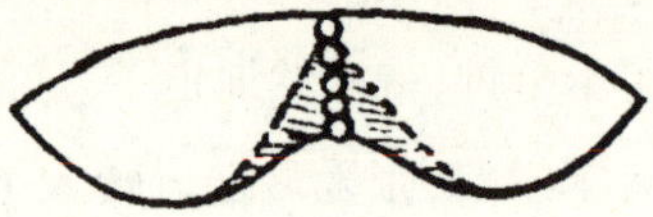

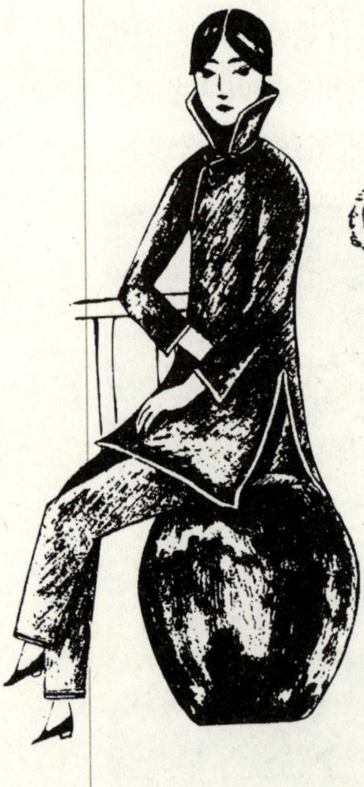

张爱玲为《中国人的生活和时装》所画的部分插图。

张爱玲觉得自己做不来老师一类的工作，让思绪在文字和图画间流转生花，也许是最好的选择。当时，英文稿费要远远高于中文稿费，而且张爱玲几年来用英文写作也已成了习惯，她首先选择给英文杂志《二十世纪》(*The XXth Century*)投稿。《二十世纪》是德国记者克劳斯·梅奈特(Klaus Mehnert)在上海创办的一份综合性杂志，除了对二战的时事报道和评论之外，也刊登小品文、游记、影评等文艺性作品。1943年1月，《二十世纪》第四卷第一期上发表了张爱玲的《中国人的生活和时装》(*Chinese Life and Fashions*)，这是一篇图文并茂，从容自如的英文小品，张爱玲自己画的十几幅插图，更是锦上添花，被编辑大力推荐，称赞其为“极有前途的青年天才”。张爱玲接下来又发表了几篇英文影评，以及小品文《依然活着》(*Still Alive*)和《鬼怪神仙》(*Demons and Fairies*)。这三篇英文作品后来都被改写为中文散文，就是《流言》中的《更衣记》、《洋人看京戏及其他》和《中国人的宗教》。

这些散文的共同特点，就是将中国人置于中国文化背景之下，而作者又跳出了这个文化的笼罩，站在一种超然的视角下，向外国人介绍中国人的生活、文化心理和审美趣味。例如在影评《中国的家庭教育》(*China Educating the Family*)中，张爱玲指出，男主人公声称喜欢没受过教育的女孩，又忍不住要教渔家女认字，其实表现了中国文人喜欢“教姨太太读书”的嗜好。所谓红袖添香夜读书，历来被看作是风流蕴藉的文人雅趣，在张爱玲的解剖之下却没了往日的堂皇，中国传统读书人那种做作自恋的心态倒是呼之欲出、无所遁形：“‘渔家女’的恋人乐意教她读书，所以‘渔家女’之受教育完全是为了她先生的享受。”①张爱玲深谙中国传统文化，但并非浑然不觉地坠入其中，而是保持着文化差异者才有的好奇心，进退自如，戏谑在中西文化的边缘。

如果张爱玲就这样举重若轻、饶有风趣地写下去，可能中国会再出现一个林语堂，不过“生来就是写小说”的她，不可能满足于用英文向租界里的外

①张爱玲：《银宫就学记》，见《张爱玲集·流言》，第89页，北京，北京十月文艺出版社，2006。

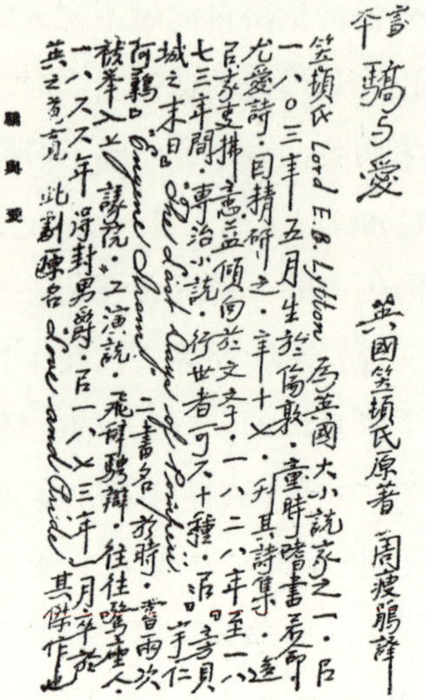

周瘦鹃和他主编的《紫罗兰》，周瘦鹃笔迹。周瘦鹃（1894-1968），鸳鸯蝴蝶派资深作家和编辑，20世纪20年代即走红，被称为“哀情巨子”。曾主持复刊鸳蝴派著名刊物《礼拜六》，并主编《紫罗兰》、《半月》、《紫兰花片》等鸳蝴派刊物。

国人介绍中国，在文学上她显然有更大的野心，这一切只有通过中文、通过小说，面向中国读者，才能实现。

1943年3月的一个下午，张爱玲带着《沉香屑：第一炉香》和《沉香屑：第二炉香》的文稿，叩开了鸳蝴派资深作家、编辑周瘦鹃的家门。张爱玲这次造访，是由母亲家里的亲戚、园艺家黄岳渊写信引荐的。这位早年做过官，后来几十年寄情于花草田园之间的隐士，在文人墨客中颇有雅名，跟周瘦鹃也相熟。简单的寒暄之后，张爱玲拿出了自己的两部文稿。周瘦鹃看了名字“沉香屑”觉得很别致，答应留下仔细阅读。接下来的饮茶聊天中，张爱玲谈到她母亲和姑姑都是他的忠实读者，当年她母亲还曾经为他的哀情小说悲痛难抑，写信给他，请他不要再写得这么哀戚了。周瘦鹃作为通俗小说作家，读者甚众，想必这类信件也曾收到过不少，多年前的事当然没有什么印象了。

总的说来，张爱玲的两部小说没有令周瘦鹃失望。他不禁暗暗称赞这位年轻姑娘的小说功力，同时也看出她受到《红楼梦》和毛姆（William S.

张爱玲笔下的上海和香港女学生。《沉香屑：第一炉香》写一个上海女孩葛薇龙在香港的故事。小说对这两个城市的女孩有这样的比喻："如果湘粤一带深目削颊的美人是糖醋排骨，上海女人就是粉蒸肉。"

Maugham，1874–1965）小说的影响。张爱玲很快就接到用稿通知——这时候，周瘦鹃正准备复刊《紫罗兰》（他20年代初主编的一个鸳鸯蝴蝶派杂志，后来因故停刊）。

1943年5月，《沉香屑：第一炉香》开始在复刊后的《紫罗兰》上连载。小说讲述了一个上海女孩在香港的故事。在港求学的女学生葛薇龙，为完成学业不愿意跟全家搬回上海，转而投靠早年就与父亲断绝关系的姑妈。姑妈当年不顾家人反对嫁给富商做妾，富商死后获得大笔遗产，从此关起门来做小型慈禧太后，以猎获各种各样的男人来填补荒芜空虚的心。姑妈如今正渐渐陷入年华已逝魅力不再的窘境。葛薇龙的出现，正好成为她获取男性"猎物"的新鲜诱饵。葛薇龙开始犹豫慌张，但很快就沉落在这种浮华的生活中，靠着出卖色相，一方面为姑妈网罗引诱"猎物"，另一方面为自己的纨绔子弟丈夫乔琪赚钱。小说结尾，葛薇龙和丈夫乔琪逛湾仔市场，看着路边站街的妓女，凄凉地说，自己跟她们的区别只在于，她们是迫不得已，而自己是自愿的。

这样一个关于"堕落"的故事，张爱玲并不把矛头指向社会，她显然无意于表现"逼良为娼"的社会主题。她甚至到结尾还在强调葛薇龙是自愿的，她的每一步人生选择其实都还有别的可能性，只是她放弃了。另一方面，张爱玲也没有站在道德的制高点上，批判葛薇龙的"自甘堕落"，她说过她无意于裁判任何人。她只是站在香烟缭绕的幕后，静静地揭示生活的真相和人性的脆弱，看着葛薇龙如何满怀希望又如何一步步跌落在巨大的心理落差中苦

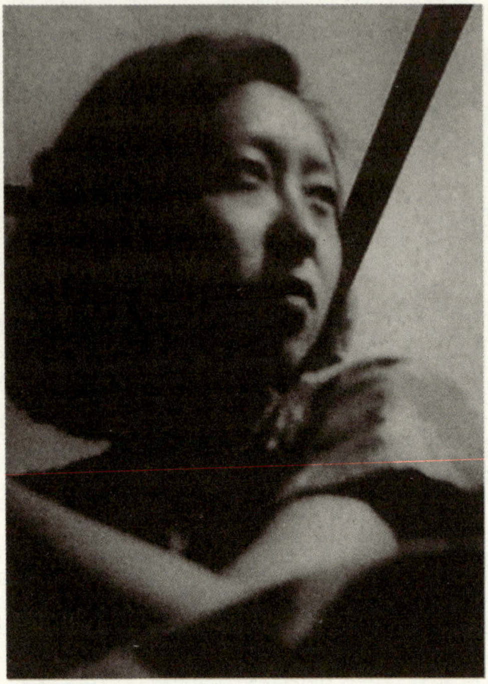

张爱玲。小说《沉香屑：第一炉香》发表之后，张爱玲为了表达谢意，请周瘦鹃来家里喝下午茶，由姑姑作陪。周瘦鹃对张爱玲和姑姑的别致的公寓设计印象非常深刻，这次会面也是相谈甚欢。不过后来张爱玲没有继续给《紫罗兰》投稿，她显然不满足于纯粹的通俗格调。这"二炉香"在《紫罗兰》上连载完成之时，她已经怀揣着梦想，天女散花一般向当时上海各大著名刊物进军了。

苦挣扎，一步步明白理想的预期和生活的真相之间的距离，然后不断跟生活讲和，终于自愿地退缩到人生的角落里。

《沉香屑：第二炉香》从1943年8月开始在《紫罗兰》上连载。这篇小说讲的是一位港大的英籍教师罗杰与漂亮的英国小姐愫细之间的婚姻悲剧。愫细姐妹从小受寡母修道院式的纯情教育，家里的报纸都要母亲过目之后才能看，结果天真得不可思议，完全不能理解夫妻之间的生活，把丈夫的亲热行为看作是禽兽之举，因而在新婚之夜哭着跑出家门。后来这件事闹得满城风雨，丈夫罗杰名誉扫地，失去工作，终于自杀。这个悲剧令人震惊，因为它的发生，不是任何外在阻力或命运的捉弄，完全是女主人公纯洁得近于白痴所致。张爱玲曾经在散文中讽刺过一个医科女同学，问解剖尸体时尸体穿不穿衣服，称之为"天真得可耻"。在张爱玲看来，这类的纯洁并非通晓世事之后的人生选择，而更像一张真空中的白纸，掩盖在空洞无知之下的其实是愚蠢。她一向反感这种泯灭自然人性，近于做作的天真，愫细小姐作为这一类

《万象》杂志封面和上面发表的张爱玲小说《心经》(1943年8月)。《万象》杂志的编辑柯灵后来回忆说,他最初读到《沉香屑:第一炉香》时就已经注意到这位文坛新人,希望能够向她约稿。因此当他看到张爱玲来《万象》编辑部投稿时,简直可以说是喜出望外。

型的集大成者,天真得草菅人命,张爱玲的讽刺可谓尖刻。

继《紫罗兰》之后,张爱玲很快在《万象》、《杂志》等期刊打开局面。她迎来了自己的创作高峰期,从1943年5月到1945年6月这两年间,《倾城之恋》、《金锁记》、《红玫瑰与白玫瑰》、《花凋》、《封锁》等多篇小说,《烬余录》、《公寓生活记趣》、《私语》、《道路以目》等多篇散文佳作,如天女散花一般出现在上海各大文学刊物上。对此,有研究者曾说,"《紫罗兰》代表了鸳蝴派的趣味,《古今》承袭了周作人、林语堂的'闲适'格调,《万象》坚持着新文学人道主义、现实主义的传统,对'新文艺腔'大张挞伐的《杂志》则想走纯文艺的路线,而它们竟一致对张爱玲表示推许。在新文学史上,这样的情形即使不是仅见,也肯定是少见的。"①

自幼的天才梦终于开花结果。

张爱玲,这个不久前还默默无闻的名字,一时间红透大街小巷。她对这突如其来的成名,内心的自信和得意是不言自明的。报纸上杂志上凡有谈论她的文章,她都一一剪贴保存;对于读者来信,她也都收存,虽然对信中的各种建议和意见她并不采纳;各种记者访问、作家聚谈、甚至名流集会,也经常

①余斌:《张爱玲传》,第98页,桂林,广西师范大学出版社,2001。

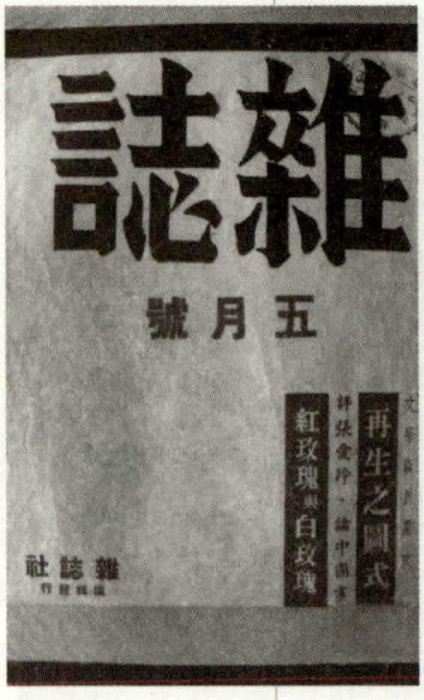

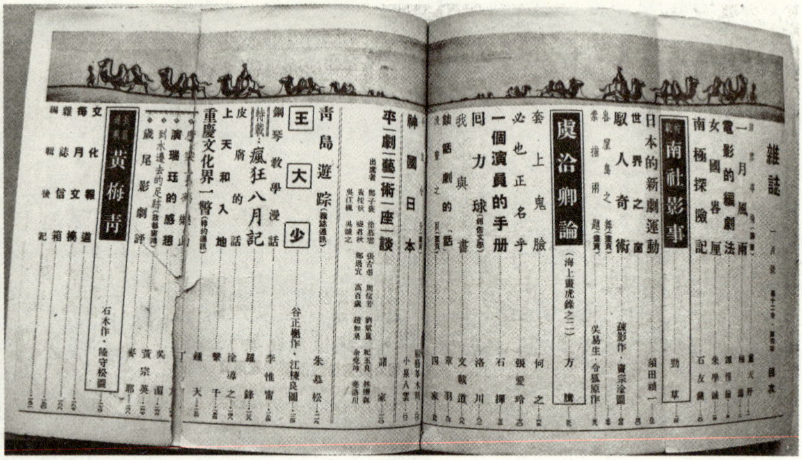

《杂志》封面及目录。《杂志》是跟张爱玲关系最密切的期刊。《杂志》编辑部每次组织聚会、座谈之类的活动，总是邀请她参加，并大力宣传推广。她的主要代表作《倾城之恋》和《金锁记》都发表在这个刊物上，小说集《传奇》也是由《杂志》出版社出版发行的。可以说，张爱玲真正成名于《杂志》。但是，由于《杂志》复杂的日伪背景，这也在抗战胜利后成为她的污点之一。

可以看到她的身影。

在当时上海的众多期刊中，《万象》曾是发行量最大的综合性刊物，而《杂志》则是最有背景和实力的刊物（《杂志》隶属于由日本人做后台的《新中国报》，虽然本身并不谈论任何政治问题，但是亲日的倾向大家都心知肚明）。这两个期刊都对张爱玲十分青睐，但不知出于什么原因，张爱玲似乎更倾向于后者。她把自己最好的小说《倾城之恋》、《金锁记》、《花凋》和《红玫瑰与白玫瑰》都投给了《杂志》，而同一时期《万象》上刊载的只是较为平庸的《琉璃瓦》和有些粗糙的《连环套》。张爱玲明显的厚此薄彼，也许是因为她觉得《杂志》更适合她的口味，对她的态度也更为热情和称许。而《万象》编辑坚持的文学理念似乎更为谨慎，这一点从傅雷论述张爱玲小说的那篇评论在《万象》上被编辑大力推介也可以得到印证。

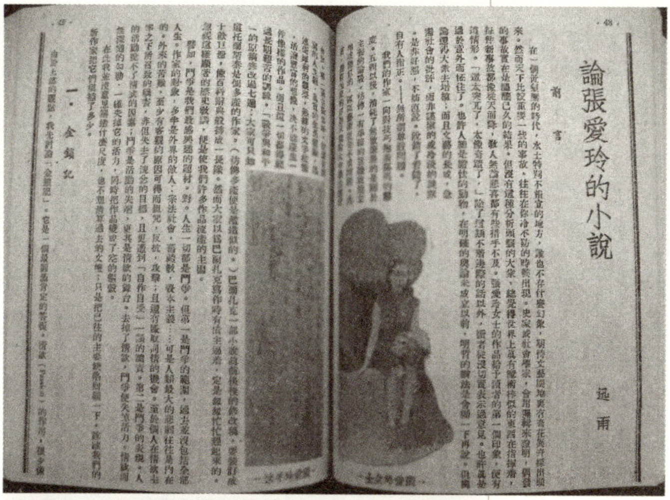
論張愛玲的小說

迅雨

迅雨（傅雷）《论张爱玲的小说》，载《万象》第三卷第十一期，1944年5月。“奇迹在中国不算稀奇，可是都没有好收场。”此篇长评结尾这句带有预言性质的警告，后来被广为引用，和张爱玲的人生形成一种苍凉的对照，令人欷歔不已。

傅雷（1908—1966），著名艺术理论家、翻译家。

1944年5月，傅雷化名迅雨，在《万象》上发表了一篇长评《论张爱玲的小说》。傅雷曾留学法国，专攻西方艺术史和艺术理论，是著名的翻译家，也是眼光独到的学者。在他那本著名的《傅雷家书》中，一位一丝不苟的严父形象处处可见。对于张爱玲这个文坛新人，傅雷的态度也是如此。一方面他反驳了“五四”新文学以思想意识代替艺术标准的不良倾向，称赞张爱玲的小说《金锁记》是“我们文坛最美的收获之一”。傅雷集中分析了小说的情欲主题，同时也注意到小说的结构、色彩、心理分析、传统与现代意境的融合、电影手法的借鉴等多方面的艺术成就。另一方面，傅雷也毫不客气地对张爱玲的其他小说，尤其是当时正在《万象》上连载的《连环套》进行了批评。总的来说，傅雷认为这些小说或多或少都有“文胜质”的危险，因而担心才华和技巧最后会淹没张爱玲。

傅雷对张爱玲的批评虽然严苛，但绝对是站在艺术的立场上，爱之深责之切：“没有《金锁记》，本文作者绝不在下文把《连环套》批评得那么严厉，而且根本也不会写这篇文字。”傅雷的意思非常明白，如果不是通过《金锁记》看到了一个天才作家，担心她不能沉下心来厚积薄发，反而急于求成创作水平倒退，他绝不会有兴致来蹚这个浑水的。

面对傅雷的批评，张爱玲没有笔走龙蛇立刻迎战。她沉默了半年之久，才写了一篇《自己的文章》发表在《苦竹》杂志上，针对傅雷的批评一一申明自己的文学观点。她基本上并不认同傅雷的古典主义美学标准，强调自己写不来时代纪念碑式的作品，而更喜欢用参差对照的方法，写不太彻底的人物。对于傅雷的批评，她似乎只接受了一点，就是《连环套》的主题涣散和文字上的刻意做作。但也不能说傅雷的话没起到任何作用，至少一个直接的结果就是张爱玲对《连环套》彻底失去了兴致，将之自动腰斩——后来也没有收入《传奇》和带出大陆——而且她的小说从此也彻底离开了《万象》杂志。

30年后，当研究者将《连环套》和《创世纪》这两部未完成的小说，作为出土文物重新挖掘出来之后，张爱玲曾解释道：“三十年不见，尽管自以为坏，也没想到这样恶劣，通篇胡扯，不禁骇笑。……当时也是因为编辑拉稿，前一个时期又多产。各人情形不同，不敢说是多产的教训，不过对于我是个教训。这些年来没写出更多的《连环套》，始终自视为消极的成绩。”① 30年前，傅雷批评《连环套》时，曾苦口婆心地举出有些大作家习作废稿多达三四十部和《战争与和平》前后修改七遍的实例，警示张爱玲不要急功近利。30年后物是人非，张爱玲终于坦然承认了这一点。

①张爱玲：《〈张看〉自序》，见《张爱玲集·对照记》，第184页，北京，北京十月文艺出版社，2006。

《传奇》初版和再版封面。《传奇》初版封面的蓝绿色是张爱玲母亲最喜欢的颜色，她自己也非常喜欢这翠色逼人的浓烈色彩，从前就一直希望自己的书可以“给报摊子上开一扇夜蓝的小窗户”；再版封面是炎樱画的，像古绸缎上盘了深色云头，又像黑压压涌起了一个潮头，轻轻落下许多嘈切嘁嚓的浪花。细看却是小的玉连环，有的三三两两勾搭住了，解不开；有的单独像月亮，自归自圆了；有的两个在一起，只淡淡地挨着一点，却已经事过境迁——用来代表书中人相互间的关系，也没有什么不可以…… 张爱玲对于这两版的封面显然都非常满意。

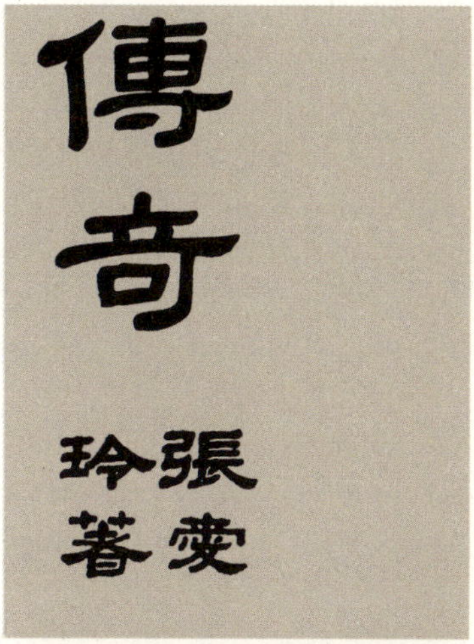

1944年8月，张爱玲趁热打铁，出版了小说集《传奇》(年底她又出版了散文集《流言》)。《传奇》出版后大受欢迎，一个月之后旋即再版。此时，张爱玲的兴奋之情溢于言表：

> 以前我一直这样想着：等我的书出版了，我要走到每一个报摊上去看看，我要我最喜欢的蓝绿的封面给报摊子上开一扇夜蓝的小窗户，人们可以在窗口看月亮，看热闹。我要问报贩，装出不相干的样子：“销路还好吗？——太贵了，这么贵，真还有人买吗？”呵，出名要趁早呀！来得太晚的话，快乐也不那么痛快。最初在校刊上登两篇文章，也是发了疯似的高兴着，自己读了一遍又一遍，每一次都像是第一次见到。就现在已经没那么容易兴奋了。

所以更加要催：快，快，迟了来不及了，来不及了！①

有人称赞这段话里毫不做作的世俗的光辉，也有人对这种急功近利的浮躁气不以为然。“出名要趁早”后来成为一句标签式的“张爱玲语录”。的确，张爱玲从来都不掩饰自己对成名的渴望，对一个6岁即开始写小说，9岁就向编辑部投稿的天才少女来说，也许到了二十三四岁才一鸣惊人，已经等得太久了吧？大器晚成固然更可能炼出磅礴的厚重感，不过少年成名一飞冲天的自信，也是另一种飞扬的文字。张爱玲的成与败，誉与毁，似乎都在于此，没了这一点，也就不是张爱玲了。

二、传奇世界

1. “家的梦魇”

在小说集《传奇》里面，最让人心悸的，莫过于无处不在的“家的梦魇”。那些古墓一般的老宅，潮湿，灰暗，一级一级没有光的所在，

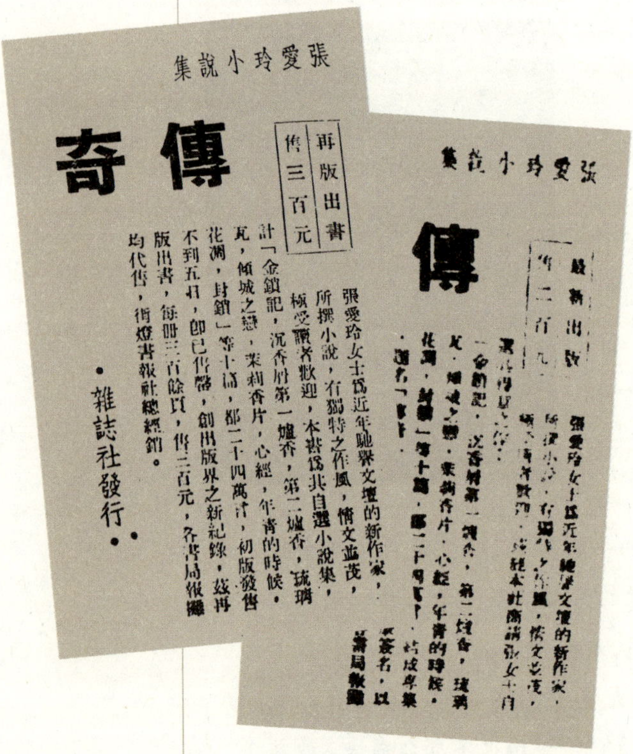

《传奇》初版和再版时登在《杂志》上的广告。《传奇》初版售价200元，不过一个多月后再版，即涨价到300元，可见确实销路很好。另外，这么迅速的提价，当时上海物价上涨、通货膨胀的状况也可见一斑。

①张爱玲：《〈传奇〉再版的话》，见《张爱玲集·倾城之恋》，第456页，北京，北京十月文艺出版社，2006。

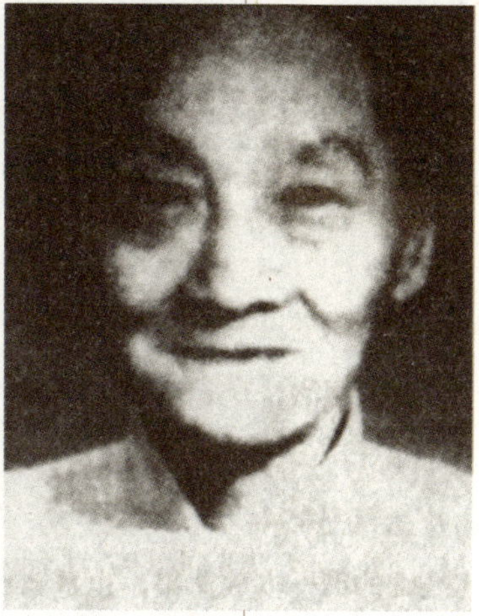

张爱玲的舅舅黄定柱和舅母刘竹平。张爱玲的小说《花凋》取材于舅舅一家的生活。其中说郑先生(以张爱玲的舅舅为原型)是"酒精缸里泡着的孩尸"一句,深深惹恼了舅舅,从此之后很少来往。

把人的鲜活的生命力,或疯狂地吞噬,或一点一滴地消磨。主人公置身其中,无不在窒息中挣扎着,终于沉下去,再沉下去……

张爱玲小说中无处不在的家的梦魇,大多来自她的家族生活背景。其中既有她在旧式大家庭中的所见所闻,也有她自己对父亲的家梦魇般的记忆,以及对母亲的家挥之不去的疏离感。这个十几岁就感觉自己"赤裸裸地站在天底下"的年轻女作家,孤独、内省、敏感、淡漠,充满了无家可归的漂泊感。她一方面通过写作实现自我价值的确认,另一方面又通过写作宣泄困扰自己多年的关于家的梦魇。她总是毫不留情地揭去温馨的外衣,让"家"露出脉脉亲情伪装之下的本来面目。小说《花凋》的开头,就写了天使环绕的郑川嫦的墓碑和虚假做作的墓志铭。然后一句"全然不是这回事",揭开了唯美的幻象下面郑家生活的真实。《花凋》的故事基本来自于张爱玲的舅舅黄定柱一家的生活:

说不上来郑家是穷还是阔。呼奴使婢的一大家子人,住了一幢洋房,床只有两只,小姐们每晚抱了铺盖到客室里打地铺。客室里稀稀朗朗几件家具也是借来的,只有一架无线电是自己置的,

张爱玲8岁时和舅舅家的三个表姐一个表弟的合影。中间的是张爱玲。她的小说《花凋》中的女主人公郑川嫦的原型，应该就是张爱玲左手边(右二)的这个女孩。另外两个稍大的漂亮女孩，应该就是小说中提到的，“郑川嫦”的两个爱漂亮并且后来嫁得很好的姐姐。

留声机屉子里有最新的流行唱片。他们不断地吃零食，全家坐了汽车看电影去，孩子蛀了牙齿没钱补，在学校里买不起钢笔头。佣人们因为积欠工资过多，不得不做下去……①

这样的旧式遗少的生活方式，张爱玲从小司空见惯，写来自然得心应手。揶揄的语调下，揭示的是表面上光鲜亮丽、兄弟姐妹怡洽，父慈子孝的家庭中真实的一幕。生了肺病之后的郑川嫦，更是感觉到“硕大无朋的自身和这腐烂而美丽的世界，两个尸首背对背拴在一起，你坠着我，我坠着你，往下沉”。②这充满陈腐气息的家，梦魇般的只拖着人，往深处坠落。

另一篇小说《倾城之恋》中的白公馆，更是这种梦魇似的“家”的典型：

白公馆有这么一点像神仙的洞府：这里悠悠忽忽过了一天，世上已经过了一千年。可是这里过了一千年，也同一天差不多，因

①②张爱玲：《花凋》，见《张爱玲集·倾城之恋》，第414页、第431页，北京，北京十月文艺出版社，2006。

为每天都是一样的单调与无聊。……你年轻么？不要紧，过两年就老了，这里，青春是不希罕的。他们有的是青春——孩子一个个的被生出来，新的明亮的眼睛，新的红嫩的嘴，新的智慧。一年又一年的磨下来，眼睛钝了，人钝了，下一代又生出来了。这一代便被吸到朱红洒金的辉煌的背景里去，一点一点的淡金便是从前的人的怯怯的眼睛。①

天上方一日，地上已千年。没落的白公馆如蜗牛一般缓慢地踏着自己的节奏蠕蠕而行，完全不顾外面的世界一日千里的变化。古老的大家族，缓慢无聊的生活，陈腐发霉的气息，不知流年偷转中有多少代人，淹没在这一潭单调沉闷的死水里。除了白公馆之外，还有曹七巧的家，那反复被强调的"一级一级没有光的所在"；还有聂传庆的家，"初从上海搬来的时候，满院子的花木，没两三年的工夫，枯的枯、死的死、砍掉的砍掉，太阳光晒着，满眼的荒凉。"②……

庭院深深深几许，几乎是张爱玲大部分故事的起点。这里有绣死在屏风上的鸟儿，有泡

张爱玲所绘《倾城之恋》插图，白流苏。小说写道："她的脸，从前是白得像磁，现在由磁变为玉——半透明的轻青的玉。下颌起初是圆的，近年来渐渐的尖了，越显得那小小的脸，小得可爱。脸庞原是相当的窄，可是眉心很宽。一双娇滴滴，滴滴娇的清水眼。"③

①张爱玲：《倾城之恋》，见《张爱玲集·倾城之恋》，第183页，北京，北京十月文艺出版社，2006。②张爱玲：《茉莉香片》，见《张爱玲集·倾城之恋》，第226页，北京，北京十月文艺出版社，2006。③张爱玲：《倾城之恋》，见《张爱玲集·倾城之恋》，第184页，北京，北京十月文艺出版社，2006。

张爱玲所绘的《茉莉香片》插图。冯碧落和言子夜，聂传庆和言丹朱。聂传庆的母亲冯碧落，被迫放弃了恋人言子夜而嫁进聂家，成了被绣在屏风上的一只鸟，“悒郁的紫色缎子屏风上，织金云朵里的一只白鸟。年深月久了，羽毛暗了，霉了，给虫蛀了，死也还死在屏风上。”①

在酒精缸里的孩尸，有鸦片烟的迷雾，有小公馆，有姨太太，有无爱却有怨毒的夫妻、父子、母女……这样的家，并不是“五四”以来文学作品中常见的那种封建大家庭，在这里看不到阶级，只看到人性。在这里，没有一个人用所谓的新思想去向这样的家宣战，然后走出家庭，像娜拉或是觉慧那样；这里甚至已经不是单纯的故事发生的背景，而是构成小说基本氛围的一个母题，人物无法摆脱的一个梦魇。寡居娘家，遭哥嫂白眼，青春正在逝去的白流苏，就是面临被这个家“吸到朱红洒金的辉煌的背景里去”的危险，惊惧于这个梦魇似的吸人青春的家，才咬牙抢了妹妹的相亲对象范柳原，毫不犹豫地夺门

①张爱玲：《茉莉香片》，见《张爱玲集·倾城之恋》，第233页，北京，北京十月文艺出版社，2006。

张爱玲所绘《金锁记》插图，曹七巧。“那曹七巧且不坐下，一只手撑着门，一只手撑住腰，窄窄的袖口里垂下一条雪青洋绉手帕，身上穿着银红衫子，葱白线镶滚，雪青闪蓝如意小脚裤子，瘦骨脸儿，朱口细牙，三角眼，小山眉……”①张爱玲的插图画出了七巧的神韵。

而逃。聂传庆在这样的家中失了少年人的天真活泼，逐渐变得内心阴暗，走向病态的极端，幻想着母亲过去的情人言子夜是自己的父亲，带给自己另一个家。曹七巧则以一个疯子的审慎与机智，想方设法把儿子和女儿困在这个“没有光的所在”，为自己陪葬。

《金锁记》中的曹七巧，开始被梦魇似的姜宅包围、吞没，到最后却逐渐跟梦魇的家融为一体，变成这个梦魇的灵魂，是张爱玲小说里比较少见的一个彻底的人物。她作为麻油店的小户人家的女儿，能高攀进姜家这个大家族做二少奶奶，只不过因为二少爷是个骨痨病人，无法找到门当户对的小姐。在这个大家庭里，她没有爱情，也没有地位，喜欢小叔子姜季泽，可是也被拒绝——虽然季泽也愿意跟她眉来眼去，但是毕竟“兔子不吃窝边草”，犯不着惹上她这个麻烦。曹七巧在这里处处被人瞧不起，一颗争强好胜的心，为着自卫变得尖酸刻薄，浑身带刺。她刻毒地恨着姜家，恨着丈夫，恨着兄嫂。终于熬到公婆和丈夫死了，分了家自己过日子，她发现自己已经只剩下卖掉一生换来的几个钱了。现在她自己是那“一级一级没有光的所在”的主人了，她

①张爱玲：《金锁记》，见《张爱玲集·倾城之恋》，第131页，北京，北京十月文艺出版社，2006。

张爱玲所绘《金锁记》插图。女儿姜长安(上),儿媳妇芝寿(下)。

从前所憎恶的要把人逼疯的梦魇的家,现在成了她唯一的归宿。她要做的,就是拼了性命地,将一双儿女也死死拖在这里。她先是不断羞辱,折磨死了儿媳芝寿,接着将儿子扶了正的侧室绢姑娘也逼得吞了鸦片;女儿长安在母亲步步为营的阻挠下,见缝插针地跟童世舫谈着恋爱,可是这段姻缘终于也被母亲故意的破坏断送了。

通过童世舫的眼睛,我们看到曹七巧背着光立在门口,像一个令人毛骨悚然的疯子。她幽幽地穿梭来去,像这个梦魇的家的灵魂,把儿女拖回这可以把人逼疯的梦魇的深处,拖入没有光的所在。

在张爱玲笔下,即便是生活在新式家庭中,也一样如坠梦魇。例如《心经》中的许家,许峰仪有着体面的工作,全家住着新式的公寓,有着顶层的花园阳台。女儿许小寒在新式学校读书,美丽可人。可是在这个家里,一样有着畸形的梦魇。许小寒爱着自己的父亲,不断离间父母的感情,沉浸在畸形的爱与恨中不能自拔。最后,父亲用另一种方式,宣泄了压抑多年的父女不伦之恋——跟酷似女儿的同学段绫卿相爱同居,离开了这个家,以此摆脱这可怕的梦魇。

许小寒痛苦不堪，却也无可奈何，只好在母亲的安排下去亲戚家小住。只有她的母亲，在无爱的婚姻中波澜不惊，以看透一切的悲哀的豁达，独自留在这个家里。

张爱玲小说中的人物，跟他们的家庭的关系，或是沉浸其间，或是挣扎恐惧，或是想方设法逃脱，但绝不是那种你死我活的叛逆和决裂。他们的灵魂，终究是被这家的氛围笼罩和浸泡着，千丝万缕的，想摆脱反而缠得更紧。从这个意义上说，张爱玲并非在刻画新文学作品中常见的封建旧家庭，而是在刻画一个反复出现的母题，一个关于“家”的梦魇。

张爱玲所绘《心经》插图。这是一个关于恋父情结的故事。张爱玲所画的三幅插图以女主人公许小寒为中心，勾勒了整个故事的轮廓。她爱着自己的父亲，可是父亲不可能接受她的爱；她因为爱自己的父亲而恨自己的母亲，离间了父母之间的感情；她的同学段绫卿跟她面貌相似，临镜而照如同一对姐妹，最后父亲移情于绫卿，丢下母女二人而去。

2.“饮食男女”

男人与女人，是张爱玲小说的另一个基本主题。既然涉及男人与女人，自然离不开爱情和婚姻。张爱玲对爱情的基本看法，是现实的难堪的羁绊永远多于浪漫化的纯情。在她的笔下倒是不乏爱情故事，《花凋》里的郑川嫦和章云藩，《金锁记》里的姜长安和童世舫，《茉莉香片》里的冯碧落和言子夜，都是淡淡的一缕温情，但终于都在各种现实的阻力下，化作了一个个美丽而苍凉的手势，人去楼空，缥缈地回荡在梦魇般的空宅里。

《倾城之恋》可能是所有爱情故事中唯一完满的大团圆。可是小说的主体部分，并不是什么荡气回肠的“倾城之恋”，而是男人的调情和女人的焦虑。白流苏遇到范柳原的时候，实在是一个已经走投无路的女人：离异后在娘家住了六七年，被兄嫂盘光了钱，现在正赶她回去为刚死了的前夫守节，

1984年，许鞍华执导的电影《倾城之恋》剧照。当时香港的浅水湾充满殖民色彩和异国情调，浅水湾大酒店还没拆，所以电影实地拍摄，无论是露台餐厅的柚木门窗和地板，还是雕花的木吊扇，都原汁原味地重现了昔日的繁华。

想离开娘家自己又没念过两年书无法独立谋生。所谓绝处逢生，正是在这种绝境中逼出了白流苏的狠劲儿，在相亲会上抢了原本介绍给妹妹的对象范柳原。由此，她决定为钓到这个金龟婿而冒险赌一把，结束整日躲在娘家绣鞋面的生活，跟范柳原到了香港。

小说发展到这里，和所谓的“倾城之恋”还搭不上界，流苏为香港之行下了大注，她整天算计的，都是范柳原会不会娶她。她要的不是爱情，而是离开再也住不下去的娘家，找到一个优质的长期饭票——她要的是婚姻。阅人无数的范柳原当然看穿了流苏的心理：“我不至于那么糊涂，我犯不着花了钱娶一个对我毫无感情的人来管束我。那太不公平了。对于你那也不公平。噢，也许你不在乎。根本你以为婚姻就是长期的卖淫——”① 范柳原对流苏的指责一针见血，可是流苏的焦虑却不是范柳原的指责能消除的。如果钓不到这个金龟婿，那么自己成了家中众人的笑柄，娘家是肯定不能长待下去了；败坏了名声，也不太可能有再嫁的风光，甚至回前夫家守孝都不再可能。白流苏的焦虑，对女性来说，是死生大事，是不成功则成仁的赌注。处在这种焦虑中，白流苏不可能有谈情说爱、打情骂俏的兴致，她只想一步到位，攀到实在

张爱玲所绘《倾城之恋》插图。在香港浅水湾海滩上的白流苏（左），印度的萨黑荑妮公主（右）。萨黑荑妮公主的情人在战后被关入集中营，因而失去靠山，变得落魄不堪。在她的对照下，流苏幸运的大团圆，更近似于一个奇迹。

①张爱玲：《倾城之恋》，见《张爱玲集·倾城之恋》，第206页，北京，北京十月文艺出版社，2006。

许鞍华执导的《倾城之恋》，周润发扮演范柳原。范柳原把流苏带到香港，百般调情，甚或跟别的女人调情，最重要的原因就是希望流苏放下一切来爱自己："在上海第一次遇见你，我想着，离开了你家里那些人，你也许会自然一点。好容易盼着你到了香港……现在，我又想把你带到马来亚，到原始人的森林里去……"可是他的"改造"计划在香港沦陷之前始终没成功，虽然表面上看他取得了胜利——流苏屈服地做了他的情妇——可是她一刻也放不下对未来的焦虑和对现实的计算，他输在爱情上。

的东西。对于范柳原不断的调情，她不过是为了达到最终目的而耐着性子敷衍着，她没心情去体会其中的爱意，只敏感地从中捕捉他是否愿意结婚的信息，因此经常为着焦虑而失了耐性，发起脾气来。

这一场男人和女人的博弈、爱情和婚姻的角斗，经济上处在绝对弱势地位的白流苏，似乎永无占上风的可能。经过数个回合，她不得不屈服，做了范柳原的情妇。直到战争爆发，两人在枪林弹雨中相濡以沫，才最终促成了这段"倾城之恋"。在生命朝不保夕的战乱中，世人的嘲笑、娘家的白眼、谋生的无望、长期的饭票……原本困扰白流苏的种种现实的焦虑突然都变得不重要了。自己从前惨淡经营拼命要得到的那一切都是虚妄的了，一颗炸弹掉下来，也许一切就结束了。在隔绝了外在世界的特定的战争环境中，她忘了焦虑，忘了心机，才第一次发现了爱情，感受到了真实的爱：

在这动荡的世界里，钱财、地产、天长地久的一切，全不可靠了。靠得住的只有她腔子里的这口气，还有睡在她身边的这个人。她突然爬到柳原身边，隔着他的棉被，拥抱着他。他从被窝里伸出手来握住她的手。他们把彼此看得透明透亮。仅仅是一刹那的彻底的谅解,然而这一刹那够他们在一起和谐地活个十年八年。①

因为这场"倾城之战",白流苏放下焦虑,真正爱上了范柳原。范柳原也通过失去靠山、落魄不堪的萨黑荑妮公主,理解了流苏的恐惧与焦虑,给了她天长地久的婚姻。他们在乱世中,把彼此看得通透,达成了彻底的谅解,也得到了各自盼望已久的东西。可是这靠着奇迹才成就的"倾城之恋",毕竟不是人生的常态。小说结尾提到流苏的四嫂,把流苏当作榜样要跟四哥离婚的事,就是一个哈哈镜中的可笑的倒影——到处都是传奇,却不见得都有这么圆满的收场。

张爱玲笔下的爱情,即使披着华美的外衣,即使成就了"倾国倾城"的传奇,也充斥着种种现实的羁绊,琐碎难堪的算计,以及男人与女人在恋爱和婚姻中的错位感。男人口口声声要的爱情,在女人眼里,也许不过是爱着浪漫的"调情";女人将男人廉价的爱情看得通透,可是仍旧不得不尽职尽责地做着"女结婚员",为了让男人所害怕的"婚姻的束缚"早日成真而绞尽脑汁。靠着战争的奇迹,流苏梦想成真了。但小说半开放式的结尾又留下无限的悬念:"柳原现在从来不跟她闹着玩了,他把他的俏皮话省下来说给旁的女人听。那是值得庆幸的好现象,表示他完全把她当作自家人看待——名正言顺的妻。"②明眼人一望便知,这并非"从此,王子和公主在城堡里过着幸

张爱玲所绘《红玫瑰与白玫瑰》插图。上图为红玫瑰王娇蕊,下图为白玫瑰孟烟鹂。

①张爱玲:《倾城之恋》,见《张爱玲集·倾城之恋》,第219页,北京,北京十月文艺出版社,2006。②张爱玲:《倾城之恋》,见《张爱玲集·倾城之恋》,第221页,北京,北京十月文艺出版社,2006。

福生活”一类的童话结局，白流苏得到的并不是一个真正的大团圆。

如果说婚姻在《倾城之恋》里是小说的终点，那么在《红玫瑰与白玫瑰》里，就是小说的起点。佟振保留学归来后在一家工厂任工程师，职位做到高层，事业顺利。他侍奉母亲，提拔兄弟，朋友众多，无不良嗜好，“整个地是这样一个最合理想的中国现代人物”。佟振保这样的男人，看上去算是女人心目中最合适的丈夫人选，然而事实并非如此。在小说开头，张爱玲对佟振保的爱情与婚姻就有一针见血的分析：

> 振保的生命里有两个女人，他说一个是他的白玫瑰，一个是他的红玫瑰。一个是圣洁的妻，一个是热烈的情妇……
>
> 也许每一个男子全都有过这样的两个女人，至少两个。娶了红玫瑰，久而久之，红的变了墙上的一抹蚊子血，白的还是“床前明月光”；娶了白玫瑰，白的便是衣服上沾的一粒饭黏子，红的却是心口上一颗朱砂痣。①

佟振保留学回国后，渴望传奇，愿意在平凡的日子里搅上一些浪漫，因此跟朋友的妻子王娇蕊恋爱了。两人爱得昏天黑地，有那么一刻甚至真的以为自己找到了真爱。可

张爱玲所绘《红玫瑰与白玫瑰》插图。佟振保留学时的初恋情人玫瑰(左)，佟振保、王娇蕊、艾许太太与艾许小姐。

①张爱玲：《红玫瑰与白玫瑰》，见《张爱玲集·倾城之恋》，第41页，北京，北京十月文艺出版社，2006。

张爱玲所绘《红玫瑰与白玫瑰》插图，烟鹂的鞋。小说结尾写振保半夜起来，看见“地板正中躺着烟鹂的一双绣花鞋，微带八字式，一只前些，一只后些，像有一个不敢现形的鬼怯怯向他走过来，央求着。”张爱玲很重视烟鹂这双鞋的意象，特意画了这幅插图。

是佟振保骨子里仍是现实的。爱得轰轰烈烈的娇蕊，写信把事情向远在新加坡的丈夫和盘托出，振保却退缩了，他只想要美妙的爱情，可从没想过要这爱情的副产品——“抢朋友妻子”的恶名。他们仿佛是人生舞台上一对热烈的舞者，佟振保却突然走掉，剩下王娇蕊一个人茫然尴尬地站在水银灯下，不知如何收场。拒绝了热烈的情妇王娇蕊之后，振保娶了孟烟鹂。婚后，烟鹂逐渐变成了衣服上的那粒“饭黏子”，揩也揩不干净。佟振保一方面嫖妓吃酒，不肯养家，虐待令他厌烦的无趣的妻子，一方面更加怀念娇蕊，甚至在电车上偶遇已经憔悴见老、带着孩子看牙的娇蕊，都不禁感慨万千，泪流满面。

张爱玲通过红白玫瑰的比喻，把男人在爱情和婚姻中的心理刻画得入木三分。佟振保在拥有红玫瑰时并没有珍惜她，他更爱惜自己的名誉、地位，或者说他从未想过娶这样一个红杏出墙的他人妻，在他的心目中，娇蕊只适合做情人，他更需要一个不会给他带来麻烦的圣洁的妻。可是当他拥有了白玫瑰时，贞静的妻变得空洞无趣，他心底对热烈的爱的渴望又开始蠢蠢欲动。在这个二律背反的矛盾中，佟振保反复挣扎，直到小说结尾，才终于顿悟，“衔着是块骨头，丢了是块肉”。爱情也罢，婚姻也罢，人生的愿望大都如此。他终于认命地跟生活讲和，又做回了一个好人。

3. 镜像缤纷

张爱玲的小说最重要的特点之一，就是每每用华丽苍凉的语言，描绘出色彩缤纷的意象，整部《传奇》，颇有“乱花渐欲迷人眼”之势。

三十年前的上海，一个有月亮的晚上……我们也许没赶上看见三十年前的月亮。年轻的人想着三十年前的月亮该是铜钱大的一个红黄的湿晕，像朵云轩信笺上落了一滴泪珠，陈旧而迷糊。老年人回忆中的三十年前的月亮是欢愉的，比眼前的月亮大、圆、白；然而隔着三十年的辛苦路望回看，再好的月色也不免带点凄凉。①

季泽走了。丫头老妈子也给七巧骂跑了。酸梅汤沿着桌子一滴一滴朝下滴，像迟迟的夜漏——一滴，一滴……一更，二更……一年，一百年。真长，这寂寂的一刹那。②

上海为了“节省天光”，将所有的时钟都拨快了一小时，然而白公馆里说：“我们用的是老钟，”他们的十点钟是人家的十一点。他们唱歌唱走了板，跟不上生命的胡琴。③

她在人堆里挤着，有一种奇异的感觉。头上是紫黝黝的蓝天，天尽头是紫黝黝的冬天的海，但是海湾里有这么一个地方，有的是密密层层的人，密密层层的灯，密密层层的耀眼的货品……然而在这灯与人与货之外，还有那凄清的天与海——无边的荒凉，无边的恐怖。她的未来，也是如此——不能想，想起来只有无边的恐怖。④

①张爱玲：《金锁记》，见《张爱玲集·倾城之恋》，第126页，北京，北京十月文艺出版社，2006。②张爱玲：《金锁记》，见《张爱玲集·倾城之恋》，第151页，北京，北京十月文艺出版社，2006。③张爱玲：《倾城之恋》，见《张爱玲集·倾城之恋》，第176页，北京，北京十月文艺出版社，2006。④张爱玲：《沉香屑：第一炉香》，见《张爱玲集·倾城之恋》，第301-302页，北京，北京十月文艺出版社，2006。

无论是隔着三十年辛苦路的凄凉的月色，唱歌唱走了板跟不上时代的老钟，刹那含永劫的一滴一滴的酸梅汤，还是无边恐怖的荒凉的天与海，都能看到华丽堆砌的语言和荒凉惨淡的生命底蕴互相交织，形成的独特饱满的意象，令人过目难忘。张爱玲笔下的这些意象，跟人物的命运紧密相连，渲染人物的心境，烘托小说的气氛，构成一个镜像缤纷的世界。

青年时代的张爱玲，对于色彩、音符、文字都极为敏感。说到她对文字的敏感，胡兰成在《今生今世》里曾经回忆，他们二人在谈论各自的名字时，张爱玲说："张字没有颜色气味，亦还不算坏。牛僧孺有给刘禹锡的诗，是这样一个好人，却姓了牛，名字又叫僧孺，真要命。"① 胡兰成说起胡姓来自陇西，称安定胡，自己上代也许是羌，羌与羯、氐、鲜卑等是五胡。张爱玲道："羌好。羯很恶，面孔黑黑的。氐有股气味。鲜卑是黄胡须。羌字像只小山羊走路，头上两只角。"② 张爱玲对于文字有自

张爱玲所绘《金锁记》插图，姜季泽。

张爱玲所绘《花凋》插图。郑先生和郑太太(下)、郑川嫦(病中)。张爱玲说，郑先生是连演四十年的一出闹剧，他夫人则是一出单调冗长的悲剧。

①②胡兰成:《今生今世》，第166页，北京，中国社会科学出版社，2003。

张爱玲所绘《琉璃瓦》插图。

己的奇思妙想，然而不喜欢“牛”，却喜欢“羊”，爱屋及乌地把跟胡兰成有关的“羌”字想象成活泼可爱的小山羊，顶着两只角在走路。这种对文字的感觉，是一种天才式的艺术感受力。

写文章，张爱玲喜欢用色彩浓厚、音韵铿锵的字眼，如“珠灰”，“黄昏”，“婉妙”，“splendour”，“melancholy”等，并且喜欢看风格华丽的巴黎时装报告和《聊斋志异》。她也曾表示自己知道这会导致堆砌的毛病，不过仍选择坚持自己的文风。她总能把独特的艺术感受，注入笔下的意象当中去，形成一种非常难得的语言感觉，用华丽的文字，把种种冰冷苍凉的物象渲染得充满瑰奇的色彩，在小说中熠熠生辉，难怪有“文不如段，段不如句”之说。

除了意象的使用，张爱玲还喜欢用一种讲故事的方式，造成阅读的距离，形成一种艳异的故事气氛。《金锁记》首段关于三十年前的月亮的意象，其实就有这种效果，为三十年前的这个故事烘托氛围。《沉香屑：第一炉香》开头讲故事的方法更加引人注目：

请您寻出家传的霉绿斑斓的铜香炉，点上一炉沉香屑，听我说一支战前香港的故事，您这一炉沉香屑点完了，我的故事也该完了。

在故事的开端，葛薇龙，一个极普通的上海女孩子，站在半山里一座大住宅的走廊上，向花园里远远望过去。葛薇龙到香港来了两年了，但是对于香港山头华贵的住宅区还是相当的生疏。这是第一次，她到姑母家里来。[①]

小说其实可以直接从“葛薇龙到香港来了两年了”开始，越过讲故事的人，直接进入第三人称叙事。但是张爱玲故意在葛薇龙的故事之上，加了个“超故事层”，由一个现身的叙述人，不紧不慢地向读者讲着陈年旧事，以说书人讲故事的方式，向传统的叙事习惯致敬。此外，霉绿斑驳的家传香炉，沉香弥漫的房间，娓娓道来的讲故事者，这个“超故事层”被烘托得有情有调，也为小说造成一种艳异怀旧的氛围，同时拉开读者与主体故事的距离，给人留下足够的欣赏故事的空间。

三、流言人生

如果说在《传奇》的世界里，我们看到的是满目荒凉，感受到的是病态的人性，无望的人生，那么在《流言》的世界里，我们更多看到的，是一个闪烁着世俗光辉的，富于生趣的张爱玲。她不厌其烦地谈衣食住行，谈歌舞绘画，谈男人女人，其中有洞见，也流于琐碎。要理解为什么张爱玲执着于这些人生的小琐碎，就要参照她的大悲凉的乱世之感。

1945年4月的一个黄昏，张爱玲送走了女作家苏青，一个人在阳台上独自远眺：

《流言》封面。1944年12月，张爱玲的散文集《流言》由中国科学公司出版。张爱玲后来回忆说，“流言”是引一句英文诗Written on water(水上写的字)，是说它不持久，而又希望它像谣言传得一样快。[②]

①张爱玲：《沉香屑：第一炉香》，见《张爱玲集·倾城之恋》，第247页，北京，北京十月文艺出版社，2006。②张爱玲：《〈红楼梦魇〉自序》，见《张爱玲集·红楼梦魇》，第2页，北京，北京十月文艺出版社，2007。

张爱玲。乱世的人，得过且过，没有归宿感，也没有天长地久。张爱玲身处乱世，却做了乱世中的盛世人。爱情、事业、人生都依托于这乱世，山河破碎风飘絮，自己却在这斑驳霉绿满目疮痍中兀自绽放，绚烂中带着苍凉。

……骤然看到远处的一个高楼，边缘上附着一大块胭脂红，还当是玻璃窗上落日的反光，再一看，却是元宵的月亮，红红地升起来了。我想道："这是乱世。"晚烟里，上海的边疆微微起伏，虽没有山也像是层峦叠嶂。想到许多人的命运，连我在内的；有一种郁郁苍苍的身世之感。①

乱世的人，得过且过，没有归宿感，也没有天长地久。张爱玲身处乱世，却做了乱世中的盛世人。爱情、事业、人生都依托于这乱世，山河破碎风飘絮，自己却在这斑驳霉绿满目疮痍中兀自绽放，绚烂中带着苍凉。她说苏青让她联想到"乱世佳人"，其实她自己又何尝不是呢？她常常想，既然自己的一切繁华都属于这乱世，那么在未来的太平世界里，自己岂不是要寄人篱下了吗？这种苍茫变幻的乱世之感，也许就是烙在她生命底色上的"惘惘的威胁"。在"浮世的悲欢"中，永恒无涯的挥之不去的是悲，眼前琐碎的伸手可得的是欢。登高远眺，万事皆悲，天长地久的事不能想，只有跟大是大非不相干的，那些日常生活中的小情小趣，才是现世的安稳，琐碎的欢乐："人生的所谓'趣'，全在那些不相干的事。"

①张爱玲：《我看苏青》，见《张爱玲集·流言》，第260页，北京，北京十月文艺出版社，2006。

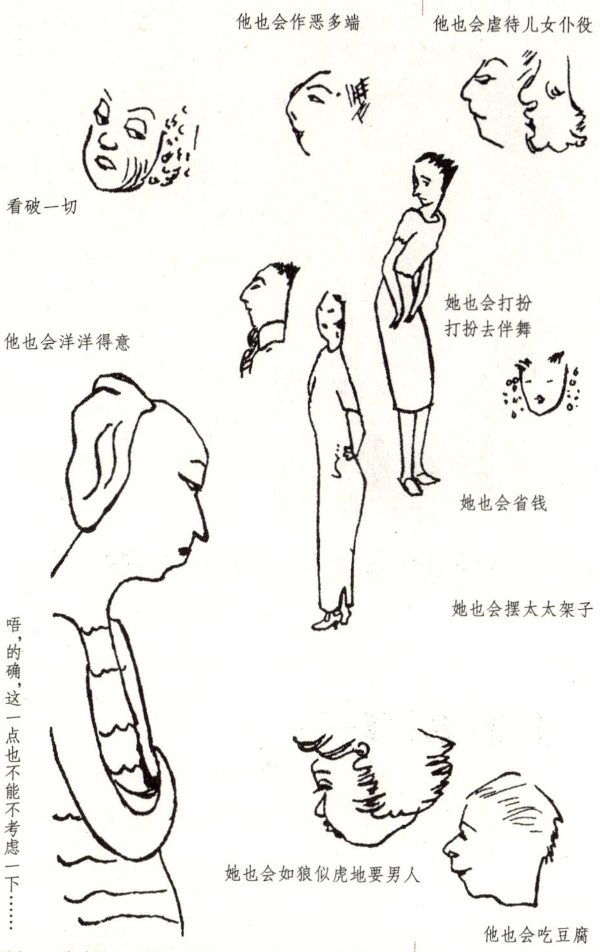

张爱玲所绘《流言》插图，小人物。这些小人物虚荣、好色、势利、小气、算计……在张爱玲看来，他们也许不是“好人”，但因为是“真人”，就有可爱和可谅解之处。在“做好人”还是“做真人”的问题上，张爱玲自己选择了后者。

1. 谈生活

张爱玲毫不隐讳地声称自己是一个自食其力的小市民，一个世俗中人。她姑姑常说：“不知道你从哪里来的这一身俗骨！”张爱玲不但不否认，还自得其乐地接受。她觉得或许因为自己反感所谓的“名士派”，所以故意走到反面去，也或许自己天生就是个俗人。

她喜欢钱，自称是一个拜金主义者：“因为我没吃过钱的苦……不知道钱的坏处，只知道钱的好处。”[①]她提到自己生平第一次赚钱，是在中学时代，画了一张漫画投到英文《大美晚报》上，报馆里给了五块钱，自己立刻去买了一支小号的丹琪唇膏。母亲责怪她不把那张钞票留着做个纪念，“可是我不像她那么富于情感。对于我，钱就是钱，可以买到各种我所要的东西”。[②]她大方承认钱的世俗性、钱的功利性和钱的重要性，并且以一种理直气壮的态度赚钱、花钱，无论是慷慨还是节俭，

①张爱玲：《童言无忌》，见《张爱玲集·流言》，第2页，北京，北京十月文艺出版社，2006。②张爱玲：《童言无忌》，见《张爱玲集·流言》，第3页，北京，北京十月文艺出版社，2006。

孟子(前372-前289)。《孟子·梁惠王(上)》里有著名的“君子远庖厨”的故事:“见其生,不忍见其死;闻其声,不忍食其肉。”张爱玲却直言自己看见被屠宰的猪,毫无不快乐之感,因为自己好吃猪肉,所以宁可不要虚伪的仁慈。

都不夹杂丝毫夸张做作。她反感那种牵愁惹恨的情调,不喜欢夸张做作的戏剧化的感情,因此不认可母亲要把钱留作纪念的那种方式。

她喜欢吃。小时候常常梦见吃云片糕,也喜欢吃牛奶的泡沫,喝牛奶的时候总是设法先把碗边的小白珠子吞下去。她称自己和老年人一样爱吃甜烂食物,而一切脆薄爽口的,如腌菜、酱萝卜、蛤蟆酥等,都不喜欢,瓜子也不会嗑,细致些的菜如鱼虾完全不会吃,是一个最安分的“肉食者”。她还特意提到上海的小饭店“牛肉庄”,认为“他们的茄子特别大,他们的洋葱特别香。他们的猪特别的该杀”:

> 门口停着塌(蹋)车,运了两口猪进来,齐齐整整,尚未开剥,嘴尖有些血渍,肚腹掀开一线,露出大红里子。不知道为什么,看了绝无丝毫不愉快的感觉,一切都是再应当也没有,再合法,再合适也没有。①

张爱玲这段描写看似有点恐怖,揭示的是“吃”的真相。中国传统文化讲究“君子远庖厨”,从《礼记》到《孟子》都有记载。汉代的贾谊在《新书·礼篇》中说:“故远庖厨,仁之至也。”把“君子远庖厨”作为仁慈的品德赞扬。其实这只不过是一种眼不见为净的心理,虽然不忍杀生,不想见到死亡,可是终究还要吃肉。君子们让别人来杀,自己来吃,一面又同情着被杀的生灵,这在张

①张爱玲:《童言无忌》,见《张爱玲集·流言》,第9页,北京,北京十月文艺出版社,2006。

民国时期的上海电车。张爱玲住的爱丁顿公寓离电车场很近，她喜欢在阳台看“电车回家”：一辆接一辆，像排了队的小孩，嘈杂，叫嚣……有时候，电车全进了厂了，单剩下一辆，神秘地，像被遗弃了似的，停在街心。

爱玲看来是一种大虚伪。她宁可理直气壮地看着杀戮，承认自己爱吃，也不要这种矫情和做作。

从张爱玲对钱、对吃的态度，可以看出她对生活的基本观念，是一种大老实，不自欺。她看透了生活的真相，所以抛却一切伪饰，以一颗世俗的冰冷的心，面对世俗的冰冷的生活，方能刀枪不入，于冰冷中抓住一丝一缕的乐趣。

她喜欢自己的职业。文采华美却不善言辞，张爱玲也许天生就该是一个作家。成名后，她为自己终于找到安身立命的基础而开心、坦然。她说她很高兴自己的衣食父母不是“帝王家”，而是买杂志的大众。因为“大众实在是最可爱的雇主，不那么反覆无常，‘天威莫测’，不搭架子，真心待人，为了你的一点好处会记得你到五年十年之久”。①

她喜欢自己的公寓。喜欢听公寓外面热闹的市声，喜欢站在阳台上看“电车回家”，喜欢一路跑下六层楼梯，去追赶卖臭豆腐的小贩。在她和姑姑的公寓里，过着琐碎而有趣的日子，她可以暂时忘了乱世浮沉，找到一种天长地久的感觉。

她喜欢细细品味生活的细节。即便是司空见惯的生活场景，她也用独到的真诚去对待：

---

①张爱玲：《童言无忌》，见《张爱玲集·流言》，第4页，北京，北京十月文艺出版社，2006。

张爱玲所绘《流言》插图，地方色彩。张爱玲喜欢听市声，也喜欢观察各色人物，无论是广东女人，绍兴师爷，还是宁波少奶奶，都画得特征鲜明。她善于从生活的细节处捕捉文学的感觉和对生命的体悟。

秋凉的薄暮，小菜场上收了摊子，满地的鱼腥和青白色的芦粟的皮与渣。一个小孩骑了自行车冲过来，卖弄本领，大叫一声，放松了扶手，摇摆着，轻倩地掠过。在这一刹那，满街的人都充满了不可理喻的景仰之心。人生最可爱的当儿便在那一撒手罢？①

这是普通人会一笑置之的再平常不过的街景。张爱玲看到的却不是淘气的小孩，而是生命“撒手”飞扬的一刹那。她反对决绝的宇宙观，不喜欢壮烈，也不喜欢时代的纪念碑似的宏大叙事，唯独喜欢在细节中现出人生的本质。透过精致细琐的生活细节和充满了悟的箴言佳句，张爱玲追求的也许是一种“微言大义”吧。

如诗所言：“一花一世界，一砂一天国。君掌盛无边，刹那含永劫。”

2. 谈艺术

张爱玲对艺术有自己一套独特的看法。在《流言》中，她写了不少关于绘画、舞蹈、音乐和电影的散文，见解独到，譬喻精彩，呈现出一片流光溢彩之

①张爱玲：《更衣记》，见《张爱玲集·流言》，第65-66页，北京，北京十月文艺出版社，2006。

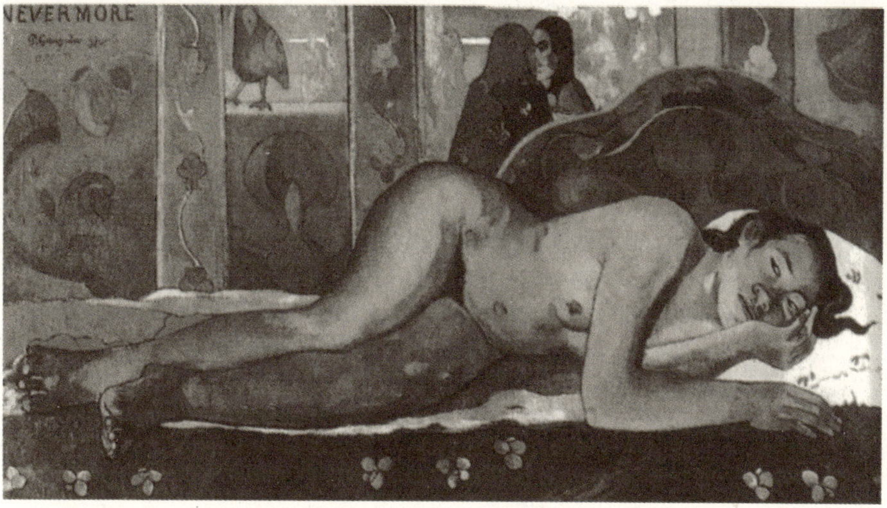

高更(P.Gauguin,1848-1903)所作《永远不再》。张爱玲说,有些画是自己永远也忘不了的,其中就包括这张著名的《永远不再》。她评价这幅画时说:"女人的脸大而粗俗,单眼皮,她一手托腮,把眼睛推上去,成了吊梢眼,也有一种横泼的风情……虽然她睡的是文明的沙发,枕的是柠檬黄花布的荷叶边枕头,这里面有一种最原始的悲怆。不像在我们的社会里,年纪大一点的女人,如果与情爱无缘了还要想到爱,一定要碰到无数小小的不如意,龌龊的刺恼,把自尊心弄得千疮百孔,她这里的却是没有一点渣滓的悲哀……"①

色,令当时和她热恋的胡兰成惊叹艳羡不已。

大规模的交响乐……那是浩浩荡荡五四运动一般地冲了来,把每一个人的声音都变了它的声音,前后左右呼啸嚓嚓的都是自己的声音,人一开口就震惊于自己的声音的深宏远大;又像在初睡醒的时候听见人向你说话,不大知道是自己说的还是人家说

①张爱玲:《忘不了的画》,见《张爱玲集·流言》,第142-143页,北京,北京十月文艺出版社,2006。

的，感到模糊的恐怖。

……

交响乐的攻势是慢慢来的，需要不少的时间把大喇叭小喇叭钢琴凡哑林一一安排布置，四下里埋伏起来，此起彼应，这样有计画的阴谋我害怕。[①]

将来的荒原下，断瓦颓垣里，只有蹦蹦戏花旦这样的女人，她能够夷然地活下去，在任何时代，任何社会里，到处是她的家。[②]

……所以这些年来，中国虽有无数的人辛苦做事，为动作而动作，于肢体的流动里感到飞扬的喜悦，却是没有的。……浩浩荡荡的国土，而没有山水欢呼拍手的气象，千年万代的静止，想起来是有点可怕的。[③]

过多罗列无益，像这样幽默机智而又暗藏机锋的语言，在张爱玲的散文中随处可见。她对艺术的感觉是敏锐而独到的。虽然她自言对色彩和气味更敏感，并不喜欢音乐，但是她对音乐的感觉并不麻木。她没有附庸风雅的心理，为了高雅而高

张爱玲所绘《流言》插图，跳舞。张爱玲认为中国是没有跳舞的国家。在古装话剧电影里看到的，只是把雍容揖让的两只大袖子徐徐伸出去，向左比一比，向右比一比。这张插图可以看作是张爱玲对中国古典“长袖善舞”的印象式诠释。

①张爱玲:《谈音乐》，见《张爱玲集·流言》，第179页，北京，北京十月文艺出版社，2006。②张爱玲:《〈传奇〉再版的话》，见《张爱玲集·倾城之恋》，第458页，北京，北京十月文艺出版社，2006。③张爱玲:《谈跳舞》，见《张爱玲集·流言》，第151页，北京，北京十月文艺出版社，2006。

雅，强迫自己说喜欢歌剧，喜欢交响乐。她把交响乐那种淹没个人声音的宏大叙事倾向，比喻为一种有计划的阴谋，令人无法亲近，只觉得恐惧。相反对于中国民间俗得不能再俗的野台班子“蹦蹦戏”，她倒是有滋有味地评头论足写了一大篇，并且从中悟出世俗性才是人生永远安稳的一面。对于舞蹈，张爱玲从中西文化差异的视角，一针见血地指出中国的舞蹈缺乏舞之灵魂，因而只是空洞的动作。

从这些文字中，我们可以看出张爱玲对中西艺术的鉴赏眼光，不流俗，不从众，也不溢美，只把她真实的感受融进饱满华美的文字中，给读者建造一个流光飞舞、目不暇接的七彩楼台。

《流言》的文字如流水一般淙淙作响，不时在山巅水崖击出剔透的浪花，留下那些精辟得可以作为语录的感悟，是为后人称道的“流言体”。她的《流言》虽然在大众读者圈中不像《传奇》那样很快销售一空，但是在文艺圈中的评价却非常之好。有人撰文称赞其独造的文字风格：“近于缠绵的潇洒，含有三分凉秋的萧瑟，淡淡的哀愁。作者自己在文章里说起最喜欢的字眼是‘苍凉’，故在每篇文字的构成中，脱不了苍凉的气息。她似乎特意撒下了一面琵琶哀怨的

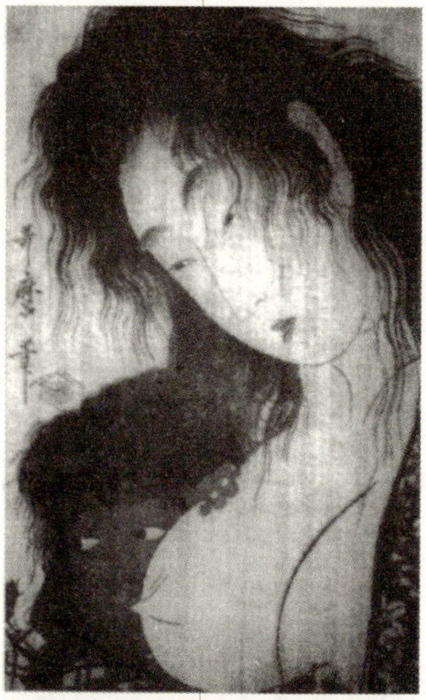

喜川多哥麿(Utamaro Kitagawa,1754-1806)所绘的浮世绘《山姥与金太郎》。《山姥与金太郎》是日本民间故事，金太郎被山灵(山姥)抚养，力大无穷，后来成为著名的武士。取材于这对(养)母子故事的日本浮世绘作品众多。张爱玲喜欢日本的浮世绘，尤其对浮世绘三个字很有感觉。她从《山姥与金太郎》的浮世绘中感受到了“开天辟地之初的气魄”。

网……”[①]不错，一个在乱世中求安稳的女人，即便将生命沉浸在世俗的趣味中，那欢喜也终究脱离不了苍凉的底色。

“长的是磨难，短的是人生。”

四、乱世奇女奇装行

1944年3月16日，张爱玲和苏青、潘柳黛、关露、汪丽玲等人参加了《杂志》月刊组织的女作家聚谈会。这是当时上海最活跃的一群女作家的座谈，还请到了女性文学研究者谭正璧为嘉宾。席间女作家们回顾了自己的文学之路，并就女性小说题材、艺术风格等方面的问题纷纷发表了看法。张爱玲秉承一贯的姿态，并不急于表达自己，被问多了，还会说一句，“我的毛病是思想太慢，等到听好想说，会已经散了”。她始终不是那种能够滔滔

上海漫画家为张爱玲、苏青和潘柳黛画的漫画，署名“文享”，载《杂志》第十五卷第二期，1945年5月。左上为奇装炫人的张爱玲，右上为编务繁忙的苏青，右下弄蛇者为潘柳黛。这三位上海当时最活跃的女作家，张爱玲是特立独行，奇装炫人；苏青是整天忙着拉稿件、办刊物，一副职业女性的圆滑和干练；潘柳黛则是因为写了一篇小说，把欺骗自己感情的爱人比喻为诱惑人心的热带蛇，而自己希望做个成功的舞蛇人，一时引起文坛哗然，被戏称为“弄蛇舞者”。

①谔厂：《〈流言〉管窥》，载《春秋》第二卷第三期，1945年2月。

不绝、八面玲珑地敷衍世情的交际场中人。

张爱玲性格孤僻冷直、难以相处在上海滩是出了名的：

> 如果她和你约定的是下午三点钟到她家里来，不巧你若时间没有把握准确，两点三刻就到了的话，那么即使她来为你应门，还是照样会把脸一板，对你说："张爱玲小姐现在不会客。"然后把门嘭的一声关上，就请你暂时尝一尝闭门羹的滋味。万一你迟到了，三点一刻才去呢，那她更会振振有词地告诉你说："张爱玲小姐已经出去了。"①

她虽然不善言辞，交际应酬方面也古怪夹生，但却另辟蹊径，把衣服当成一种面对公众的语言和标签："对于不会说话的人，衣服是一种言语，随身带着的一种袖珍戏剧。这样地生活在自制的戏剧气氛里，岂不是成了'套中人'了么！"②虽然这是一种反诘的口气，但她确实喜欢在公众面前制造视觉盛宴，在自制的艳异气氛里飘飘欲仙，因此有"奇装炫人"之称。

在张爱玲的衣服配色里，有宝蓝绸袄裤，有大红颜色的底子上面印着一朵一朵蓝的白的大花的无领连衣裙，有柠

凡·高(Vincent Van Gogh,1853-1890)所作《向日葵》。张爱玲对色彩一向非常敏感，对于衣服的颜色，她尤其喜欢颜色浓烈、饱满、对比强烈的衣料。为此，她特意举出凡·高的名画《向日葵》作对照，"我总觉得还不够，还不够，像Van Gogh画图，画到法国南部烈日下的向日葵，总嫌着色不够强烈，把颜色大量地堆上去，高高凸了起来，油画变了浮雕。"③

①潘柳黛：《记张爱玲》，载香港《南北极》第五十八期，1975年3月。②③张爱玲：《童言无忌》，见《张爱玲集·流言》，第7页，北京，北京十月文艺出版社，2006。

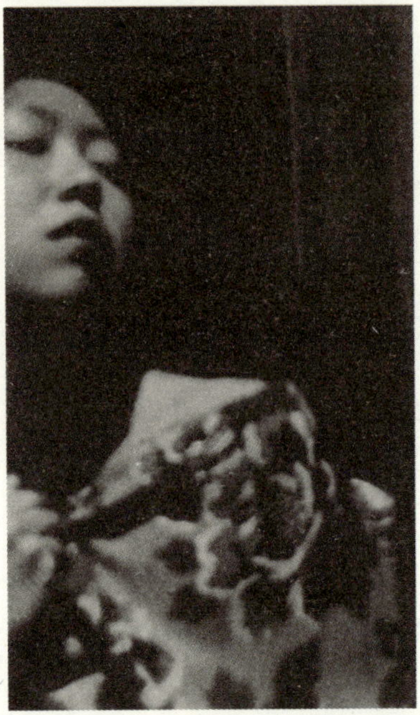

张爱玲用一件花绸衣料充当裸肩的围巾。她自言衣料买回家来,没交给裁缝之前常常几次三番拿出来赏鉴,“棕榈树的叶子半掩着缅甸的小庙,雨纷纷的,在红棕色的热带;初夏的池塘,水上结了一层绿膜,飘着浮萍和断梗的紫的白的丁香,仿佛应当填入《哀江南》的小令里;还有一件,题材是‘雨中花’,白底子上,阴戚的紫色的大花,水滴滴的”。①

檬黄的低胸晚礼服,有水红绸子镶特宽黑色绲边的前清夹袄,有下摆上缀了四五寸长的流苏的鹅黄旗袍,还有刺目的玫瑰红上印着粉红花朵嫩黄绿叶子的香港土布衣裙,用她自己的话说,“仿佛穿着博物院的名画到处走,遍体森森然飘飘欲仙,完全不管别人的观感”。②她喜欢中国古典的参差对照的配色习惯,宝蓝配苹果绿,松花色配大红,葱绿配桃红。她也喜欢日本花布,甚至于对一些因故没买成的布料念念不忘,一往情深:

有一种橄榄绿的暗色绸,上面掠过大的黑影,满蓄着风雷。还有一种丝质的日本料子,淡湖色,闪着木纹、水纹:每隔一段路,水上飘着两朵茶碗大的梅花,铁画银钩,像中世纪礼拜堂里的五彩玻璃窗画,红玻璃上嵌着沉重的铁质沿边。③

张爱玲不但喜欢色彩浓烈对比鲜明的颜色,而且在衣服样式上也古今

①③张爱玲:《童言无忌》,见《张爱玲集·流言》,第7页,北京,北京十月文艺出版社,2006。②张爱玲:《对照记》,见《张爱玲集·流言》,第52页,北京,北京十月文艺出版社,2006。

张爱玲为《杂志》绘制的封面，三月的风。因为出版周期的缘故，张爱玲所绘插图是三月份，但刊印在四月号的杂志上，后面亦是以此类推。图中的女子穿着短袖束腰翻领裙式短风衣，衣角迎风而起，露出里面的碎花超短裙，在乍暖还寒的初春，这是极其时尚的装扮。

中西融会贯通，别出心裁："她著西装，会把自己打扮成一个十八世纪少妇，她穿旗袍，会把自己打扮得像我们的祖母或太祖母，脸是年轻人的脸，服装是老古董的服装……"①整天穿着各色奇装异服飘飘然招摇过市，张爱玲经常引起轰动效应。她为出版《传奇》到印刷所去校样稿，使整个印刷所的人停了工，驻足观望；她去苏青家里，令整条巷子的人都惊诧不已，引得一群小孩在后面追着喊着看热闹；还有一次吃朋友兄长的喜酒，穿了一套前清的绣花袄裤，令满堂宾客都瞠目结舌。在当时，关于张爱玲的报道、访谈、印象记，几乎没有不谈及她的着装的。

1945年4月，《杂志》编辑部组织女作家和舞蹈家崔承喜座谈，记者就详细描绘了张爱玲色彩炫人的着装：

> 来得最迟的是张爱玲小姐，她的衣服更充满了古典味的彩色感，于是这里成了色彩的总汇……
>
> 张小姐穿着桃红色的软缎旗袍，外罩古青铜色背心，缎子绣花鞋，长发披肩，眼镜里的眸子，一如她的人一般沉静……②

①潘柳黛：《记张爱玲》，载香港《南北极》第五十八期，1975 年 3 月。②洛川：《崔承喜二次来沪记》，载《杂志》第十五卷第一期，1945 年 4 月。

张爱玲为《杂志》绘制的封面，四月的暖和。里面的女子穿着方肩束腰洋装，衬衫打领结，下面配西裤，脚穿皮鞋，头戴遮阳帽，也是当时时尚女性的典型衣着。

旗袍外面罩短夹袄，或者罩一件围巾改成的带着穗子的背心，是张爱玲的经典打扮，而桃红色配青铜色，也正是类似葱绿配桃红般的参差的对照。另一次在1944年8月26日举行的《传奇》集评茶会上，张爱玲穿着橙黄绸上衣，品蓝色长裙，样式奇特，色彩艳丽，而且将头发在鬓上绕了一个圈，长长地披下来，遮住半边脸，戴一副淡黄色玳瑁边眼镜，涂着红红的唇膏。这副触目的打扮，在后来与会者的回忆中，仍是一片拍案惊奇。对张爱玲的奇装炫人，当时的人有善意的赞美，有客观的记述，也有毫不客气的讽刺挖苦，跟张爱玲交恶的女作家潘柳黛就是一例：

有一次，我和苏青打个电话和她约好，到她赫德路的公寓去看她，见她穿着一件柠檬黄袒胸裸臂的晚礼服，浑身香气袭人，手镯项链，满头珠翠，使人一望而知她是在盛妆打扮中。

我和苏青不禁为之一怔，问她是不是要上街？她说："不是上街，是等朋友到家里来吃茶。"当时苏青与我的衣饰都很随便，相形之下，觉得很窘，怕她有什么重要客人要来，以为我们在场，也许不太方便，便交换了一下眼色，非常识相地说："既然你有朋友要来，我们就走了，改日来也是一样。"谁知张爱玲却慢条斯理地道："我的朋友已经来了，就是你们两人呀！"这时我们才知道原来她的盛妆正是款待我们的，弄得我们俩感到更窘，好像一点礼貌也不懂的野人一样。[①]

张爱玲的奇装炫人、盛妆待客，不但成了上海滩一景，也是她自身生活方式的标签。这些在别人看来不合时宜的衣着，对她来说却是生活的艺术和艺术的生活。她带着兴奋的好奇展开一卷卷布料，发现与众不同的美与艳，然后设计样式穿在身上，沉浸在这自制的艳异气氛里，享受自己独特的艺术鉴赏和艺术创造的快乐，正是人生那一“撒手”的飞扬。同时，惊世骇俗的衣服，也给她和外在世界划出一个神秘的距离，这是她的武装，她的无声的宣言，以及她的冉冉升起的自信。

女作家潘柳黛曾经与张爱玲有过一个时期的交往，后来因故闹翻了。在不同时期、不同场合，她都喜欢拿张爱玲的奇装炫人、孤僻古怪、贵族家世、私人生活作为讽刺挖苦的话题。她甚至揪住胡兰成称赞张爱玲“横看成岭侧成峰”做文章，直言何为“横看”，何为“侧看”？鲁迅批评清末

张爱玲《中国人的生活和时装》(即英文版《更衣记》)中的部分插图。她在《更衣记》中说：“在政治混乱期间，人们没有能力改良他们的生活情形。他们只能够创造他们贴身的环境——那就是衣服。我们各人住在各人的衣服里。”

①潘柳黛：《记张爱玲》，载香港《南北极》第五十八期，1975年3月。

潘柳黛(1919-2001)及其代表作《退职夫人自传》书影。她出生于北京,18岁南下谋生,在沦陷区与张爱玲、苏青和关露并称为文坛“四大才女”。

谴责小说时,曾指其“辞气浮露”、“笔无藏锋”,潘柳黛对张爱玲的讽刺挖苦,则不但辞气浮露,笔无藏锋,而且近于刻毒了。张爱玲因何得罪了潘柳黛,我们不得而知。不过张爱玲对于人际社交确实有自己的原则,不作伪也不迁就,有什么说什么,根本不怕得罪人。她本身就自我封闭,不愿与陌生人交往,即便有了接触,也会有很大一部分人因其性格望而却步。她的一生,真正能走进她的生活、成为好友、结下重谊的,也不过两三人而已。

炎樱之于张爱玲,可以说是一种奇迹,也是一种必然。说奇迹,是因为两人外貌、性格的差距如此之大;说必然,是因为她们的互补恰如一枚硬币的两面——因为对方的存在,她们补偿了自己人生缺失的另一面。她们的关系类似于闺中密友,互相喜欢,形影相伴,在一起就笑声不断,有滋有味。炎樱对张爱玲的事非常上心,张爱玲生活中的很多事,炎樱都参与其中。两人在香港一起读书三年,回上海后也经常一起逛街吃茶,谈音乐论绘画,或是一起设计衣服,拍照片摆pose,张爱玲的书大多由炎樱设计绘画封面,她的各种社交活动也都有炎樱陪伴,有时炎樱甚至还会代为发言。例如在《传奇》集评茶话会上,有人称张爱玲“文不如段,段不如句”,炎樱立即代为作答:“她的作品像一条流水,是无可分的,应该从整个来看,不过读的人是一勺一勺地吸收而已。”①

①《〈传奇〉集评茶会记》,载《杂志》第十三卷第六期,1944年9月。

张爱玲和好友炎樱在阳台上。张爱玲的很多奇装异服都是炎樱代为设计的，有时姑姑又好气又好笑地抱怨："最可气的是她自己的衣服也并不怪。"因为炎樱身材矮小而丰满，原本就不适合极端的衣服，倒是张爱玲苍白瘦高，容貌清淡，能将各种奇装异服穿出味道。

张爱玲有一篇散文《双声》，是她与炎樱在一次逛街后喝咖啡时的对谈记录，二人从吃食谈到娱乐，谈到男女之情，谈到人种，谈到多妻主义，谈到日本文化，漫无边际但是情趣盎然。其中一段关于两人友谊的对话很有趣：

> 獏：我不大能够想像，如果有一天我发现我的丈夫在吻你，我怎么办……还有一点奇怪的，如果我发现我丈夫在吻你，我妒忌的是你而不是他——
>
> 张：（笑起来）自然应当是这样，这有什么奇怪呢？你有时候头脑非常混乱。
>
> 獏：（继续想她的）我想我还是会大闹的。大闹过后，隔了许多天，又懊恼起来，也许打个电话给你，说："张爱，几时来看看我罢。"①

如果发现好友跟丈夫关系暧昧，到底是应该妒忌好友还是妒忌丈夫？炎樱把话绕来绕去，结果被张爱玲斥为"头脑混乱"。在《小团圆》中三姑曾对比比说，"你简直就像是爱她"。我们不能确定张爱玲的姑姑是否也对炎樱说过类似的话，但张爱玲与炎樱互相依赖、互相在乎，连各自的丈夫也不易离间

①张爱玲：《双声》，见《张爱玲集·流言》，第237页，北京，北京十月文艺出版社，2006。

女作家苏青(1914-1982)。苏青原名冯允庄,曾用笔名冯和仪,因离异后要负担自己和儿女的生活,走上职业女性之路。她一面写小说、散文(以自传体小说《结婚十年》最为著名),一面办刊物做编辑拉赞助,是当时上海沦陷区红红火火的职业女性。

的感情,倒是千真万确的——尽管这对生死之交在吃饭喝咖啡该谁付账的问题上算得一清二楚,连张爱玲送炎樱回家后,自己叫黄包车回家的钱,公平起见也是两人各出一半。

张爱玲向来反对戏剧化的矫情。她中学时曾经对好友说:"除了我的母亲,就只有你了。"由于这句话不是出自真心,而是出于一种戏剧化的情调,后来她一直为此羞愧和耿耿于怀。对于人际交往,她喜欢摒弃一切伪饰和矫情,以真面目示人。因此她在散文《我看苏青》中开门见山就说:"苏青与我,不是像一般人所想的那样密切的朋友,我们其实很少见面。"张爱玲和苏青的交往,更多属于职业上的社交,日常生活的私交是比较少的。

苏青是因为和丈夫感情破裂,丈夫不肯出钱养家,才走出家庭成为职业女性的。她的小说《结婚十年》几乎完全取材于自身经历,从自己和丈夫土洋结合的婚礼写起,十年之间的家庭琐事,婆媳勃谿,柴米油盐,家境起落,直到丈夫有外遇,自己向公公告状,公公气病交加而亡,丈夫提出离婚为止。《结婚十年》是写实体,其中对"钱"的流水账似的关注比比皆是:

上车的时候,我给了林妈十块钱,林妈笑得合不拢嘴来,想绷脸装出惜别之状,却是不能够;我母亲则是只想装出坦然很放心的样子,别的倒还像,就是眼泪撑不住纷纷落下来。

苏青手迹(上)和民国时期的《结婚十年》版本。《结婚十年》1943年开始在《风雨谈》连载,1944年出版单行本,到1948年印行十八版,是上个世纪40年代的畅销书。

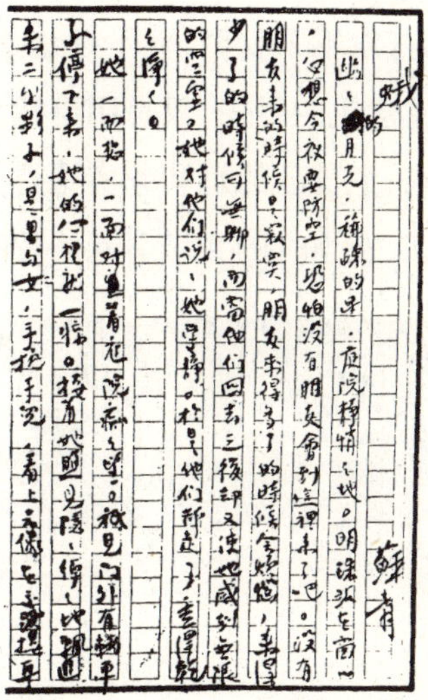

蘇青女士「餓」之原稿

过了十天左右，稿费收据寄到了，叫我盖章后自到社中去取。我犹豫了一会，觉得其他别无人可差，林妈又是不懂的，只有亲自去取，但恐怕给他们识穿了不好意思。五元钱哪!

于是我同林妈商量定了决定托他代购两张官舱票子，船费每张是六元，外加难民捐五十元，虽经章先生及三太太再三劝阻，但我主意已定，他们也没有办法。

及至贤决定动身的一夜，他身边还有五百元钱，他自己只留下百余元，把四百元银洋统统给了我。①

①苏青:《结婚十年》,第112、139、167、176页,北京,中国妇女出版社,2009。

在苏青笔下，没有钱就住不上好房子，买不了东西，做不成饭，吃不到肉，打发不了女佣，养不好儿女，甚至战争来了也逃不了难。她的小说，没有高屋建瓴的思想，只是用坦然泼辣的笔触，把上海中产家庭的真实生活描绘出来，把自己的趋利务实写得天经地义。她在小说中对女性的性苦闷也毫不隐讳，在当时的文坛引起一片哗然，毁誉纷纷。对于苏青，张爱玲并没有因交废言，或大加吹捧，而是有一说一，评价其“眼低手高”。在张爱玲看来，苏青的作品并没有超越性的眼光和理性建构，只是平凡琐碎的日常叙事，但此间的世俗万象自有一番人生真意。

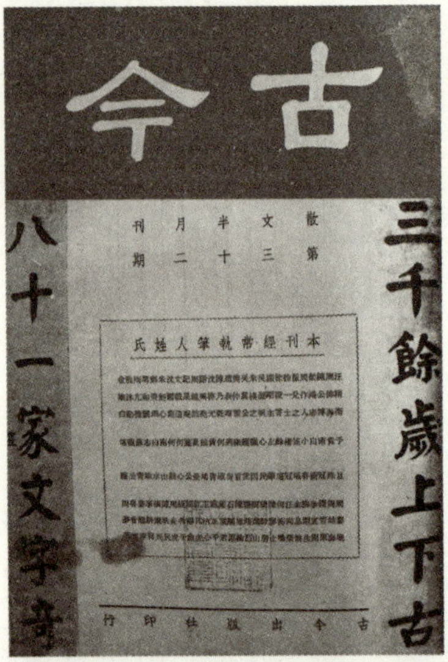

张爱玲嫌冰心等女作家的温婉明丽流于做作，对苏青那泼辣的世俗气息倒觉得亲切。这其实是欣赏苏青俗气但不失真诚的人生态度，也是二人相交的一个共同基础：“我们都是非常明显地有着世俗的进取心，对于钱，比一般文人要爽直得多。”她把苏青比喻成“乱世佳人”：

《古今》半月刊封面。这个由周黎庵主编的散文刊物承袭《论语》的文风，主要撰稿人均为男性，苏青和张爱玲是为数不多的女性撰稿人。张爱玲的《更衣记》等散文发表于此。杂志封面上排列着主要撰稿人，汪精卫、周佛海、陈公博、周作人等名字赫然在目，也许当时在沦陷区是一种炫耀，抗战胜利后却变得触目惊心。

冰心1923年摄于北京。冰心是"五四"时期风靡一时的女作家，文笔清新婉丽，小说、散文多表现爱与美的主题。不过在张爱玲看来，冰心的清婉往往流于做作："如果必须把女作者特别分作一栏来评论的话，那么，把我同冰心白薇她们来比较，我实在不能引以为荣，只有和苏青相提并论我是甘心情愿的。"[①]

苏青是乱世里的盛世的人。她本心是忠厚的，她愿意有所依附；只要有个千年不散的筵席，叫她像《红楼梦》里的孙媳妇那么辛苦地在旁边照应着，招呼人家吃菜，她也可以忙得兴兴头头。[②]

苏青在当时人眼中确实是一个轰轰烈烈的职业女性，她不仅写作，1943年9月起还自办了刊物《天地》，张爱玲就是这个刊物的"台柱子"，她的很多重要作品，如《封锁》、《公寓生活记趣》、《烬余录》、《私语》等都初刊于此，两人的交往也大致始于此。关于苏青办刊物，坊间有传闻说苏青跟陈公博有染，因之受惠不少，创办刊物《天地》时，不但有经费支持，而且能得到很多战时紧缺的白纸，以卡车载着招摇过市。[③] 此种非议，究竟是谣言还是真实，并

①张爱玲：《我看苏青》，见《张爱玲集·流言》，第244页，北京，北京十月文艺出版社，2006。②张爱玲：《我看苏青》，见《张爱玲集·流言》，第254页，北京，北京十月文艺出版社，2006。③参见陈存仁：《抗战时代生活史》，第297页，桂林，广西师范大学出版社，2007。

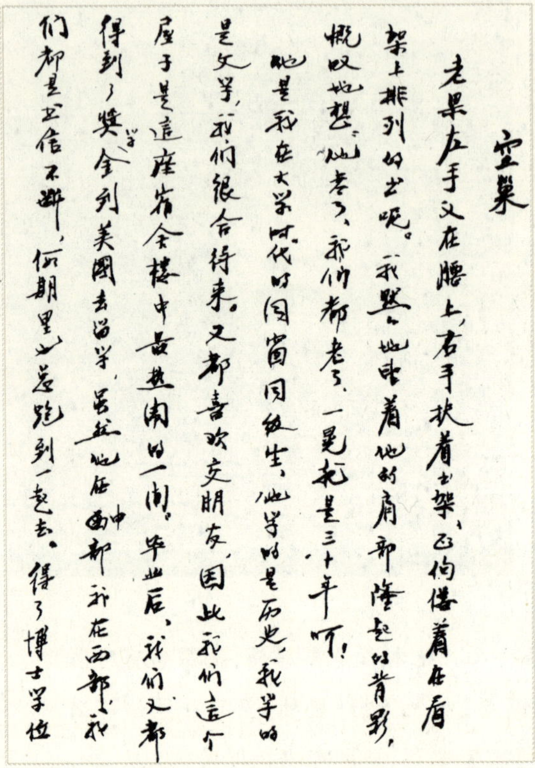

空巢

老伴左手叉在腰上，右手扶着书架，也倚靠着在看架上排列的书呢。我望着他的肩部隆起的背影，慨叹地想：他老了，我们都老了，一晃就是三十年啊！

他是我在大学时代的同窗同级生，他学的是历史，我学的是文学，我们很合得来。又都喜欢交朋友，因此我们这个屋子是这座宿舍楼中最热闹的一间。毕业后，我们又都得到了奖学金到美国去留学，虽然他在中西部，我在西部，我们都是书信不断，假期里也总跑到一起去。得了博士学位

冰心手迹。

无考证之必要。张爱玲与胡兰成的绯闻，后来也一样在上海传得沸沸扬扬。这两位“乱世佳人”，还是我行我素地过自己的生活，直到乱世的尽头，她们变成“寄人篱下”的局外人。

第四章

永 生 之 河

第四章

永生之河①

一、书中自有颜如玉

上海《天地》杂志第二期封面。《天地》杂志于1943年10月10日创刊，到1945年6月1日停刊，共出版二十一期，主编冯和仪（即苏青），在沦陷后的上海颇受读者欢迎。张爱玲与胡兰成的缘分也因此刊而起。

1943年11月，张爱玲在苏青主编的《天地》杂志第二期上发表了小说《封锁》。这对于已经文名鹊起的张爱玲来说原本没什么

①本章和下一章主要材料来源于胡兰成的回忆录《今生今世》和张爱玲的小说《小团圆》。把小说做传记材料，原因有三：一是张爱玲写《小团圆》的起因，便是不愿意别人仅仅根据胡兰成的《今生今世》给自己写传记，她的《小团圆》很大程度上是在纠正和反驳《今生今世》。二是后来她自己在给夏志清的信中曾表示过这部书“小说与传记不分明”。三是20世纪70年代《小团圆》写完后，好友宋淇曾建议将关系到胡兰成的情节稍做改动再发表，以避各种嫌疑。张爱玲却终究不肯，宁可不发表，可见她很在意保持这段故事的真实状态，并不愿意肆意虚构。因此，笔者虽然惶恐，还是决定以《小团圆》作为《今生今世》的对照材料，这样至少更接近事实，也更尊重张爱玲本人的意愿，即便笔者因此混淆了“fiction”和“nonfiction”的界限，犯了史家大忌，也强于只剩下胡兰成一家之言在传记中“跋扈”。

特别，然而她料不到的是，这篇小说竟成了她和胡兰成乱世姻缘的缘起。在这期《天地》上，同时刊有胡兰成的散文《"言语不通"之故》，是为回应苏青在创刊号上的《论言语不通》而作。这是张爱玲与胡兰成的名字第一次同时出现在一本刊物上。从此，二人的名字永远被连在了一起。即便如今两位当事人都已驾鹤西去，他们之间那刻骨铭心的爱和绵绵不绝的恨，还是紧紧相连，化作云雨回落到人间，被一世的人望着，说着。

胡兰成生于1906年2月28日，浙江嵊县下北乡胡村人。与张爱玲传奇般华丽的身世不同，胡兰成的家庭平淡而贫寒。他作为家中毫不起眼的第六子，生长在一个只有几十户人家、离县城几十里远的普通小村庄，到了13岁还在本村的学堂读书。此后得义母①(即后文提到的庶母)资助往杭州蕙兰中学读书，其间考取杭州邮务局的邮务生，但三个月后因顶撞邮务局长而被开除赋闲在家。21岁前往北京，在燕京大学副校长室抄写文书，同时旁听燕大的课程。此后不得不如钟摆一般，于失业在家和四处谋职之间摇摆，先后辗

胡兰成(1906-1981)晚年留影。胡兰成抗战时期以其亲日政论跻身于汪伪政府的文化部门，虽一时得志但很快随着历史尘埃落定，避居日本淡出人们的视野。当他再度被人们记起，进入历史的前台，更多是因为他与张爱玲的恋情。连张爱玲自己也曾颇为不屑地说："利用我的名字推销胡兰成的书，不能不避点嫌疑。"(1977年9月8日致夏志清信)胡兰成的再次走红，总感觉有点像是舞台上长袖善舞的配角，一副喧宾夺主姿态，有点令人厌烦。

①胡兰成12岁时被过继给俞傅村的财主，算是义父子。施春是他义父的妾，实际掌管家务，因此称义母，但不是正妻，所以也称为庶母。

胡兰成的故乡，浙江嵊县下北乡胡村。胡兰成说，他小时每见太阳斜过半山，山上羊叫，桥上行人，桥下流水汤汤，就有一种远意，心里只是怅然。他不但对于故乡是荡子，对于岁月亦是荡子。

转南京、杭州、萧山、南宁、百色、柳州等地，基本都是在师范学校或是中学任教员。直到1936年，胡兰成的生活几乎都是苦于生计奔波，并无炫目的光彩。

如果在这些乏善可陈的经历中寻找胡兰成的独特之处，除了大家熟知的天资聪颖和文人才子气之外，还有另外一种性格更加触目，那就是莫名其妙的、毫无情感立场的、有时甚至是与年龄不相称的寡情。少年时，一次胡村发大水，整个村子的人都披着蓑衣戴着斗笠在洪水中抢救财产、牲畜，当时已十三四岁的胡兰成却站在楼上旁观，见到外面风雨飘摇，竟突然兴起，放声歌唱，以至于母亲忍不住怒斥："你还是人？还是牲徒？"后来在杭州读书，父亲千里迢迢来看他，带他游西湖，他原本快乐，却突然毫无道理地生气，眼看着湖水泼进游艇慢慢浸湿父亲的鞋，却不告诉父亲，心中报复似的荡起幸灾乐祸的快感。父亲去世时，他已是20岁的青年，看到母亲昼夜啼哭，肝肠寸断，居然颇感诧异，只觉母亲怎么会如新妇丧夫般悲切；后来见到家中处处都是父亲的遗墨，也并不感到触景生情的感伤。甚至刚出生未满月的儿子在战火和贫病中夭折，他送葬回来还说自己"却有心思看世景"。他还曾特别沾沾自喜地谈到，读显克微支的小说描写罗马皇帝放火烧罗马城，以及果戈理的小说描写哥萨克人攻掠波兰时杀人如剖瓜切菜，自己不但没有悲悯，反而"只觉是生命的大飞扬"，当下也"雄赳赳起来"。也许在胡兰成看来，这些都

《天地》月刊第十一期(1944年8月1日)封面。从这期开始封面是张爱玲设计的，从画面可以感觉到这是她所喜爱的"地母神"："广大的同情、慈悲、了解、安息"，尤其是缭绕在之上的几片轻云，更增加了地母博大包容的神性。在张爱玲看来，"'翩若惊鸿，宛若游龙'的洛神不过是个古装美女，世俗所供的观音不过是古装美女赤了脚，半裸的高大肥硕的希腊石像不过是女运动家，金发的圣母不过是个俏奶妈，当众喂了一千余年的奶。"①只有这洞悉天地万物，让人能忘记一切、感到安息的地母，是张爱玲心目中的女神。

是他异于常人的独特体验，在30岁之前平淡无奇的生活中，这些"独特"的情感体验可以给他"传奇"般的安慰。

说到寡情和冷漠，张爱玲也并不是个热血的人。她在《烬余录》里也曾提到自己是一个没有良心的看护，任病人在屋里呻吟而无动于衷；对于父母和弟弟，她的感情淡漠也是尽人皆知。可是，两个人的冷漠只是形似而绝非神似。张爱玲的冷漠寡情有性格的原因，也有生活经历的原因。但在冷漠寡情的背后，却有着苍凉的底色，挥之不去的大悲悯。正如她在《烬余录》结尾所写："我们的自私与空虚，我们恬不知耻的愚蠢——谁都像我们一样，然而我们每人都是孤独的。"胡兰成的寡情和冷漠，却往往是无根基无来由的，这不免让人觉得有故意异于众人的作秀之嫌。再加上他那一贯沾沾自喜的文笔，更让人觉得是既没有道德感也没有人生信念的油滑。

①张爱玲：《谈女人》，见《张爱玲集·流言》，第77-78页，北京，北京十月文艺出版社，2006。

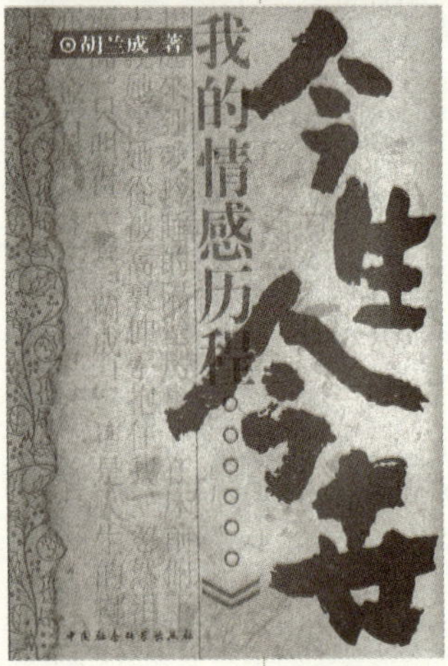

胡兰成的《今生今世》书影。此书写于20世纪50年代后期，胡兰成在书中回顾了他的生活经历，以及与唐玉凤、全慧文、应英娣、张爱玲、周训德、范秀美、佘爱珍等多位女性的情感经历。每每谈到其自私寡情之处，胡兰成的笔调总是毫无愧疚反而有些沾沾自喜，他的缺乏道德自律又毫无忏悔意识是很多人最为反感之处，也因此常被斥为“无耻”。但本着不因人废文的立场，其妩媚圆润的文采也颇为人称道。其中写张爱玲的一章《民国女子》，被张爱玲斥为“缠夹得奇怪”，但《小团圆》出版之前，却是记述二人之间爱情故事的唯一史料。以至于有人说，张爱玲高估了胡兰成的人品，却低估了他的记忆力。

胡兰成登上政治舞台的契机是1936年6月的两广事件。广东的陈济棠和广西的李宗仁等以兵谏蒋介石抗日为名，组织“抗日救国军”军事委员会，公开对抗南京中央政府。胡兰成本是受桂系第七军军长廖磊之聘在《柳州日报》上为其鼓吹宣传，没想到他在政论中却唱了反调，强调“发动对日抗战必须以民间起兵开创新朝的气运结合，不可利用为地方军人对中央相争、相妥协的手段”。后来，两广事件很快平息，但胡兰成的行为惹恼了当地军阀，被押解至桂林受军法审判，好在有惊无险，遭禁33天后获释，白崇禧赠其500元路费，算是礼送出境。在两广事件中，胡兰成表面上受人之托，却敢于反戈一击，所指事实也算一针见血，反映出了不凡的勇气和见识。不过古语有云，“道不同，不相为谋”，他既早持不同政见，大可以一口拒绝桂系军阀的邀请，他却偏偏接受下来，然后在别人搭的台上唱自己的戏，这到底是清高倔强的文人气，还是博“出位”的作秀？也许二者兼而有之。总之，这次牢狱之灾是塞翁失马，焉知非福，胡兰成通过这件事成功地为自己扬名立万的梦想淘到了“第一桶金”，引起了各方的注意。

两广事件之后的几年间，胡兰成平步青云，逐渐成为汪精卫政府“和平

1936年6月4日，两广事件中陈济棠、李宗仁等宣誓就职的情景。两广事件中胡兰成因政论受到各方关注，借这个契机他为自己扬名立万的梦想淘到了“第一桶金”。

运动”中位居第五的政治要员。他先是在汪派背景的报纸《中华日报》发表论文，受到日本方面的关注并被日本刊物译载，进而被聘为该报主笔(古泳今为总主笔)。上海沦陷后，他被调往香港《南华日报》任总主笔，当时发表的《战难，和亦不易》等政论颇得汪精卫及其妻陈璧君的赏识，月薪从60港元飙升至360港元，并另有2000元机要费。到汪精卫和蒋介石公开决裂之时，胡兰成为报知遇之恩，为其笔走龙蛇、振臂呐喊，成为汪的“御用文人”。1940年3月，汪伪政府成立后，他先后担任过中央委员、宣传部政务次长、汪精卫的机要秘书、行政院法制局局长等职务。一时间“布衣公卿”的文人梦似乎终于实现了，这是他最为志得意满的一个时期，到晚年回忆起“和平运动时位居第五”，还颇以为意。

1943年10月，创办《天地》月刊的苏青有意向胡兰成约稿，并按月寄去

汪精卫(1883-1944)，广东三水人。1940年3月，汪伪“国民政府”在南京成立，汪精卫任“行政院长”兼“国府主席”。他口才颇佳，擅长鼓动性演说，曾骗取不少人的信任。

电影《色|戒》中汪伪官员太太们打麻将的场景。此时的胡兰成混迹于汪伪政权的官场中，经常与李士群、吴四宝等汪伪政权的特务头子及其太太们打交道，并曾出入上海极司非尔路七十六号“魔窟”，后来张爱玲很可能从他这段经历中，得到了一些关于《色，戒》的创作素材。

杂志。就这样，起初并不经意的胡兰成，在一方小小的“天地”中，在密密麻麻的文字间，与张爱玲相遇了。那样一个初冬的午后，胡兰成在院子里的草地上放一把藤椅，一边享受着温暖的阳光，一边读着苏青寄来的《天地》第二期。一路看下去，直到最后是一篇小说《封锁》：

> 开电车的人开电车。在大太阳底下，电车轨道像两条光莹莹的，水里钻出来的曲蟮，抽长了，又缩短了；抽长了，又缩短了，就这么样往前移——柔滑的，老长老长的曲蟮，没有完，没有完……开电车的人眼睛钉住了这两条蠕蠕的车轨，然而他不发疯。
>
> ……街上渐渐的也安静下来，并不是绝对的寂静，但是人声逐渐渺茫，像睡梦里所听到的芦花枕头里的窸窣声。这庞大的城

市在阳光里盹着了，重重的把头搁在人们的肩上，口涎顺着人们的衣服缓缓流下去，不能想象的巨大的重量压住了每一个人。上海似乎从来没有这么静过——大白天里！

这一刻时间静止了，对文字极为敏感的胡兰成不由得坐直身子，读完一遍又再读一遍。《封锁》颇像是一个“艳遇”故事：一个已有家室的上海中产阶级男人吕宗桢，在封锁时被迫留在电车上，为避开令人厌烦的亲戚，而跟素不相识的女乘客吴翠远调情。在吴翠远差不多已经相信吕宗桢爱上自己、甚至已经考虑婚娶时，封锁结束了，于是吕宗桢迅速撇下吴翠远返回了自己的座位。

小说开始，我们就能感受到形形色色的压抑与麻木铺天盖地而来，冲击着读者的视觉。马路上左突右奔的人群，慌乱中乱喊乱叫的太太，压在每一个人心里的巨大重量……只有回到当时沦陷区的历史语境，才知道“封锁”意味着什么——在漫长的排查，地毯式的搜索中，又将有抗日志士要被捕、要受刑、要叛变或者要牺牲了——可是对普通人来说，终究也麻木了。因此，寂静下来以后便只有虚空：悠长地唱着的乞丐，手中捏着油汪汪的纸包熏鱼的丈夫，旁边不停唠叨的妻

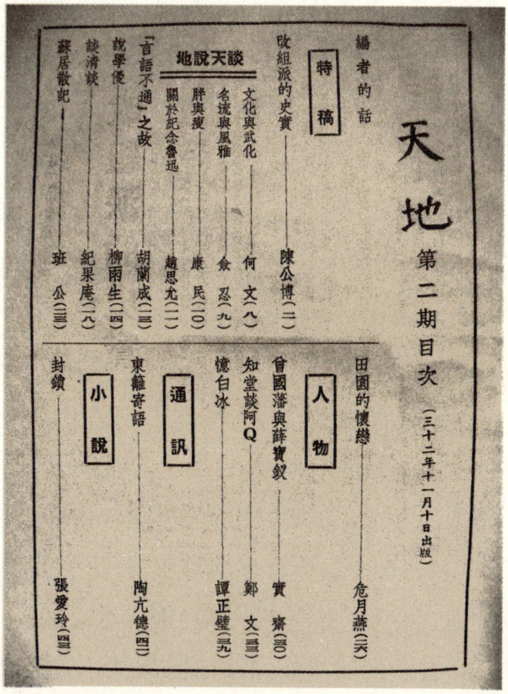
天地

第二期目次

（三十二年十一月十日出版）

編者的話

特稿

攺組派的史實——陳公博（二）

談天說地

文化與武化——何文（八）

名流與風雅——僉忍（九）

胖與瘦——康民（一〇）

關於紀念魯迅——趙思允（一一）

『言語不通』之故——胡蘭成（一三）

說學優——柳雨生（一四）

談清談——紀果庵（一八）

蘇居散記——班公（二三）

田園的懷戀——危月燕（二六）

人物

曾國藩與薛寶釵——實齋（三〇）

知堂談阿Q——鄭文（三三）

憶白冰——譚正璧（三九）

通訊

東籬寄語——陶亢德（四二）

小說

封鎖——張愛玲（四三）

《天地》第二期目录，张爱玲的名字和胡兰成的名字第一次同时出现在目录中，他们的恩怨缠绵也由此拉开帷幕。

电影《色｜戒》中的封锁。张爱玲在小说《封锁》中没有明确写当时“封锁”是怎么回事，以至于现在的读者都以为是跟堵车差不多的事件。其实可以通过电影《色｜戒》，看出些“封锁”的端倪。每当一个地区有抗日的突发事件发生，就会有大批军警进驻，用绳子将这个地区大范围地圈起来，然后逐一排查。电影中王佳芝就是差一步没跑出去，被封锁的绳子圈在街区里面才被捕的。所以“封锁”绝不意味着堵车，而是意味着死亡。

子，机械地用手搓着两粒核桃的老头，拿出卷子来慢慢批改的吴翠远，逐个辨认粘印在包子皮上的铅字的吕宗桢……“封锁”为喧嚣的日常生活按下了暂停键，平日里谁也不曾注意的一瞬间莫名其妙地成了定格的特写，庸常的麻木被不断放大，再放大，终于成了无边的空虚。

在封锁的时空中，日常生活轨迹成了模糊静止的背景，虽然令人感到失重般的空虚，但同时也有暂时得到解脱的轻松，于是有了男女主人公的故事。这是两个被庸常生活挤压、异化了的现代人，情感压力的一次短暂释放。同时，张爱玲又把这个颇具现代意味的主题，和男女情感的错位相环相扣：相谈甚欢的那一刻，不能说宗桢没有动了情，但这“情”终究只是在这时空静张爱玲笔下的可怜虫。张爱玲的这组漫画，包括永远被动的女人、患得患失的女人等六种，都是被社会挤压失去自己个性的可怜虫。小说《封锁》中的25岁的大学教师吴翠远，正是其中“从读书到结婚都很乖”的“听话的姑娘”：在家里是一个好女儿，在学校是一个好学生，在单位是循规蹈矩的助教，连头发也梳成千篇一律的式样，唯恐引起公众的注意。在张爱玲看来，这类失去个性的乖乖女，整个人像挤出来的牙膏，没有款式。

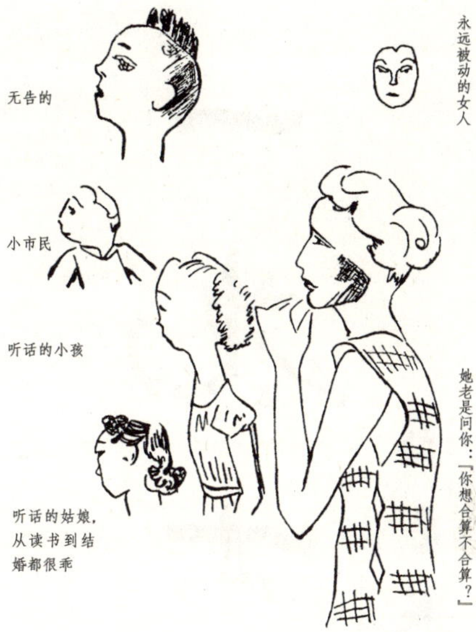

止的封锁中作数；翠远当然也并不真的打算给宗桢做妾，但情感上总愿意相信宗桢对她会是久久难忘的真爱。直到封锁结束，宗桢若无其事地迅速回到自己的座位上，翠远才发现自己的可悲。所谓男欢女爱，也许不过是说，男人求“欢”，女人求“爱”，男女之间的情感终归是落不到一个鼓点上。

这篇小说不仅通过主体故事的叙述，解构了普通男女间的“一见钟情”，而且以“封锁”为特定空间，在抗日志士被排查、被抓捕这样的沦陷区的独特背景之下，勾勒日常生活的一刹那，司空见惯的麻木，男女之间的调情，这对“封锁”本身来说确实有点反讽。小说结尾写到，原来封锁时的一切都等于没发生，只不过是“整个的上海打了个盹，做了个不近情理的梦”。这个不近情理的梦，到底是封锁之中借题发挥的爱情故事，还是封锁之中被深埋在文本之下的抗日故事？张爱玲无意于写时代纪念碑式的作品，所以恐怕在小说《封锁》中，如果真的埋着另一个故事，也只能是另一个《色，戒》的故事吧。

也许是张爱玲那才气泛滥的华丽笔触震撼了胡兰成，也许是这样洞悉人性的男女故事，触动了胡兰成内心深处的某些东西，让他感受到了吕宗桢和自己的某些重叠之处。总之，胡兰成被深深吸引，很快给苏青去信询问有

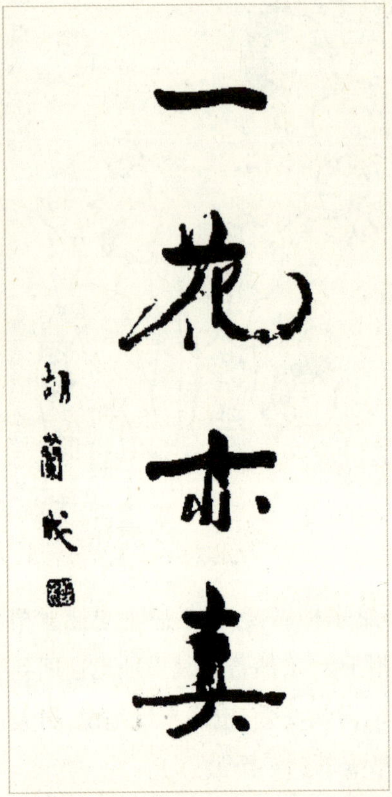

胡兰成手迹之一。胡兰成在汪伪政府的春风得意并不长久，他终究是更擅长“纸上谈兵”纵论天下的文人，在官场的尔虞我诈、钩心斗角中屡战屡败，逐渐被汪精卫冷落。之后胡兰成写了一篇万言政论发泄心中牢骚，终于激怒了汪精卫，将其逮捕，关押在当时大名鼎鼎的上海路十二号政治犯看守所。后在日本使馆的池田笃信等人干涉下才被释放。被释放的胡兰成惊魂初定，赋闲蛰居在南京石婆婆巷二十号的寓所中。

关张爱玲的情况，并且写了评论《封锁》的文章寄去。从《小团圆》的叙述中，我们可以知道胡兰成对于自己的赞美和评论，张爱玲是知道并且非常开心的。不料评论文章还未发表，胡兰成就被汪精卫抓进了看守所。《小团圆》中还提到文姬给九莉写信说邵君是个硬汉等情节，想来苏青也如此这般地称赞过胡兰成。这大概也令张爱玲对这位未曾谋面的才子有了更多好感，她跟从苏青一起去拜访周佛海，希望谋求营救，结果并未成功。

1944年2月，刚刚解除牢狱之灾的胡兰成，到上海下了火车并没有回家，而是直接找到了爱多亚路160号的《天地》杂志社，向苏青打听张爱玲的住址。苏青告诉他张爱玲不见人的，不过几经犹豫还是把公寓地址写给了他。在这之前，胡兰成在看守所已经看过《天地》第三期上的《公寓生活记趣》，里面不但有“滴着生锈的黄浆的热水管”和“染了斑驳的水痕与霉迹的墙纸”这类对生活环境的描写，而且有在生虫的米缸里放入驱虫的胡椒粒和将洗过的菠菜倒进噼噼啪啪的油锅里之类的生活细节的叙说，甚至还有站在阳台

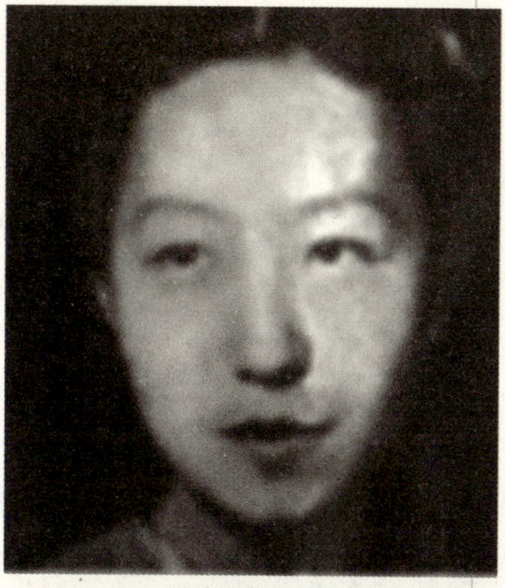

张爱玲登在《天地》第四期上的照片。这张照片中的张爱玲，看上去温婉恬淡，笑意清浅，与张爱玲本人给人的感觉很不一样，胡兰成显然受到这张照片的"错误信息"的影响，所以后来看到张爱玲本人时落差极大。

上看"电车回家"这类充满颖悟的生活情趣……他通过文字似乎已经触摸到了张爱玲的生活，更何况还有第四期《天地》上的照片：一位颇有气质的年轻小姐。胡兰成的想象终于落到了实处，这好比曾经在沙漠中见到的海市蜃楼终于被证实为生活中的实景，心中迫不及待地要去一把抓住。

第二天，胡兰成登门拜访，果然吃了闭门羹，只得从门洞里递进一张写有名字、地址和电话的字条。张爱玲没有预约从不见客，所以没有给胡兰成开门，不过胡兰成显然给她留下了深刻的第一印象。也许正如她多年后在小说中所写的九莉对邵之雍的第一印象："穿着旧黑大衣，眉眼很英秀，国语说得有点像湖南话。像个职业志士。"①

1944年前后的胡兰成。看着这张照片，想着当初他在充满想象的文字空间中与张爱玲的邂逅，有一种恍如隔世的感觉。

①张爱玲：《小团圆》，第142页，北京，北京十月文艺出版社，2009。

二、尘埃里开出的花

1944年的张爱玲。这件舅舅送她的大镶大滚宽博的短毛貂皮袄，是张爱玲至爱的清装行头。也许他们见面的那个冬末的下午，张爱玲正是在薄呢旗袍外面罩了这件皮大衣，走进胡兰成的客厅。穿着它侧立墙边，不知是不是胡兰成形容的那种"顶天立地，世界都要起六种震动"的感觉。胡兰成后来对于两人的初次见面，描述得颇为缠夹错乱，也许当时那种感觉，唯有缠夹错乱的语言方能形容。

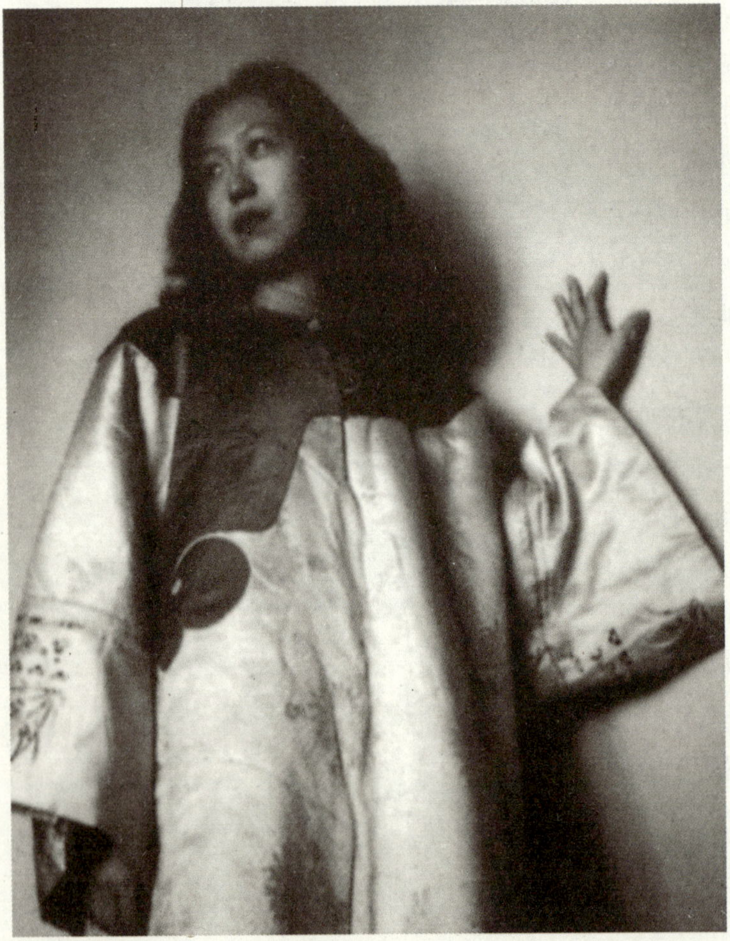

胡兰成冒昧登门被拒之后，张爱玲隔天的午后，打电话过去，约定在胡兰成家里见面。

见了面，胡兰成才惊觉张爱玲和自己通过文字、照片想象的那个女子完全对不上。他一时间觉得眼前的张爱玲如此高大，充溢着所有的空间，仿佛满眼都是她的人，连客厅也不合时宜地显得小了；一时间又觉得坐在沙发上的女孩幼稚可怜相，连女学生的成熟亦没有，一副小女孩放学回家，

胡兰成在上海美丽园的家(今延安西路379弄28号)。从未有过爱情经验的张爱玲,沿着公墓(当时称外国坟山)一路走过来,不知心中几许忐忑,几许犹豫,又几许期待。

路上一人独行,肚里在想什么心事,遇见小学同学叫她,她亦不理的正经的神情;一时间感到张爱玲的清瘦贫寒,带着战时文化人艰难谋生的普遍的寒酸;一时间又觉得她的衣饰也很讲究,并不在于俗世中根据身份地位和衣料价钱来评判的品级。如此参差错乱的感觉堆积在一起,完全打乱了胡兰成原来的印象。

读张爱玲笔下的男女之情,总让人以为作者必定情感经历丰富,甚至有点看破红尘的沧桑,没想到她本人竟如此年轻、幼稚,充满尴尬的生涩;读张爱玲笔触成熟老到的散文,总让人以为作者必定也言辞滔滔,交际场上即便不如苏青一般八面玲珑,起码也是应对自如,没想到她本人竟是如此羞怯、沉默,不知所措。于是胡兰成开始侃侃而谈,靠自己一人之力填满这尴尬的冷场。他批评起当下文艺,又谈起张爱玲的作品好在何处,又说到自己在南京政坛的风云际会……胡兰成对于文学的看法是有独到见解和独特情感体验的,这一点他对自己充满信心,至于政坛上的沉浮起落,更能显示出自己不同于普通政客的落拓不羁和名士气。张爱玲也甘心做一个好听众,任由这位穿着长衫,文采俊逸的中年男人侃侃而谈,甚至对他不符合交际惯例地、贸然地询问自己的稿费收入,也并未觉得厌烦。

影星林青霞在电影《滚滚红尘》中演绎的张爱玲。这部电影20世纪90年代初上映后轰动一时。遗憾的是，面容几近完美的林青霞给人的惊艳感觉，到底和张爱玲的"惊艳"有所不同。

如果剥开胡兰成后来回忆时那些绮丽的文饰和渲染，客观地说，初次见面，胡兰成的心里是充满了落差的。他没有看到传统"佳人"的一颦一笑，也没有看到现代名媛的顾盼神飞，眼前只有一个并不漂亮的女孩子，带着慌张的天真和拘谨的礼节。他觉得张爱玲并不美丽，自己也并不喜欢这种类型的女孩。这恐怕才是他所说的"艳亦不是那个艳法，惊亦不是那个惊法"的"惊艳"的真正含义。

然而即便如此，胡兰成还是不会放弃在女性面前展示自己的机会，五个小时就在他的滔滔不绝中过去了，胡兰成起身送张爱玲到弄堂口。有人说，在胡兰成的世界里，只有两种女人，一种是搭理他的，一种是不搭理他的。他当然明白了张爱玲属于前者，于是两人并排走在一起的时候，胡兰成突然说："你的身材这样高，这怎么可以？"张爱玲一惊，此情此景，再不谙世事的人也听得出这是一句带有强烈暗示性的调情之语，惊诧之余不禁面露反感。但作为女孩子，知道被一个自己蛮欣赏的人追求，心里总是欢喜的。张爱玲在《小团圆》中曾经写到，有一天九莉月下去买蟹壳黄，被小贩多看了几眼，归途中明月当头，突然一阵空虚，怅惘自己22岁了，写爱情故事，但是从来没有恋爱过。这无疑就是年轻的张爱玲自己的感慨。胡兰成这暗示性的表态，表面上轻佻令人反感，实际却怦然拨动了张爱玲的心弦，瞬间拉近了两人的

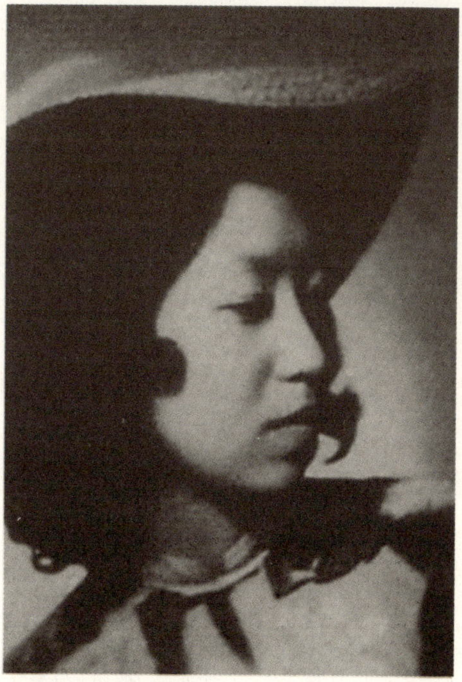

20世纪40年代的张爱玲。孤僻冷直的张爱玲，从不轻易与人交际的张爱玲，连弟弟来访也没有几句话好说的张爱玲，独独爱上了胡兰成。她后来说，一直觉得只有无目的的爱才是真的。冥冥中也许真有命运的网在牵引，网上的结一个衔着一个，撞进去就无始无终。

距离。这一点老练的胡兰成心中自是清楚，因此，不但不担心唐突了佳人，反倒为自己的举动颇为欢喜得意起来。

第二天，胡兰成上门去看望张爱玲。《小团圆》中九莉的三姑第一次见邵之雍，就笑问："太太一块来了没有？"显然是一种提醒，也是一种警告。这么煞风景的事当然不会出现在《今生今世》里，不过无论张爱玲的姑姑是否真的说了这个"开门黑"的警告，有些事一旦开始，也就来不及了。这两人又是"天上一日，人间千年"般地忘记时间，聊了很久。带着一种"似舞似斗"的心情，胡兰成讲起理论，又讲起自己的生平。所谓的"舞"，是才气的展示；所谓的"斗"，是才气的较量。仿佛民间男女对山歌，本是为传情达意、愉悦对方，又明明知道是棋逢对手，生怕输了便等于禁不住考验，给对方瞧不起，因此斗唱斗得格外卖力。胡兰成尽量讲自己那些与众不同的情感体验，增强经历中的名士气和传奇性，但他的家世终究有点平淡无奇；张爱玲不着一字，却有着华丽又苍凉的贵族背景，祖父母令人惊叹的人间佳话，因而胡兰成只觉得自己"使尽武器，还不及她的只是素手"。

这一次，张爱玲给胡兰成的感觉有了巨大的变化。张爱玲穿着宝蓝绸袄

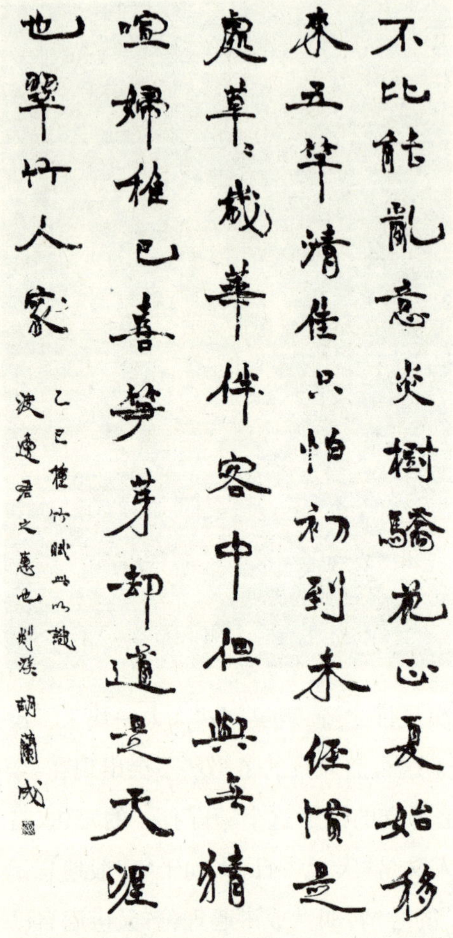

胡兰成手迹之二。

裤，带着嫩黄边框的眼镜，衬得脸儿如同月亮，再跟颜色饱和度非常高的公寓环境相互映衬，自有一种雍容之气；她华丽的身世背景，也令出身山野的胡兰成炫目得不敢逼视。因为熟识了一些，张爱玲的态度放松了许多，她会在提起自己的家世时，抄了祖母写给失意的祖父的那首诗，也会讲起从前胡兰成被汪精卫关押时，她曾经与苏青一起去周佛海家希望谋求营救的事。在官场摸爬滚打了几年的胡兰成，虽然感叹着张爱玲在政治上的幼稚（胡兰成和周佛海并非一个派系，关系也不好，政治的复杂和内幕并不是文坛女子能够想象的），但心中也不免震动：自古锦上添花易，雪中送炭难，难得张爱玲与自己素不相识，却因爱才之心设法搭救。恍惚间他想到张佩纶——当初同样落魄，也同样得到红颜知己（即张爱玲的祖母李菊耦）的怜惜与理解。然而他来不及比拟，甚至来不及感激，只觉满眼都是桃红柳绿，满心都是春风沉醉，胡兰成也动了感情。

晚上，胡兰成给张爱玲写了第一封信。一向以才华著称的胡兰成，这封信的文笔却如“五四”时期的新诗一般幼稚可笑。张爱玲虽然也惊诧于胡兰成的幼稚文字，不过信中称赞自己“谦逊”，倒让张爱玲颇为感动，回信中写了“因为懂得，所以慈悲”八个字。张爱玲一般给人的感觉，是为人冷漠难亲近，对人对事亦很少同情，金钱方面锱铢必较，写作上更是自信张扬，与“谦逊”二字恐怕有些距离。但胡兰成能发人所未发，说她是谦逊而不拘谨，放恣而不骄傲。①这种评价方式自古并不少见，如“直而不倨，曲而不屈”、“哀而不愁，乐而不荒”等等，往往颇为玄妙却甚得人心。张爱玲自是欢喜，她相信胡兰成的确是看到了她冷漠矜持的背后，对人生世事的那一份尊重和虔敬，看到了她坚硬外壳包裹之下，那一颗敏感谦卑的心。

其实性格孤傲的人都会时常觉得，真正的自己并不是别人所看到的那样，只不过是庸俗的世人苛待、误解了自己。他们表面恃才傲物不屑辩解，但内心也常觉得委屈，希望能得一二知己为自己解语宽心。寂寞的张爱玲恐怕也是如此，一看到胡兰成对自己与众不同的理解，就将世人苛待、误解自己的委屈和怨恨瞬间释放出来。所以我们可以想见“因为懂得，所以慈悲”八个字的分量——对于张爱玲来说，胡兰成已经不是一个普通的朋友，而是一个与众不同的能够读懂自己的知己了。

从此胡兰成几乎天天去看张爱玲，搞得张爱玲的姑姑像大祸临头一样，说话都悄声细语的。不多久，张爱玲忽然很烦恼，送了张字条给胡兰成，请他不要再登门。这是已经身陷情网的张爱玲最后的挣扎。胡兰成是一个有妻有妾且秉性风流的中年男人，第一天张爱玲坐在胡兰成的客厅里，他的太太全慧文和一堆孩子就在楼上，何况他还有另一个妻子应英娣。爱上这样一个男人，会有花好月圆的结果吗？还是最终会演变出一个不堪的尾巴？张爱玲用尽全身力气送出这样一张绝交字条，颇有点《金锁记》里的长安的味道，那个美丽而苍凉的手势……

胡兰成却像什么事都未曾发生一样，当天又出现在张爱玲的公寓门口，张爱玲也没有将他拒之门外，这等于两人形成了一种默契，承认了彼此之间的关系。之后，胡兰成因提到她在《天地》第四期上登的照片，张爱玲翌日便

---

①此评价见于胡兰成:《评张爱玲》，载《杂志》第十三卷第二、三期，1944年5、6月；因与胡兰成写信的时间较为接近，且也用了“谦逊”二字，因而笔者推测文中这个评价跟他信中的评价应较为接近。

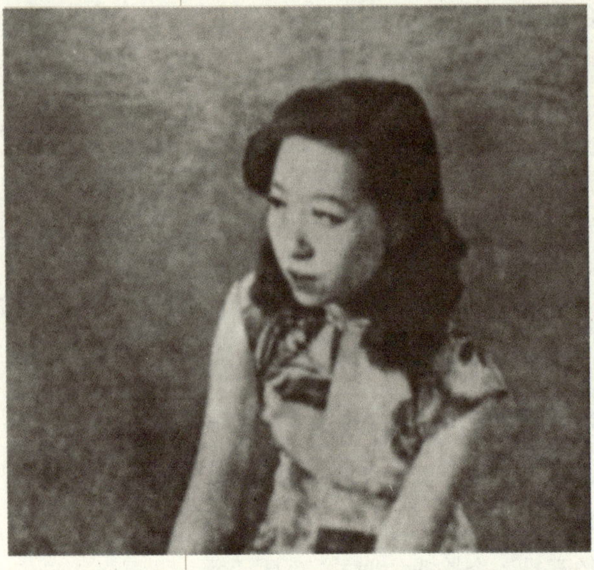

张爱玲1944年发表在《杂志》期刊上的照片。胡兰成曾戏说照片中的张爱玲“眼睛里有一种惊惶,看着前面!又怕后头有什么东西追来似的”。①爱情,总有神魔附体一般的魔力,越是觉得不可以,它就越要滋生,越要发芽,越要将美丽的海市蜃楼迷惑你的双眼,越要无孔不入地蔓延将你包围。任你有锋利的双眼洞穿人生世事,却一样要迷失在爱情的茫茫烟水里。直到曲终人散才发现,原来只剩下一个不堪的尾巴。

取出送给了他,背面还题了字:

见了他,她变得很低很低,低到尘埃里,但她心里是欢喜的,从尘埃里开出花来。

这就是后来被人熟知和反复援引的那句定情之语。也许只为最初那一句“你的身材这样高,这怎么可以”,当时不过是胡兰成半真半假的挑逗与试探,张爱玲却用“她变得很低很低,低到尘埃里”来全身心地回答。《小团圆》中还写道,九莉每当邵之雍走后,就用信封小心地收起他的烟蒂,后来居然攒了一信封的烟蒂。张爱玲当时对胡兰成也是这样一种近乎崇拜的爱。只是她不曾想到,这样爱得百转千回后,终于有一天,自己的情话会被胡兰成奇货可居地拿去贩卖,几乎成了街头巷尾家喻户晓的茶余饭后的谈资,而自己只能尴尬地保持缄默。

胡兰成在《今生今世》里说,自己拿到照片并没有神魂颠倒,“亦只端然

①胡兰成:《论张爱玲》,载《杂志》第十三卷第二、三期,1944年5、6月。

地接受”。接着，他提到了的“吴季札赠剑”的典故。这个典故司马迁的《史记·吴太伯世家》和刘向的《新序·节士》中都有记载，讲的是春秋时吴国四世子季札出使晋国，途中受到徐君礼待，徐君爱其佩剑，季札因出使需要，未将剑赠送，回来时徐君已死（一说徐已被吴国所灭，徐君亦客死楚国），吴季札因别时心中已经暗许回来即以剑相赠，因而仍挂剑于徐君冢上方去。因此有徐人歌曰“延陵季子兮不忘故，脱千金之剑兮带丘墓”。这是一种“以心诺之”、死生不渝的人间重谊，物是人非的苍莽中带着难得的真情。然而胡兰成立意独特，搬出“吴季札赠剑”的典故，却偷换概念，说徐君虽喜欢宝剑却未必想要，倒好像吴季札赠剑是自作多情。他出于逃避责任的荡子心态，曲解了典故的原意，沾沾自喜和撇清之意，昭然若揭。

相比之下，张爱玲在《小团圆》里也提到这张照片，说九莉的这张照片是为了文姬的杂志要刊登，特意到一家德国摄影师处照的，因为非常贵，只洗了一张，杂志上印得一片模糊，因而原来的一张更独一无二，他喜欢就送了他。珍贵与珍惜之情，不着一字而尽现。

尽管胡兰成通过“照片和题字”一事，有意无意地暗示张爱玲主动追求自己，但从《小团圆》中我们还是能看到另一面的事实：

“我们永远在一起好不好？”

“你喝醉了。”

“我醉了也只有觉得好的东西更好，憎恶的更憎恶……我们永远在一起好吗？”

“你太太呢？”

“我可以离婚。”

“我现在不想结婚，过几年我会去找你。”①

①张爱玲：《小团圆》，第146页，北京，北京十月文艺出版社，2009。为了方便，这些引文略去了中间的叙述性文字，只剩下对话。

事实是邵之雍首先向九莉求爱，表示可以离婚，九莉顾虑重重，反而拒绝了。后来邵之雍有一两个星期没上门，九莉还当从此两不相干——是一个圆满的结束，虽然也有点怅惘。倒是邵之雍又忍耐不住，再次登门了。张爱玲和胡兰成是否也是如此呢？

三、“欲仙欲死”亦枉然

20世纪40年代的张爱玲。在后人笔下，张爱玲的义无反顾，总是带着些恋父情结的病态；她那句“变得很低很低”的情话，也让人捶胸顿足，替她难堪和不值。不过，想来当年的张爱玲，不问对方身份，也不计爱情结果，只忠于内心情感，谦卑的爱也有了一种放恣跋扈的美，飞蛾扑火的悲壮……“恰如少年人的初恋，不是她的对象真有这样美，这样崇高，却是她自己的青春创造了美与崇高，使对象圣化了”。[①]她是用自己的青春和美，迸发出绚烂的火花，虽然只是刹那的芳华，但毕竟是唯一一次爱情的飞扬。

1944年春夏，张爱玲和胡兰成度过了一段美好的时光。胡兰成的政治生涯虽然已经名存实亡，但他仍挂着伪南京政府全国经济委员一职，与日本军

①胡兰成：《论张爱玲》，载《杂志》第十三卷第二、三期，1944年5、6月。

1944年的张爱玲。为了照相，在单色旗袍上披了件浴衣，光华的面料和宽袍大袖的样式看上去非常华丽，照片中张爱玲低着头，脸上荡漾着丝丝的笑意。这种喜滋滋的表情在张爱玲的照片中不多见。毕竟，她一生中可以尽情挥霍的快乐时光太短暂了。

政界也仍有密切联系。因此他还是以在南京生活为主，每月回上海过七八天。每次回到上海，他不回美丽园的家中，却先到张爱玲处，进了房间，一句"我回来了"，便给张爱玲带来无限的甜蜜。他回南京的时候，二人就鸿雁传书，文字里来来去去也自有清雅趣味。胡兰成颇贪恋这种感觉，这是和唐玉凤、全慧文、应英娣等别的妻子在一起时完全不同的生活方式，是旧式才子的绮梦，一起舞文弄墨，吟诗作对，评书论画……珠联璧合的才子佳人。

两人竟日伴在房里，男的废了耕，女的废了织，只是在一起有说不完的话。在张爱玲心目中，胡兰成的聪明是性灵通透的，她曾喜滋滋地看着胡兰成说："你怎这样聪明，上海话是敲敲头顶，脚底板亦会响。"以至于后来胡兰成亡命雁荡山时读到古人的一句话"君子如响"，还不觉回味地笑起来。胡兰成一生恃才自诩，也独是对张爱玲的聪明赞不绝口，说张爱玲是水晶心肝玻璃人。他后来称自己一生不拜师，如若拜也只有点"三炷半"香而已。其中的第一炷香即是"想念爱玲，是她开了我的聪明"。可见在胡兰成心目中，张爱玲是亦师亦友的爱人，而她的聪明，不但在自己，还在开启别人的慧根。

此时，张爱玲完全打开心扉，她过人的智慧和才情亦完全展现出来，不再是一个木讷的听众，这是胡兰成真正惊艳的地方。在张爱玲面前，他只觉说什么都像是生手拉胡琴，荒腔走板的，道不着正字眼，连丝竹之音也变为

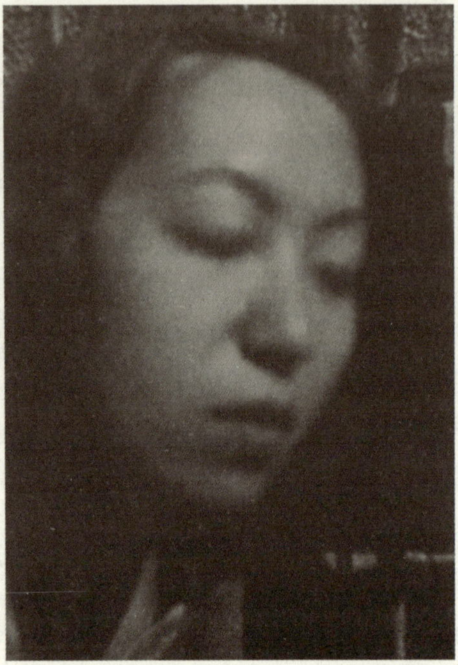

“正大仙容”的张爱玲。

金石之声。比如一次晚饭后，两人灯下嬉戏，挨得很近，脸对脸看着。胡兰成觉得张爱玲的脸好像一朵开得满满的花，又好像一轮圆得满满的月。于是抚着她的脸说道：“你的脸好大，像平原缅邈，山河浩荡。”胡兰成以为比为花儿月儿，不免俗气，而“平原缅邈，山河浩荡”八个字既文采俊雅又有新意。不料张爱玲却笑说：“像平原是大而平坦，这样的脸好不怕人。”于是说起《水浒传》里写宋江见玄女，却是“天然妙目，正大仙容”八个字，饶是胡兰成自命才气过人，也不禁当下呆住，自愧不如。第二日才佩服地说：“你就是正大仙容。”

还有一次，胡兰成要形容张爱玲行坐走路，总是口齿艰涩，张爱玲亦代为说道：“《金瓶梅》里写孟玉楼，行走时香风细细，坐下时淹然百媚。”接着又解释了“淹然”二字：“有人虽遇见怎样的好东西亦滴水不入，有人却像丝棉蘸着了胭脂，即刻渗开得一塌糊涂。”当然，在胡兰成的眼中，张爱玲走起路来总是跌跌撞撞，经常打破东西，撞头磕脚，做起事来也是拈一枚针、开一个罐头都如临大敌，笑起来要么是毫无忌惮，要么是一个人喜滋滋地，显得傻里傻气，并不真的“香风细细，百媚淹然”。这只不过是一个坠入爱河的女孩子，在亲密爱人面前带点儿自恋意味的撒娇。

胡兰成对自己的古典文学修养一向自信，没想到总不及张爱玲细如发丝的体验和充满文学感觉的阐释——两人并坐同看一本书，那书里的字句便像街上的行人只和张爱玲打招呼，胡兰成往往是在一边艳羡地做个陪客。

张爱玲沉浸在一种前所未有的大欢喜中。她有时兀自欢喜得诧异起来，问胡兰成道："你的人是真的么？你和我这样在一起是真的么？"还必定要胡兰成回答。无限欢喜的人，无限珍惜的人，都会恍惚间有梦幻一般的不真实感，不敢相信人世间真有这么美好的人，这么美好的事。她说起旧小说里有"欲仙欲死"的句子，正是她自己当时的美妙感受。

爱情的滋润使张爱玲的艺术才华更加飞扬恣肆地化为文字。除了这时期的小说佳作《红玫瑰与白玫瑰》、《桂花蒸 阿小悲秋》之外，她的主要精力明显向散文创作倾斜，写自己身世的如《私语》、《童言无忌》，谈艺术的如《谈音乐》、《谈跳舞》、《谈画》、《忘不了的画》，其他的还有《打人》、《造人》、《中国人的宗教》等散文，都发表于这一年。对照胡兰成后来的回忆，可以看出她这时才思泉涌，下笔如神，很多作品正是和胡兰成"桐花万里路，连朝语不息"的产物。相对而谈的日子看似单调，却也其乐融融，一寸一寸都别有意趣。他们是才情上的两情相悦和灵犀相通，是一种同住同修，同缘同相，同见同知的爱。胡兰成称之为"照花前后镜，花面交相映"，仿佛对着眼前人，就像对着一面镜子，你可以从她(他)晶亮清澈的眼中望见自己的身影。

虽然后来几乎没人看好他们这段恋情，但那多是沧海桑田之后的清醒，二人沉浸其中的欲仙欲死，荡气回肠倒是实实在在的：

她觉得过了童年就没有这样平安过。时间变得悠长，无穷无尽，是个金色的沙漠，浩浩荡荡一无所有，只有嘹亮的音乐，过去未来重门洞开，永生大概只能是这样。这一段时间与生命里无论什么别的事都不一样，因此与任何别的事都不相干。①

张爱玲此时也像九莉一样在永生之河中徜徉，她终于得到了从童年起就缺失的爱和赞美。胡兰成称她是“民国世界的临水照花人”，有一种“花来衫里，影落池中”的美。孤僻的张爱玲朋友极少，一向有顾影自怜的心理倾向，而胡兰成的出现正像一面“镜子”，免去了“影落池中”的孤芳自赏的尴尬。她文艺上的千般才华有人欣赏，有人懂得，还能引申发挥成新的美；她生活中的种种乖僻有人包容，有人疼爱，还能解释为人所不及的个性。通过胡兰成，她第一次照见了自己的“正大仙容”——从顾影自怜的水中仙子到高入云端的九天玄女，这是她人生中第一次放恣飞扬的大欢喜。此时的胡兰成也确实把她捧在手心：

……天下人要像我这样欢喜她，我亦没有见过。谁曾与张爱玲晤面说话，我都当它是件大事，想听听他们说她的人如何生得美，但他们竟连惯会的评头品足亦无。她的文章人人爱，好像看灯市，这亦不能不算是一种广大到相忘的知音，但我觉得他们总不起劲。我与他们一样面对着人世的美好，可是只有我惊动，要闻鸡起舞。②

这一时期他写了两篇关于张爱玲的长评，《评张爱玲》和《张爱玲与左派》，不但将张爱玲与苏格拉底、卢梭、鲁迅等大师的名字并置，甚至毫不隐讳地将她奉为女神：“黄帝与共工大杀一通之后，战场上变得静寂了，这时来了一群女神，以她们的抚爱使宇宙重新柔和，她就是这样，是人与物的发现

①张爱玲：《小团圆》，第150页，北京，北京十月文艺出版社，2009。②胡兰成：《今生今世》，第154-155页，北京，北京社会科学出版社，2003。

张爱玲自画像，载1944年6月《杂志》十三卷第二期，是胡兰成《评张爱玲》一文的插图。张爱玲没有画自己的面貌，只有黑色的剪影，一个修长而神秘的现代女郎，也许是张爱玲理想中的自我。

者。”[①]胡兰成的这种评价充满了溢美之词，而且是不切实际的。时至今日，也没有一个研究者会认为，所谓的“使宇宙重新柔和”的“抚爱”，能概括张爱玲作品的艺术特点或者是她本人的性格特征。胡兰成的女神之喻，与其说是对张爱玲的真实评价，不如说是他自己的个人情感体验。他曾不止一次说与张爱玲在一起，从来都是仙境。初相恋时，他就曾描绘自己如旧小说里的人到了仙境，所见珍禽异卉，多不识其名，但即便不识，也一样全觉得是好。到热恋时，他又借《西游记》里唐僧取经，终成正果之时看到自己尸身由河面漂来的故事，明言是张爱玲让自己脱胎换骨，重新见到自己与天地万物—— 一种得道成仙终成正果的境界。直到从武汉返沪期间（此时他已与周训德热恋），一次两人去参加座谈会，下黄包车付钱的工夫，门口站一站，柳絮蒙蒙飒飒扑满了两人一身。胡兰成顿时感到春光明迷，仿佛又入了仙境。

胡兰成下意识里的确是把张爱玲当成九天仙女去爱的，贵族后裔的华丽，中西合璧的时尚，美女作家的才情，钢琴绘画的天分，一个个光环都耀得他睁不开眼睛，如临仙境。何况此女只应天上有，却被自己得到了，这不正是

①胡兰成:《论张爱玲》，载《杂志》第十三卷第二、三期，1944年5、6月。

跋扈的夏

小暑取景

张爱玲为《杂志》月刊(1944年6月和8月)画的两幅插图。如此摩登性感的现代女子,在炎炎的夏日中自有跋扈逼人的美,可以看到张爱玲的绘画天分,亦可看到张爱玲除了古典贵族气之外,摩登时尚的一面。

向别人炫耀的最好资本吗?对于乡下人与城市文化人,他就说张爱玲的英文如何好,西洋文学的书她读来像剖瓜切菜一般;对于官宦人家的太太小姐,他就说张爱玲的家世豪华,母亲与姑母都西洋留学,她9岁即学钢琴;对于如军长这类富贵人物,他又拿出张爱玲珠光宝气的时尚照片炫耀。可以说,张爱玲的某些东西填补了胡兰成的很多缺憾——底层的出身,贫弱的西学,文

1944年笑靥如花的张爱玲。她有时像一个活泼的小女孩，给胡兰成看小时她母亲从埃及带给她的两串玻璃大珠子，一串蓝色，一串紫红色，讲着儿时瑰丽的梦；有时又调皮地在房门外悄悄窥看着胡兰成，然后写道："他一人坐在沙发上，房里有金粉金沙深埋的宁静，外面风雨淋琅，漫山遍野都是今天。"①

学上当时也并无所成——因此在张爱玲面前，他是乐于自我贬抑、自叹不如的，因为他这种不落凡尘的高高的仰慕，对自己并无减损，反倒是脱胎换骨得道成仙的捷径。

张爱玲有时也感到那"金色的永生"并非天长地久，她始终觉得她不过陪他多走一段路。她希望自己在金色梦的河上划船，随时可以上岸。她曾写信给胡兰成说："我想过，你将来就只是我这里来来去去亦可以。"但胡兰成却对这种关系不甚满意，他要更进一步，要更实在的关系：

> "我不喜欢恋爱，我喜欢结婚。""我要跟你确定，"他把脸埋在她肩上说。
>
> 她不懂，不离婚怎么结婚？她不想跟他提离婚的事，而且没有钱根本办不到。同时他这话也有点刺耳，也许她也有点感觉到他所谓结婚是另一回事。
>
> 说过两遍她毫无反应，有一天之雍便道："我们的事，听其自

①胡兰成：《今生今世》，第165页，北京，中国社会科学出版社，2003。

然好不好？”

“嗳。”她有把握随时可以停止。这次他走了不会再来了。[①]

胡兰成所说张爱玲“对于结婚不结婚都可以慷慨”，不知是否能跟《小团圆》中记述的这段情节相印证。胡兰成想数美并存，左拥右抱，但张爱玲那边因此矜持退守，不能达成他所愿，他倒是不甘心的。这时张爱玲和胡兰成的婚外恋已经在上海传得沸沸扬扬，胡兰成的妻子应英娣也有所耳闻。《小团圆》中写道，有一次二人在一个画家家里偶遇，九莉不知他太太也在，拉住他赏画，嘁嘁喳喳说了很久。结果邵之雍后来当众被他太太打了一个耳光。九莉有时也觉得两人早该结束了，可是给他太太一闹就散场又太可笑。九莉和邵之雍的这段尴尬事，张爱玲和胡兰成应该也经历过吧。胡兰成在回忆录《今生今世》里，极力将他和张爱玲的爱情渲染得浪漫唯美，对这类扫颜面之事自然是绝口不提。倒是作为小说的《小团圆》，看上去纪实性强得多，而且大部分情节跟张爱玲早年的散文可以互相印证。纪实与虚构，就这样在辩证的矛盾中纠缠不休，结果空让写书人愁白了头发。

后来胡兰成还是想办法弄了一笔

1944年的炎樱。炎樱因张爱玲而结识胡兰成，成为他们共同的朋友，也是他们婚姻的见证人。

①张爱玲：《小团圆》，第154页，北京，北京十月文艺出版社，2009。

《新秋的贤妻》，张爱玲为1944年9月《杂志》月刊所画的插图。这幅图和以往几期年轻性感的时尚女郎完全不同，是一个线条简朴，穿着碎花旗袍、绣花鞋，手臂上挂着绒线的普通妻子，图边配有独白：“格个绒线，颜色倒蛮清爽。”这是秋天渐凉，贤惠的妻子在给丈夫织御寒的毛衣。自称无论如何也学不会打毛衣的张爱玲，画这样一个家常女人，初为人妇的喜悦溢于纸上；这样一个日常生活的瞬间，也许是她对“岁月静好，现世安稳”的一种理解。

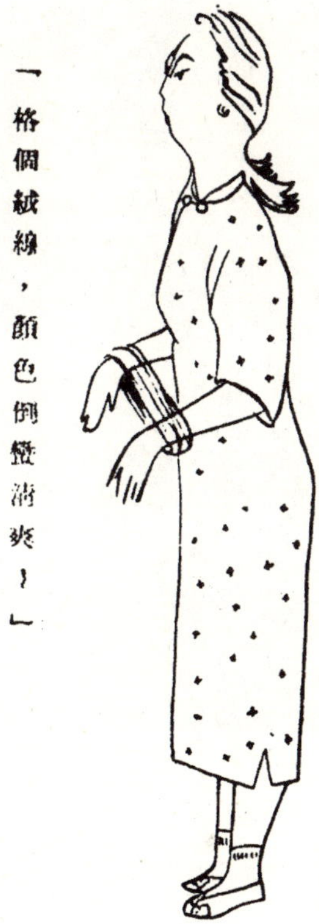

钱，在1944年夏季跟应英娣离了婚。他自己的说法是“英娣竟要与我离异”，幸好他看不到张爱玲的《小团圆》了，否则一定要汗颜。根据《小团圆》的叙述，是他自己终于弄到了钱，并且给应英娣买了一辆卡车做运输，才把应英娣打发了。1944年8月，胡兰成与张爱玲结为夫妻。这时胡兰成38岁，张爱玲24岁。胡兰成倒是愿意宣布婚讯和办酒席，但张爱玲考虑到时局变动可能会对自己不利，所以没有公开举行仪式。他们只是共同写定了一纸婚书：

胡兰成张爱玲签订终身，结为夫妇，愿使岁月静好，现世安稳。

据胡兰成说，上两句由张爱玲写，下两句是他添上去的，旁边写炎樱为媒证。这个婚约，上两句质朴严肃，交代了他们结为夫妻这个事实，“终身”、“夫妇”等字眼，是确切的婚姻与承诺；下两句才情俊逸，硬邦邦的婚书变得

舞蹈家崔承喜,载《杂志》1945年第十五卷第二期。张爱玲曾与胡兰成一起去看崔承喜的俑舞表演,回来时下雨,两个人坐一辆黄包车,放下雨篷,张爱玲虽然生得高大,又穿着雨衣,仍坚持坐在了胡兰成的身上,像任何一个热恋中爱撒娇的女孩子一样。

轻软悱恻,自有一股柔情。但是直到日后张爱玲向胡兰成要现世安稳时,胡兰成却用“世景荒芜”来回答,我们才明白,这两句,早已为日后的变数埋下伏笔。来日时局变动,现世安稳几乎不可能,谁也不知自己将来身在何方,这大红龙凤婚帖上“岁月静好,现世安稳”八个字,当然也就虚飘飘的没有了根。

婚后张爱玲还是跟姑姑住在公寓里,两人的生活方式并没有太大改变,事实上仍过着情人般的生活。战时生活困难,张爱玲靠稿费养活自己并不是很充足,更何况她还一直在攒钱,准备把母亲当初为自己花的那些学费还给母亲。胡兰成给她钱,她都坦然接受。有时还会开心地告诉姑姑,顺便留胡兰成在家吃饭——此前她因为与姑姑合住,钱方面要清楚,所以一直不能留胡兰成吃饭。她用胡兰成的钱去做了件宽大的皮袄,心中也会满足欢喜。张爱玲跟苏青说过:“用丈夫的钱,如果爱他的话,那却是一种快乐,愿意想自己是吃他的饭、穿他的衣服。那是女人的传统的权利,即使女人现在有了职业,还是舍不得放弃的。”①在张爱玲看来,再好的关系在钱方面也要两讫,对母亲、姑姑和炎樱都是如此,只有丈夫拿钱回来给妻子花不在此之列,因为这

①《苏青张爱玲对谈记》,载《杂志》第十四卷第六期,1945年3月。

精明刻薄的二房东太太。这是张爱玲为苏青的散文《女像陈列所》配的插图，发表于1944年8月10日《小天地》杂志第一期。张爱玲很有漫画天赋，图中的女人一副细瘦微驼的身材，刀削一般精刮的脸，睥睨的三角的眼，满脸鄙夷计算的神色，活脱脱就是苏青笔下那位“下巴尖得像锥子快要刺死人了”的，精刮、刻薄的二房东太太。张爱玲一向引泼辣大胆的苏青为同道，对苏青的约稿、约画也是鼎力相助，但后来终于因胡兰成而内心有了嫌隙。

不仅意味着承诺，意味着责任，也意味着真正不分彼此的深厚感情。

新婚生活是快乐而温馨的，张爱玲在自己的世界里喜不自胜，跟胡兰成有关的一点一滴也都变得有情意。有一次，她用手指抚着胡兰成的眉毛，说：“你的眉毛。”抚到眼睛，说：“你的眼睛。”抚到嘴上，说：“你的嘴。你嘴角这里的涡我喜欢。”然后温柔地叫一声“兰成”，这完全沉醉其中的爱，竟让胡兰成一时僵住不知如何回答。又一次张爱玲说：“你这个人嗄，我恨不得把你包包起，像个香袋儿，密密的针线缝缝好，放在衣箱里藏藏好。”张爱玲用的这几个叠词，真是千娇百媚中带着无限的疼惜爱恋。随即她进房里倒茶，拿着茶出来腰身一侧，喜气洋洋地看着胡兰成，眼睛里都是笑意。胡兰成不免惊艳地说：“啊，你这一下姿势真是艳！”张爱玲嗔怪道：“你是人家有好处容易你感激，但难得你满足。”[①] 张爱玲也许只是随口感叹，并无多想，但这最后一句道出了胡兰成在感情上的多情，恰是二人后来情变的一个伏笔。

有一个晚上，胡兰成去苏青家，不久张爱玲也来了。大家极力做出自然

①胡兰成：《今生今世》，第162页、第166页，北京，中国社会科学出版社，2003。

左上图，1944年12月《申报》上的话剧《倾城之恋》广告；左下图，话剧《倾城之恋》的上演特刊。这年冬天，张爱玲将她的小说《倾城之恋》改编成四幕话剧，由当时上海四大话剧导演之一的朱端钧导演，话剧明星罗兰和舒适主演，1944年12月16日在上海新光大戏院上演，连演80场，非常受欢迎。在这乱世中，一个大城市的倾覆而成全了一对有情人，也许是当时已经“山雨欲来风满楼”的上海沦陷区，普通民众唯一能攀住的一点情感寄托。

的神态说话聊天，但气氛却异常尴尬。以张爱玲和胡兰成的亲密关系，都有事要找苏青，彼此却不知道？何况苏青同时是两人的朋友，胡兰成要来，大晚上的，约了张爱玲一道岂不更好？胡兰成虽然未必喜欢苏青，可是却喜欢避开张爱玲而单独约会苏青——妻子不在场，男人说起话来毕竟方便得多。胡兰成一向说张爱玲不知道妒忌，但这一次也不得不说，张爱玲觉得委屈和妒忌了。如果《小团圆》中提到的邵之雍和文姬有染的事，在现实中确有其事，那么胡兰成、苏青和张爱玲之间的关系，恐怕要重新叙述了。以张爱玲凡事都要打电话预约才见客的西式的社交习惯，她又为什么会突然不请自来？这些谜当然永远也没有答案了。无论如何，这件事让张爱玲感觉到了威胁，也许并非来自苏青，而是来自信心的动摇……

胡兰成确实爱慕张爱玲的才华，后来在《今生今世》里更是把她当成九天神女般供奉、夸赞。但平心而论，张爱玲并不是一个温柔和善解人意的爱

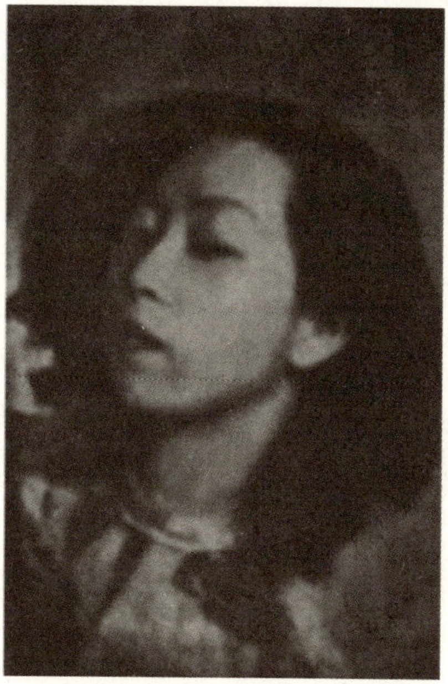

写作《传奇》时的张爱玲。她这一时期写了篇以胡兰成庶母为蓝本的散文《爱》，其中那句著名的“噢，你也在这里吗”，充满了对邂逅爱情的感恩。可是沧海桑田后我们重读这篇散文，总觉得有时候，爱情也许只不过是一种天时地利的迷信。

人。她是个相当有个性而又不肯作伪的个人主义者，胡兰成在她这里也常常有受伤的感觉。比如她在胡兰成离婚时并不安慰，反而只说“我真高兴”；胡兰成雷雨之夜从她这里回家，张爱玲只说“我真高兴我可以不用出门”；甚至后来胡兰成跟她叙述在武汉差点被炸死的经历，她也并不动容。胡兰成也曾经说过张爱玲很难找到合适的爱人，言外之意也是觉得她不好相处。也许正因为如此，张爱玲对胡兰成也有一些知遇之恩似的感激。从教会学校开始，那些时髦的富家女都有众多追求者，而爱过自己的人，懂得自己的人，却是这样的少。从胡兰成的叙述中来看，这时候她常常谈论的文学作品，是《非烟传》里因红杏出墙而被丈夫鞭打至死，也只说“生得相亲，死亦无恨”的步非烟，是白居易《长恨歌》里“宛转蛾眉马前死”也甘心情愿的杨玉环，是《会真记》里被张生始乱终弃亦只有委屈亮烈，而没有仇恨的崔莺莺，是《飞燕外传》里踏歌“赤凤来”几欲飞升的赵飞燕，这些千古流传的爱情神话，也许更能给此时的张爱玲以信心和动力。

这是真的。

有个村庄的小康之家的女孩子，生得美，有许多人来做媒，但都没有说成。那年她不过十五六岁罢，是春天的晚上，她立在后门口，手扶着桃树。她记得她穿的是一件月白的衫子。对门住的年轻人同她见过面，可是从来没有打过招呼的，他走了过来，离得不远，站定了，轻轻的说了一声："噢，你也在这里吗？"她没有说什么，他也没有再说什么，站了一会，各自走开了。

就这样就完了。

后来这女子被亲眷拐子，卖到他乡外县去做妾，又几次三番地被转卖，经过无数的惊险的风波，老了的时候她还记得从前那一回事，常常说起，在那春天的晚上，在后门口的桃树下，那年轻人。

于千万人之中遇见你所遇见的人，于千万年之中，时间的无涯的荒野里，没有早一步，也没有晚一步，刚巧赶上了，那也没有别的话可说，惟有轻轻的问一声："噢，你也在这里吗？"①

张爱玲的这篇短短的散文，写的虽然是胡兰成的庶母施春的故事，但文笔空灵惆怅，意味绵长，注入了她自己对爱的一种理解。爱，有时不是惊天动地，也不是寻死觅活，只是轻轻的一句"噢，你也在这里吗？"不过是于千千万万人中，没有早一步也没有晚一步，恰巧邂逅了你该邂逅的人；即便只换得擦肩而过，只剩下千百次的回眸相伴终生，也还是为那刹那的邂逅而对命运心存感激。因为你居然遇到了那个该遇到的人，这本身已经是命运的奇迹，人生悲凉不过如此，当霜染两鬓红颜老去，只有爱的记忆依然年轻。

此时尚沉浸在"欲仙欲死"的境界中的张爱玲，也许想表达的不过是自己于千万人千万年间遇见胡兰成的快乐与感恩， 怎奈这故事的底色太过心酸，奇迹般的邂逅也不胜凄凉，只有"你也在这里"一句带着平静的喜悦，是"来日大难、劳燕分飞"之前，最后的温暖。

---

①张爱玲：《爱》，见《张爱玲集·流言》，第67页，北京，北京十月文艺出版社，2006。

第五章

爱断情伤

第五章

爱断情伤

一、来日大难终分飞

张爱玲为《杂志》月刊(1944年10月)所绘图:听秋声,一个貌似炎樱的女子在仰头侧耳倾听季节轮换的声音。张爱玲说:"时代是仓促的,已经在破坏中,还有更大的破坏要来。有一天我们的文明,不论是升华还是浮华,都要成为过去。……从前以为都还远着呢,现在似乎并不很远了。然而现在还是清如水,明如镜的秋天,我应当是快乐的。"①显然,从张爱玲的文字中可以感受到,所谓现在的"清明如水的快乐",并不能真正掩盖大难将近的那种威胁感。

1944年10月,胡兰成开始筹办一份偏重于文艺的刊物《苦竹》。炎樱为其设计了封面,同时也在第一期(1944年11月)上发表了散文《死歌》——当然

①张爱玲:《〈传奇〉再版的话》,见《张爱玲集·倾城之恋》,第456页、第458页,北京,北京十月文艺出版社,2006。

《苦竹》第一期封面。封面是炎樱设计的，画面满是浓密的竹枝竹叶，只有一根粗壮的白色竹干作为留白，斜贯整个画面，上面印着周作人译的一首日本俳句："夏日之夜，有如苦竹，竹细节密，顷刻之间，随即天明。"整个封面设计很有匠心，不过粗壮的竹干和圆润的竹叶似乎过于饱满，也许外国姑娘炎樱并没有领悟"苦"字的文化意境。

是由张爱玲翻译的。张爱玲自己在《苦竹》第一期发表了散文《谈音乐》，更是把心爱的小说《桂花蒸 阿小悲秋》从9月份保留到12月份，同散文《自己的文章》一起，发表在《苦竹》第二期上。而在同时期张爱玲交给《杂志》的小说，不过是比较平庸的《殷宝滟送花楼会》和《等》，可见她对《苦竹》的偏爱和对胡兰成的全力支持。

《桂花蒸 阿小悲秋》在艺术上是较成熟的作品，据水晶20世纪70年代的访谈所记，已经年过半百的张爱玲提起这篇小说时还笑得如同十岁的孩童一般，偏爱之情溢于言表。①小说叙述了一个苏州娘姨丁阿小在上海给外国雇主帮佣的一天。从早上她拖着儿子一层一层爬上高高的公寓楼——当时公寓的佣人是不准乘电梯的——到深夜因暴雨无法回家与丈夫团聚，搂着儿子百顺在厨房的阳台上将就过夜，张爱玲用一种近于"实录"的细碎笔法，呈现出这个小人物琐碎的悲喜。她每天张罗儿子的吃喝拉撒，伺候雇主的衣食住行，在上海限水的时间缝隙里急急地洗衣服，替雇主做西餐招待新情人，一次次地接电话替雇主打发旧情人……忙碌中阿小也有自己的生活，中

①水晶：《蝉——夜访张爱玲》，见《替张爱玲补妆》，第19页，济南，山东画报出版社，2004。

张爱玲所绘的插图，外国人。《桂花蒸 阿小悲秋》的故事背景是上海的高级公寓,里面住着各式各样的外国人。男主人公哥儿达就是一个有着慧黠的灰色眼睛,放荡风流的外国美男子。

午跟娘姨圈子里的小姊妹一起吃饭，一起对雇主评头论足,下午跟丈夫悄悄会面,家长里短地说些闲话。另一方面,小说也埋着一条暗线,就是透过阿小的眼光所见的雇主哥儿达的生活。这个租住在上海公寓中的外国年轻人,外表光鲜英俊,白天忙着上班,晚上周旋于不同女人之间,在钱财上自私计较,有时还不如娘姨大方。

阿小对于雇主哥儿达的态度有点矛盾，她一方面鄙视雇主的小气、邋遢、放荡,但另一方面有时也会涌起一种母性的卫护,在外人面前替雇主护短。有的研究者将其解释为“地母”性,①这确是一种较为复杂的情绪,但如若以“地母”言之,不免有阐释过度之嫌。阿小的这种“护短”,更像是一种虚荣心的延伸,除了自己的雇主之外,娘姨的生活实在是无甚可攀比的,所以从某种意义上来说,对雇主的护卫也就等同于对自己的护卫。正如小说中三次提到“结婚事件”,小姐妹秀琴向阿小讲起自己的婚事,虽不如意但总是明媒正娶,聘礼齐全,这引起阿小的自卑,因为她和丈夫是无媒聘的同居关系,一直得不到家里的承认。于是阿小就故意大讲楼上公寓的新婚夫妻的富足与排场,秀琴立刻就自卑得无话可说。阿小用这种方法求得心理平衡,其实跟

①水晶:《在星群里也放光》、《天也背过脸去了》,见水晶《替张爱玲补妆》,第38-44页、第169-176页,济南,山东画报出版社,2004。

张爱玲所绘插图，夫主与奴家。从画面上看男雇主和女佣之间的关系一目了然，正是《桂花蒸 阿小悲秋》故事的图解。张爱玲写作这篇娘姨题材小说的主旨，或者可以从她的散文《童言无忌》中找到些端倪："坐在电车上，抬头看面前立着的人，尽多相貌堂堂，一表非俗的，可是鼻孔里很少是干净的，所以有这句话：'没有谁能够在他的底下人跟前充英雄。'"①别看丁阿小位置处于下风，但是雇主的一切隐秘甚至得过什么皮肤病都在她的掌握之中。

她为哥儿达护短是非常相似的心理，很难说得上是包容一切的"地母之爱"。更何况，张爱玲的小说里供奉的从来不是神性而是人性，尤其是人性中千疮百孔的一面。

1944年11月，汪精卫病死于日本，整个伪南京政府颓象已现，风雨飘摇，弥漫着大难将近的气氛。其实早在当年的夏秋之际，张爱玲和胡兰成就曾有过这种"来日大难"的预感。那日黄昏，两人在阳台眺望西天，余晖未尽而一道云隙清森遥远。胡兰成感慨时局，说起汉乐府诗："来日大难，口燥唇干，今日相乐，皆当喜欢。"张爱玲也是怃然，只说："这口燥唇干好像是你对他们说了又说，他们总还不懂，叫我真是心疼你。"然而即便如何爱恋，如何疼惜，大势所趋，两人还是越来越真切地感到"有朝一日，夫妻亦要大限来时各自飞"。胡兰成说自己必定逃得过，只是最初几年里要改姓换名，但即使隔了银河亦必有再见之日。张爱玲道："那时你变姓名，可叫张牵，又或叫张招，天涯地角有我在牵你招你。"②

同月，胡兰成到武汉接管《大楚报》，实际上是当时日本军政界考虑时局混乱，想以武汉为据点扶植傀儡政府"大楚国"的计划之一。当时武汉空袭频

①张爱玲：《童言无忌》，见《张爱玲集·流言》，第9页，北京，北京十月文艺出版社，2006。②胡兰成：《今生今世》，第162页、第167页，北京，中国社会科学出版社，2003。

1944年底的张爱玲。散文集《流言》上登载的照片，从拍摄角度看，好像是擦肩而过后的回眸，眼神里透着茫然与惶惑。这正是胡兰成离开上海去武汉接办《大楚报》之际，他随即在那里结识了新欢——女护士周训德。他很快在武汉陷入了新的温柔乡，将与张爱玲的婚盟抛诸脑后。

繁，到处都是“黄沙盖脸，尸骨不全”的景象。胡兰成的住处和办公地点都被安排在汉阳县立医院——也许医院在轰炸连连的城市中是相对安全的。张爱玲曾在《烬余录》中写太平洋战争爆发后的香港，人们生命朝不保夕，陷入无边的空虚与恐怖，急于攀住一点实在的东西，于是忙着恋爱结婚。不知是不是出于这种心理，刚到武汉不久，胡兰成就攀住了一个年轻的女护士周训德。这个当时只有17岁的实习护士，并无过人之处，不过年轻活泼，在一大堆土里土气的女护士中还算是最耐看的。胡兰成这样的多情才子，也许天生对女性有强大的杀伤力，加之在年少的小周眼中，胡又是有头有脸的“大人物”，自然很容易令小周陷入情网之中。

1945年3月，胡兰成暂时回到上海，炫耀似的讲起小周的事，张爱玲面露忧戚，终于没说什么，只说有一外国人向姑姑提起，希望跟自己发生男女关系，每月可以补贴点小钱。张爱玲的答话，是一个极度自尊的妻子，对花心的丈夫平静而骄傲的反击。不料胡兰成不但不觉悟，还只说张爱玲糊涂得不知道妒忌。

关于张爱玲知不知道妒忌的问题，胡兰成始终是一副装痴卖傻的态度，

詩和世交談。不久潘柳黛女士穿孔雀藍衣裳的肥碩的身子在門口出現，她比婚[illegible]的。來得最遲的是張愛玲小姐，她的衣服更充滿了古典味的彩色感，於是，又成了色彩的總匯，張小姐來時，會已開始了。

崔承喜：前年來滬，承蒙魯風先生幫助，並在此地舉行過一次座談會，這次又能與諸君及女作家們相聚，實在很愉快。

剛才和王淵小姐談了許多話，她說她看了我的舞以後，很受刺激，所以也專門研究中國舞蹈了。這是很好的。我希望能將東方舞蹈藝術發揚光大，所以在北平設立了研究所，我不敢希望成為東方藝術的指導者，但希望能成為東方各民族舞藝的橋樑，使中日舞藝交融而成東方特有的舞藝。俄國芭蕾，德國芭蕾可代表歐洲文化，而在東方，中國雖有中國形式的舞，日本有日本的土風舞，朝鮮有朝鮮的舞，但還沒有一種能代表東方整個的舞蹈，所以我希望能研究出一種代表性的舞蹈。這次來滬，實在是為了酬答上海人士對我的好感，現在上海有王淵小姐這種熱心於東方舞蹈的同道，眞使人歡愉，我希望王小姐發表一點如何創造新的東方舞蹈的意見。

王淵：我沒有資格談舞蹈，我不過愛好者。我現在正從中國京戲和崑曲中尋找，並向各前輩請教。我希望向崔女士學習，可惜在上海她還沒有設學校，所以祇有將來到北平研究所去研究了。

崔承喜：歡喜舞蹈的人很多，但學習舞蹈的人，必須抱着熱烈底信念，才能創造出一種新的舞蹈，王淵小姐既是一個習舞者，又有如此熱烈底愛好，我相信對於創造新東方舞蹈，眞是我最好的伴侶。同時我以為要創造新的東方舞蹈，還必須研究西方歐洲舞蹈的基本訓練，因為它們是科學的，有理論的，而中國則沒有理論，大都師承相傳，像王淵小姐這樣既有西洋芭蕾基礎，自然再好沒有了。

魯風：我們可以提出東方藝術自覺的口號。

崔承喜：和梅蘭芳先生談到傳統問題時，不論日本「能樂」也好，中國京戲也好，崑曲也好，都是從前傳下來的，由天才而創造。但他們已過去了。時代是進步的，我們有我們的文化環境，背景、思想、氣氛，所以我們必須創造出我們這一時期的文化。如果專門模仿古代的或西洋的都不好，必須採取二者之所長，創造出我們自己的東西來，在文學上如此，在藝術上也如此。我還

●張愛玲，王淵，崔承喜，潘柳黛（自左起）

1945年4月，舞蹈家崔承喜与张爱玲等女作家的座谈会合影(载《杂志》1945年第十五卷第二期)，右一为张爱玲。这期间胡兰成回沪，虽然为小周的事张爱玲很是忧戚，但她没有更多地表现出来，而是和胡兰成一同度过了最后一段现世安稳的日子。

好像张爱玲也跟他一样，把他的左拥右抱当乐趣。很多人对胡兰成这一叙述都颇为怀疑，可是因为他的《今生今世》是“海内孤本”，所以也无处反驳。现在对照张爱玲的《小团圆》，终于可以看出些端倪。里面对这一问题提到很多次。一次是说九莉之所以对邵之雍的很多行为都原谅，甚至对他跟文姬(××杂志的主编)有染一事也不妒忌，是因为总觉得那是他刚出狱时的一种反常心理——一条命是捡来的。另一次是说九莉不妒忌绯雯(邵之雍前妻)，因为她不妒忌已经过去或将要过去的事；又有一次说她一直以为邵之雍跟小康小姐(武汉医院的看护)和辛巧玉(温州乡下的伴侣)没有发生关系，只是止于欣赏。再有一次说：“他是这么个人，有什么办法？如果真爱一个人，能砍掉他一个枝干？”还有一次说邵之雍不停地在她面前讲小康小姐，九莉心道：“你如果还想保留他，就必须听他讲，无论听了多痛苦。”但是一面微笑着听着，一面心里乱刀砍出来，砍得人影子都没有了。这些虽然是小说的叙述，但也可以反映出张爱玲对风流成性的胡兰成的基本态度。

她最初在热恋中，充满了天真的自信，相信在胡兰成心目中，别的女人是没法和自己的分量相提并论的。因此，她并不担心谁会取代自己成为这场

武汉市内的抗日宣传。

爱情的主角，只把他的风流，当作他的小情小趣、情感寄托或是释放心理压力的一种途径。当她已经逐渐看清胡兰成的风流本性时，用情已深，不能像最初那样随便抽身了，只好隐忍并想办法从中补救。她表面上不发作，心里却是气得地动山摇一般。

张爱玲以最大限度的温存与容忍爱着胡兰成。但小聚月余，胡兰成还是急急回了武汉，他对张爱玲已淡了缠绵，只满怀期待地盼望着与小周重逢。虽然所有女人中，只有张爱玲才真的与胡兰成才情相若，有更多共同语言，但有时候爱情要的是新鲜，要的是神秘，只有还没完全得到的东西才最可贵。此时，倔强的小周总为母亲做妾而耿耿于怀，一直硬着口气不肯也做妾，甚至连一个爱字也不肯对胡兰成说，恐怕胡兰成此时又急着对小周说“我要跟你确定"了吧。因此,他在爱的天平上迅速向小周倾斜也是意料之中。

1945年8月,日本战败,胡兰成大限终至。他原本还想自立武汉军政府,宣布武汉独立,同时对抗蒋介石和毛泽东,但只不过13天这场闹剧就结束了。此时的胡兰成众叛亲离,顾不得佳人垂泪,只有依靠日本人残存的势力,匆匆化装成日本伤兵,独自踏上了漫长的逃亡之路。

二、天地为炉兮造化为工

张爱玲和李香兰合影。1945年7月下旬,时局眼看反转,张爱玲还不知避嫌,参加《杂志》社举行的秋季纳凉会,跟日本影星李香兰等同席聚会。

时局翻转,一时风声鹤唳,草木皆兵。胡兰成匆匆逃离武汉,周训德在武汉被捕,张爱玲在上海处境也变得颇为尴尬。虽然她一向不以政治为意,但"政治"还是不由分说地找上门来。过去她在沦陷区的迅速蹿红,以及她跟日伪背景的《天地》、《杂志》、《古今》等刊物千丝万缕的关系,都成为她受人指摘之处。但更多的指责,还是源于她跟胡兰成的夫妻关系,这令她承受了巨大的舆论压力,在一年多的时间里创作

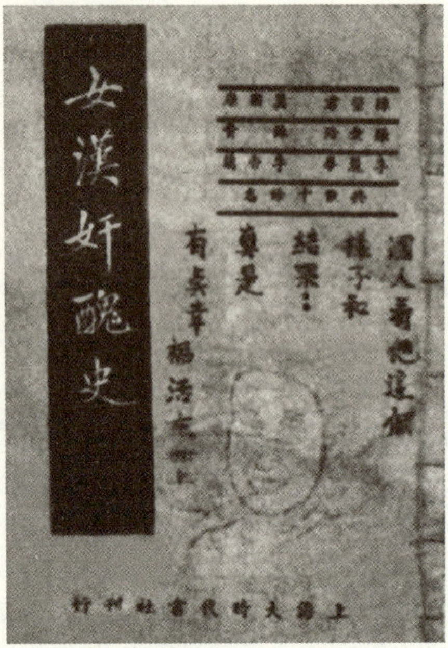

《女汉奸丑史》书影。抗战胜利后，有人写作名为《女汉奸丑史》的书，将张爱玲、苏青这两位作家，与汪精卫的妻子陈璧君，特务头子吴四宝的妻子佘爱珍，日本影星李香兰等并列称之为女汉奸，尤其指责张爱玲“愿为汉奸妾”的“无耻”。虽然我们今天看来，将如此淡漠政治的张爱玲，和直接参与汪伪政府工作的陈璧君等人画等号是相当可笑的，但人言可畏之处，有时恰恰就在于不由分说地自以为是正义。

几乎全部停顿。

即便在这样巨大的压力下，张爱玲也并没有放弃这份感情。根据《小团圆》的叙述，邵之雍逃回上海，暂时寄住在日本朋友家里，九莉每天小心谨慎地坐电车去看他。与此同时，邵之雍也不忘顺手牵羊，跟寄住其家的日本朋友的妻子偷情。九莉提出和邵之雍一起逃亡，甚至想偷渡到英国去，这种不切实际的想法当然被邵之雍拒绝。后来邵之雍终于独自上路。胡兰成在《今生今世》里对于自己出逃之前在上海的这段日子，叙述模糊，只说自己对张爱玲态度蛮横，连自己都觉得很是愧疚，不知是否跟《小团圆》中这段“一起出逃”的叙述有关。

胡兰成最初是逃到诸暨已故的同学斯颂德家躲避。他18年前曾借住斯家，因为有妻子仍追求斯家女儿雅珊而被礼送出门。这次重回斯家，早已物是人非，恍如隔世。这一次，由已故斯家老爷的寡妾范秀美陪着他，到范秀美娘家温州乡下暂避。对于当年未得施展功夫追到斯家小姐，胡兰成一直耿

上图，温州窦妇桥一带；右图，温州中学旧址。胡兰成与斯家小娘范秀美一起，避居在当时温州窦妇桥范的娘家，此时他化名张嘉仪，后来还在温州中学谋到了教职。见过他们的居民后来回忆说："他长得并不高，他的女人算得好看的。我那个时候还小，不过记得很清楚的。"[①] 当时他们二人夫唱妇随，颇有举案齐眉的融洽，倒显得千里迢迢来看他的张爱玲疙里疙瘩地不合时宜。

耿于怀；如今终于成功拐了大自己两岁、风韵犹存的斯家寡妾——不知对胡兰成来说，这算不算报了当年的"一箭之仇"——未到温州，两人已结秦晋，

①淳子：《张爱玲城市地图》，第105页，北京，人民文学出版社，2006。

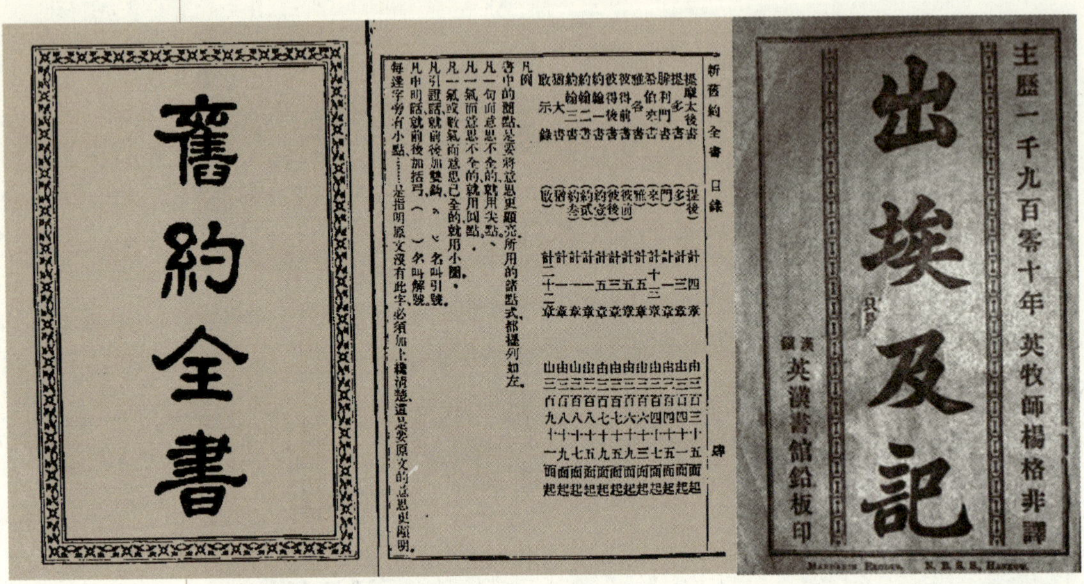

1910年和1939年的《圣经》版本。胡兰成一路逃亡到温州，随身只带了一本《圣经》和一本《清嘉录》。张爱玲来看他，两人就常在旅馆里一起读《圣经》。有时并枕躺在床上说话，脸凑脸四目相对，张爱玲满眼笑意，面庞像大朵牡丹花开得满满的，两人沉浸在短暂的快乐里，仿佛又回到了过去“神仙眷侣”的日子。

既到温州，更是夫唱妇随，安然地过起日子来。

1946年2月，张爱玲从斯家兄弟处得知胡兰成的住处，一路过诸暨，走丽水，辗转到温州，千里寻夫终于找到了胡兰成。胡兰成后来回忆说，自己当时的反应是“一惊，心里即刻不喜，甚至没有感激”。因此粗声粗气斥责：“你来做什么？还不快回去！”倒是张爱玲满心的温柔缠绵：“我从诸暨丽水来，路上想着这里是你走过的。及在船上望得见温州城了，想你就在着那里，这温州城就像含有宝珠在放光。”[1] 对此，《小团圆》中的相关情节可以补充一些信息。张爱玲这次来，实际上是听到斯家兄弟说起，胡兰成想念小周的时候远

①胡兰成：《今生今世》，第239页、第243页，北京，中国社会科学出版社，2003。

《流言》插图之一。张爱玲擅于画人物漫画，她的眼光颇具穿透力，落笔更有独到的艺术表现力，所以她笔下的人物漫画往往线条简单，但脸部表情活灵活现。她称赞范秀美美丽，也曾为范秀美画像，却恍惚间发现胡兰成和范秀美有夫妻脸相，于是没有画完。

阔人对穷人

杂种人对中国人

外国人对中国人

比想念自己的时候多，觉得一刻也不能再忍，必须要来温州一趟，当面要胡兰成做出选择。而胡兰成的不快，除了草木皆兵，害怕妻子给自己带来危险和自己已经与范秀美结秦晋之好这两个原因之外，还因为张爱玲穿着臃肿的蓝布棉袍，晒塌了皮的红红的鼻子，使他在范秀美面前丢脸。想必此前胡兰成一定在范秀美面前将小周和张爱玲都奉为仙人，如此的落差一定够范秀美将胡兰成好好嘲笑一番了。

张爱玲在附近的一家旅馆住下。因为怕有警察查夜，所以胡兰成总是白天来陪她，晚上回到与范秀美的家。两人一起读《圣经》，谈美国电影和外国小说，或者逛逛木器店、和尚庙。张爱玲艺术上的悟性和才华又一次给二人带来短暂的快乐，仿佛又回到两年前相谈甚欢、相知甚深的那段日子。

然而，人终究不能两次踏入同一条河，再好的感情，缠绕上另外两个女人，再隔了两年世事变迁的沧桑路望回去，也不免变了味道。虽然胡兰成对张爱玲刻意隐瞒了他与范秀美的真实关系，但一个眼神，一个动作，一个细节，一句对话，都足以泄露他内心的隐秘。一日清晨在旅馆里，胡兰成和张爱玲说话时隐隐觉得腹痛，却自己忍着不说，后来范秀美也来了，胡兰成就像见了亲人一般立刻向其诉说身上的不舒服。范秀美坐在旁边，问长问短，又说要泡茶给他喝。二人卿卿我我，张爱玲倒成了多余的局外人。此等尴尬张爱玲如何会不觉得，原来胡兰成对她不过如同宾客，亲热里早有了生分，范秀美倒分明是他的亲人，可以随便抱怨诉苦。

在《今生今世》和《小团圆》里都提到了张爱玲为范秀美画像的情节。在小说里九莉为了避免尴尬矫枉过正地极力敷衍，实在找不到话说，才提出给辛巧玉画像，而辛巧玉始终不开口。后来只画了眼睛，觉得像邵之雍，便画不下去了，三人还是尴尬收场。胡兰成笔下的情节差不多，味道却大不相同。读来只觉是胡兰成左拥右抱的美梦，“都是好人的世界，自然会有一种糊涂”之类的话。其实对于他和范秀美的事，张爱玲只不过下意识地拒绝正视这局面，情愿装糊涂罢了。如她在散文《打人》中说的，“我不愿意看见什么，就有本事看不见”。这次画像，突然悲从中来，不过是装糊涂装得伤心了而已。

张爱玲虽然为范秀美的事难过，不过终于没有深究。一来胡兰成并未向自己承认这件事，可见他并没有和范秀美终身相伴的意思，如今很可能只是权宜之计；二来范秀美搭救胡兰成于危难之际，也算是有恩于他们夫妻，她心存感激也不好追究。相比之下，倒是周训德的事，原本就是张爱玲此次前来的目的，她要胡兰成在小周与她之间做一个选择。胡兰成不肯，说道：“我待你，天上地上，无有得比较，若选择，不但于你是委屈，亦对不起小周。人世迢迢如岁月，但是无嫌猜，安不上取拾的话。”张爱玲说：“……你与我结婚时，婚帖上写现世安稳，你不给我安稳？”胡兰成却推说世景荒荒，其实自己与小周有没有再见之日都不可知，不问也罢了。

胡兰成曾自叹，说小周又不在，将来世事难料，自己随口答应一声，岂不也罢了？可他随后即道，君子之交，死生不贰，焉可如此轻薄。

古有诗云：“上山采蘼芜，下山逢故夫。长跪问故夫，新人复何如？新人虽言好，未若故人姝。”这个故夫最后给前妻的回答是：“将缣来比素，新人不如故。”虽然我们知道织缣与织素的速度不一样，二者没有可比性，所以这不过是故夫对前妻带着善意的安慰，一对缘分已尽却余情未绝的故人之间的牵念。相比之下，胡兰成却是宁可刺伤眼前的张爱玲，也不肯让远在武汉的小周受一点委屈，终于连一个善意的谎言也不肯说出口。所以他的不肯选择，其实也等于做了选择，这正是张爱玲最伤心的地方。

张爱玲走在蜿蜒寂寥的窄巷中，瑟瑟的冬日里只有无边的寒冷，终于叹了一口气："你是到底不肯。我想过，我倘使不得不离开你，亦不致寻短见，亦不能再爱别人，我将只是萎谢了。"张爱玲当初不在乎胡兰成有妻室，那是因为相信自己虽不是第一个，但一定是最后一个，也许每个女人都愿意天真地相信自己是他唯一的"最爱"，可是在胡兰成看来，最多每个女人都只能算是春兰秋菊，各有各好。如今张爱玲既然明白了这一点，再听他所谓二美皆好、"无有得比较"的话，也就知道这表面的赞美，实际不过一寸一寸碾碎了自己心中"最爱"的迷梦，怎能不声声入耳成伤。

她想不到分别一年，现世安稳的话已成泡影。后来在《十八春》中，张爱玲写曼桢简直不敢相信：还不到一年，世钧就和别人结婚了吗？一时间只觉得天地变色，已经换了一个陌生的世界。张爱玲现下的感觉也正如此吧。"且夫天

当年胡兰成住过的柴房。回上海的前一晚，张爱玲第一次来到这里。胡兰成一直不愿意她来，一是难以向邻里解释，二是他和范秀美共同生活的痕迹，必定变得毫无遮掩，两件事都很尴尬。最后为了顾及范秀美的体面，张爱玲以胡兰成妹妹的身份而来。她如此委屈仍坚持要来，或许因为把至亲交托在这个地方，总要亲自来看最后一眼。日后念起，那乌窗白墙、方桌条凳、木床纱帐都历历在目，想着胡兰成正生活在其中，一如就在眼前。这晚她看看房间，看看胡兰成与范秀美，直到夜深，还恋恋不舍。

地为炉兮，造化为工；阴阳为炭兮，万物为铜。”人生于世，爱至成伤，终将萎谢，如果没经历过，其中滋味也许很难体会。

张爱玲在温州住了20天，终于在胡兰成的反复催促下登上返程的客船。这是一个凄神寒骨的冬日，细雨如织如缕，正如张爱玲黯淡的神情，萎谢的心。数日后，她从上海寄信给胡兰成写道：“那天船将开时，你回岸上去了，我一人雨中撑伞在船舷边，对着滔滔黄浪，伫立涕泣久之。”①想着来时路上的企盼与希望，怎能不喟叹回去的路如此漫长而虚妄，每每想起总让人心疼不已。

1946年11月，《传奇》(增订本)由上海山河图书公司出版，沉寂了一年多的张爱玲，试着由旧作修订入手，重返文坛。她对这次增订本的出版非常在意，不但特意请了上海著名金石学家题写书名，而且每页都亲自校对，还一本一本在版权页上盖了自己的印章防伪。自时局变化以来，《天地》、《杂志》等刊物相继停刊，张爱玲计划写作的长篇小说《描金凤》也胎死腹中，各种期刊都不敢刊登受到舆论指责的作家们的作品，甚至前不久的十

《传奇》增订本封面。“封面是请炎樱设计的。借用了晚清的一张时装仕女图，画着个女人幽幽地在那里弄骨牌，旁边坐着奶妈，抱着孩子，仿佛是晚饭后家常的一幕。可是栏杆外，很突兀地，有个比例不对的人形，像鬼魂出现似的，那是现代人，非常好奇地孜孜往里窥视。如果这画面有使人感到不安的地方，那也正是我希望造成的气氛。”②

①胡兰成：《今生今世》，第247页，北京，中国社会科学出版社，2003。②张爱玲：《有几句话同读者说》，见《张爱玲集·流言》，第460页，北京，北京十月文艺出版社，2006。

月份，柯灵在他主编的《文汇报》副刊发了一篇小文推荐张爱玲即将出版的《传奇》(增订本)，事后也承受了很大压力。经济上的压力，舆论上的责难，感情上的伤痛，可以想见此时张爱玲如何度日如年。这一次试探性地复出，她在前言中不失高贵矜持地做了辩白：

> 我自己从来没想到需要辩白，但最近一年来常常被人议论到，似乎被列为文化汉奸之一，自己也弄得莫名其妙。我所写的文章从来没有涉及政治，也没有拿过任何津贴。想想看我唯一的嫌疑要末就是所谓"大东亚文学者大会"第三届曾经叫我参加，报上登出的名单内有我；虽然我写了辞函去，(那封信我还记得，因为很短，仅只是："承聘为第三届大东亚文学者大会代表，谨辞。张爱玲谨上。")报上仍旧没有把名字去掉。①

张爱玲简短地说明了她并未出任大东亚文学者大会代表的事实，接下来直言自己并没有就私生活问题向公众解释的义务，而且私人生活也并不能作为是否有汉奸嫌疑的根据。这是张爱玲仅有的一次对于"文化汉奸"之说的反驳，没有激烈委屈的抗议，仍是尽可能地保持一份平静默然的贵族气。

张爱玲的母亲1946年底从南洋返回上海。张爱玲和姑姑、弟弟以及表哥们一起去码头接船，见到母亲消瘦而憔悴，张爱玲虽没有说什么，但眼圈红了。母亲的男友死于新加坡的战火，她在异国的生活显然充满了艰辛。关于母亲的回国，张子静的《我的姊姊张爱玲》中有一些记载，《小团圆》中有更细致的补充。按照《小团圆》中的说法，母亲(二婶)回到上海后，九莉心心念念了很久的一个心愿终于要完成了——把学费还给母亲。不料她的母亲为此

①张爱玲：《有几句话同读者说》，见《张爱玲集·倾城之恋》，第459页，北京，北京十月文艺出版社，2006。

1946年8月的张爱玲。张爱玲回上海后，有时想起胡兰成落魄地寄人篱下，每天粗茶淡饭难以下咽，想到自己却从未问过他钱的事(关于这个问题，《今生今世》和《小团圆》的说法不同，后面会有分析)，经常也难过得吃不下饭。其实她自己受累于时世，一年多不能发表作品，也根本没有经济来源。

非常伤心，以为九莉还她钱，是为了此后断绝母女关系。母亲伤心落泪，坚持不收。九莉只得作罢，她觉得也许母亲不收是想保存仅剩的一点母女之情。然而九莉还是决然地想，母亲不收也只能如此，再没有别的感情了。这是小说家的渲染，还是真实的人生，读者可以自己判断，不过九莉的母亲因此伤心决定再次出国，倒是基本对应了张子静的叙述——母亲拒绝了张子静请她留下共同生活的请求，于1948年去往欧洲，最终客死异乡。

1946年底，因为温州户口排查，胡兰成辗转躲避。躲过风头之后，取道上海回温州，因为去温州的船要第二日开，于是到张爱玲处住了一晚。这短暂的一日之聚，胡兰成仍只觉张爱玲诸般地不顺眼。终于责备起来，说她不会招待亲友，斯家兄弟大老远地送自己过来，张爱玲却连饭也不留人吃。其实胡兰成此前对张爱玲已有诸多不满，他从前避居诸暨县城斯家时，张爱玲曾跟他同住几日，其间在生活习惯上的一些琐事，如用面盆也来洗脚等等，让斯家说起，颇令胡兰成觉得丢面子。张爱玲本来生活细节上就磕磕碰碰，又不习惯这种亲戚之间的寒暄客套，以前胡兰成对此都是颇为包涵，如今却是抱怨连连，张爱玲一时间下不了台，于是激动地回敬道："我是招待不来客人的，你本来也原谅，但我亦不以为有哪桩事是错了。"

吃完晚饭，话题又转到了周训德的身上。《小团圆》里讲邵之雍终于承认了和小康小姐发生关系。接着还给九莉看了小康小姐的照片，显然一直随身珍藏，又生怕九莉会妒忌地撕碎，拿回后立刻揣回怀里。不过胡兰成的《今生今世》里只提到他坦白了和范秀美的关系，并向张爱玲追问起《武汉记》——里面到处都写着小周，张爱玲直言看不下去。胡兰成不禁打了她的手背一下，张爱玲骇怒地"啊"了一声，两人都觉尴尬，不欢而散。

胡兰成后来解释说，他的这一打，原是一半儿假装生气，一半儿不知所措的顽皮，而被张爱玲这一叫，才觉得真是惊动了人天。以胡兰成的年纪和经验，不可能感觉不到张爱玲的不喜，张爱玲让他在自己和小周之间做选择的事早在此之前，所谓的没想到张爱玲会因为小周的事嫉妒生气简直是无稽之谈。只能说这次重逢，他心中根本没有喜悦，胸中倒是一口别扭之气盘桓着不散。因为他和张爱玲在一起不复是从前的仙

《流言》插图中的大家闺秀，神色说不出的忧戚。1946年底的这次重逢，是两人在日常生活中的矛盾隔阂的第一次爆发。从前在上海，他们过的是才子佳人的生活，张爱玲生活中的种种笨拙，也只被当作充满佳话色彩的天才的乖僻；如今大难已至，胡兰成隐姓埋名四处逃亡，淡了"红袖添香夜读书"的情趣，神仙眷侣变做村野夫妇，张爱玲没了豪门闺秀的光环，生活能力上的欠缺在胡兰成眼中就变得非常刺目。于是从前隐而不发的矛盾，现在浮出水面，给已经是千疮百孔的感情，点燃了最后的导火线。

境——用他自己的话来说:“在这样不适当的环境里见了面，一时没有了适当的感情。”因此,他对张爱玲的诸多抱怨,以及后来用自己的风流韵事做武器对张爱玲的不断挑衅,无非都是心理不正常的表现,一方面为了发泄心中的怨气，同时也想在张爱玲面前找回一点自尊。他后来说自己终于明白了“刘邦何以开口就骂人,不然即是狎侮人,因为他一时喜怒不知所措”,也正是他自己复杂心情的写照。

这次见面,张爱玲也已经与从前不同。刚从温州回来时,她肝肠寸断,食不下咽。《小团圆》中写九莉停经几个月,靠喝西柚汁度日,直到有一天在橱窗里看见一个苍老的瘦女人大骇一跳,简直认不出自己。这些恐怕都是张爱玲自己的真实经历。不过后来,这种痛渐渐钝了淡了,她的生命中又出现了另一个人,一个如同初恋般的情人。所以再见胡兰成,张爱玲心中也有了时过境迁之感。

当晚两人分房而睡。天亮前,胡兰成来到隔壁张爱玲睡的房间里,张爱玲突然从被子里伸手抱住了胡兰成,只叫了一声“兰成!”再也说不出别的话来。也许这一刻,过去的一切又如长城一般在张爱玲心中延绵起伏,可是即便如此,也抵不住时过境迁,一切已经明明白白看到了尽头。两人缘尽于此,唯这一句发自五内的“兰成!”迸出满腔愁怨和满心的不忍不舍。终是草草收场,到了晌午胡兰成就上船去了温州。

这是夫妻最后一次见面。之后虽仍不时通信,但已逐渐话不投机。胡兰成仍喜欢在信中说些自己的风流韵事，张爱玲只淡然回信说:“我觉得要渐渐地不认识你了。”此时的张爱玲,对胡兰成已经彻底失望,看着他沾沾自喜地说些风流韵事,再也激不起什么感情了,只剩下情书错投的荒诞感。正如从前她曾在散文中所写的:“无条件的爱是可钦佩的——唯一的危险就是:迟早理想要撞着了现实,每每使他们倒抽一口凉气,把心渐渐冷了。”[①]

①张爱玲:《洋人看京戏及其他》,见《张爱玲集·流言》,第90页,北京,北京十月文艺出版社,2006。

三、人生若只如初见

1947年6月，抓捕汉奸的风浪已经稍过，张爱玲接到胡兰成的信，在隐语中看出他似乎谋到新的出路，知道他已经脱险，于是写了诀别的信：

> 我已经不喜欢你了。你是早已不喜欢我了的。这次的决心，我是经过一年半的长时间考虑的，彼时惟以小吉（小吉，即小劫的隐语——引者注）故，不欲增加你的困难。你不要来寻我，即或写信来，我亦是不看的了。①

林青霞和秦汉演绎的这场乱世情。从初见时的惊艳，到乱世中的缘尽而散，台湾女作家三毛在电影《滚滚红尘》中对张胡恋做出了自己的阐释。然而如果不是遭逢乱世，这份初见的惊艳便能历久弥新吗？恐怕再回首，仍是灯火阑珊。

胡兰成在《今生今世》里说张爱玲同信还附了三十万元，是她此时写的电影剧本《不了情》与《太太万岁》所赚的编剧费。关于钱的问题，《小团圆》与《今生今世》中的叙述大相径庭。胡兰成不止一次提到张爱玲寄钱给他："我出亡至今将近两年，都是她寄钱来，现在最后一次她还如此。"但是张爱玲的《小团圆》却说九莉一直没有给过邵之雍钱，即便在温州邵之雍指桑骂

①胡兰成：《今生今世》，第274页，北京，中国社会科学出版社，2003。

上图，电影《太太万岁》剧照；下图，电影《不了情》剧照。张爱玲写诀别信的时候，刚刚在文坛复出，但已无奈转向通俗小说刊物和大众电影编剧方面。此时，她编剧的电影《不了情》已经上映，《太太万岁》正在拍摄。据胡兰成说，她将全部编剧费寄给了胡兰成，挥刀斩断了他们悬而未决一年多的“不了情”。

槐地说“良心坏，写东西也会变坏的”，九莉知道是说她一毛不拔，也只当是听不出来。回上海后，九莉虽也时时惦记之雍生活清苦，但仍然想把攒的钱还给母亲，所以也没给之雍钱。直到母亲坚决不要，才把自己攒的所有积蓄给了之雍，后来又寄给他一次编剧费，算是还他从前给自己的那些钱，也算了断这份孽缘。

虽然两种不同的叙述都说明张爱玲曾经给过胡兰成钱，但是情形却很不同。《小团圆》中的九莉是从前拿了很多邵之雍的钱，后来为了不在钱财上欠邵之雍的，为了了断而还钱，在此之前并未给过一分，邵之雍还因此指桑骂槐十分不快。而《今生今世》里叙述的，好像从前爱玲跟自己从不提钱的事，自己也没给过爱玲几个钱，给也不过是做件衣服的钱；但是自己落难后，张爱玲却是主动关爱，情意拳拳，问长问短，不断寄钱。假如《小团圆》的叙述更接近事实，那么胡兰成也许是觉得唯这样的叙述，更显出自己只记得爱玲的好，爱玲的情，一如他一贯将爱情伪饰得浪漫唯美的习惯。偏偏张爱玲并不承这份情，在《小团圆》里反复提并没给钱，后面给也只是为了还钱，两不相欠，并不稀罕胡兰成在《今生今世》里这“为尊者讳”的做作。

胡兰成收到绝交信，当然知道以张爱玲亮烈难犯的性格，这样的决绝就不会再有转机。也许这份感情自有裂痕起拖到如今，他心中早隐隐地有预感，只是一直以来自欺欺人不愿承认罢了。两人同读《会真记》，也不过是两三年前的事，那时张爱玲赞美崔莺莺的柔艳刚强，终于不肯再见张生，并附上诀别信：“弃置今何道，当时且自亲。还将旧时意，怜取眼前人。”如今沧海桑田竟是预言成真。对胡兰成来说，张爱玲永远是仙女一样的人物，只有自己入了仙境才好与之相悦相知。但自逃亡以来，天涯海角，重返“仙境”终是遥遥无期，更何况自己现在的生活除了读书写作，还有房前屋后，篱笆菜地，田埂牛粪之类，张爱玲几次和自己重逢，都只像仙女被贬落凡尘，木讷笨拙，抬手动脚都显得诸多不宜，曾经的“仙境”早已变了味道。

过几日他试着写了一封信给炎樱，信中称“爱玲是美貌佳人红灯坐，而你如映在她窗纸上的梅花，我今惟托梅花以陈辞。”中国字炎樱识不了几个，他当然还是希望张爱玲能够看到，此信写得文白夹杂，才情并茂，可惜物是人非，张爱玲看到也不会回

炎樱。接到张爱玲的绝交信后，胡兰成说为敷衍世情，不异于众人，曾写信给炎樱代为陈辞，但再无回音。炎樱见证了他们爱情的欢悦飞扬，也见证了他们婚姻的恩断情绝。

头了。去信石沉大海，再无回音，胡兰成也就作罢。

很多年以后，胡兰成回忆他和张爱玲的缘尽时说：

爱玲是我的不是我的，也都一样，有她在世上就好。我仍端然写我的文章，写到《山河岁月》里的有些地方，似乎此刻就可以给爱玲看，得她夸赞我。有时写了一会，出去街上买块蛋糕回来，因为每见爱玲吃点心，所以现在我也买来吃，而我对于洋点心本来是不怎么惯的，爱玲还喜欢用大玻璃杯喝红茶。①

胡兰成的回忆录中，很多自我标榜的夸饰，很多文人才子的想象，也很多自我解嘲的戏谑，一向真假参半。不过上面这段文字笔致平淡，点点滴滴，营造出天涯海角玉人犹在的意境，伤感和思念是深埋在文字下面的。相信胡兰成的怀念是真的。很多时候，当你正在迎接新的生活，接触新的恋人时，已经得到的爱就变得不值钱了。她的缺点被架上放大镜，变得格外突兀刺眼；她的哭泣与催逼也令人厌倦，直至摆脱她，难过中都带着一丝轻松，因为看见新生活在百媚嫣然地向你招手。但是终有一天“新生活”也会陈旧平淡起来，一生中真正挥之不去的记忆才会水漫金山般一寸一寸淹上来，哪怕只是

20世纪40年代的张爱玲。胡兰成心目中的张爱玲，永远定格在了40年代。新中国成立前夕，他路过上海曾忍不住再次去找张爱玲，不过来应门的是个陌生女人，张爱玲早已搬走，永远与他擦肩而过了。二人注定是只能做金童玉女，似流星划过银河般的刹那的艳异，而不能做平凡夫妻，柴米油盐酱醋茶的长久的琐碎。

①胡兰成：《今生今世》，第276页，北京，中国社会科学出版社，2003。

买点心吃、用大玻璃杯喝红茶这样的生活细节。《小团圆》中三姑曾经对九莉说邵之雍:“衔着是块骨头,丢了是块肉……当然这也是他的好处,将来他对你也是一样。”三姑的话倒有些道破天机、一语成谶的意味。

胡兰成一生四处留情,但张爱玲是唯一能在才情上与他棋逢对手、相知相惜的爱人。因此,当胡兰成的生活越来越平静下来,恢复所谓的文人生活的时候,张爱玲在他的记忆中,就不再是那个不会招待客人,用洗脸盆也洗脚的笨拙妇人,而又是“比印度诸天菩萨还好”的神女了。张爱玲最终成为他今世今生的那个“大福橘”:

> 记得十一二岁时我在娘舅家,傍晚父亲从三界镇弯过来看我,带有金橘,分给娘舅家的小孩,惟我无份……及后跟父亲上楼,他却取出一只红艳艳的大福橘,原来的专然留给我的。这可拿来比方我待爱玲。①

当初张爱玲要他在自己和小周之间做选择,他坚持不肯。但是多年以后的回忆录中,他写下这段话,感觉不再是当年的推托,而是意在明言张爱玲是他一生中最爱的女人,算是给

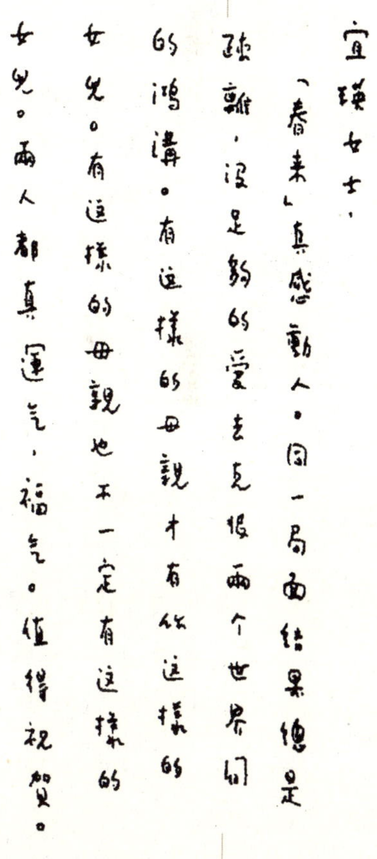
宜瑛女士，
「春来」真感动人。同一局面结果总是疏离，没足够的爱去克服两个世界间的鸿沟。有这样的母亲才有你这样的女儿。有这样的母亲也不一定有这样的女儿。两人都真运气，福气。值得祝贺。
张爱玲

张爱玲手迹(这是她写给姚宜瑛的信)。当年胡兰成曾收到张爱玲的明信片,简直不敢相信是真的。因为没有落款,所以他一边仔细辨认字迹,一边兴奋地拿给他当时的妻子佘爱珍看。

①胡兰成:《今生今世》,第245页,北京,中国社会科学出版社,2003。

天涯海角的张爱玲一个答案。可惜天地苍莽，爱断情伤，这种安慰张爱玲早已不需要了。

20世纪50年代，张爱玲移居美国之后，曾按胡兰成日本友人池田到香港时留下的地址寄来明信片："手边如有《战难和亦不易》、《文明的传统》等书（《山河岁月》除外），能否暂借数月做参考？请寄（底下是英文，她在美国的地址与姓名）。"[1]此时胡兰成已在日本，跟当年上海特务吴四宝的遗孀佘爱珍结成夫妻，接到明信片后大喜过望，回信、寄照片、寄书，言语中颇有撩拨之意。张爱玲开始不理，后来只得回信：

兰成：

你的信和书都收到了，非常感谢。我不想写信，请你原谅。我因为实在无法找到你的旧著作参考，所以冒失地向你借，如果使你误会，我是真的觉得抱歉。《今生今世》下卷出版的时候，你若是不感到不快，请寄一本给我。我在这里预先道谢，不另写信了。

爱玲

十二月廿七[2]

到此，这段乱世情才真正落幕。初见时的神秘惊艳，痴爱时的相看两不厌，结婚时的静好岁月，小别时的依恋惦念，移情别恋时的龃龉厌倦，诀别时的天昏地乱，多年以后的看透和冷淡，都如蒙太奇一般层层叠加，快速闪过。回想当初胡兰成刚到武汉，遇到空袭，眼看飞机朝自己俯冲下来，在绝望中还呼喊着"爱玲"，在生死边缘喊出张爱玲的名字，相信那时胡兰成在心中还是深爱着妻子的吧。可是不到一个月，他就恋上周训德，出逃之前给小周留

①胡兰成：《今生今世》，第341页，北京，中国社会科学出版社，2003。②胡兰成：《今生今世》，第343页，北京，中国社会科学出版社，2003。

电视剧《上海往事》剧照。张爱玲和胡兰成的爱情故事，曾不止一次被搬上银幕，这也是张爱玲生平中最受关注的焦点之一。

钱留物，依依惜别；而到上海张爱玲处告别，态度却是蛮横无理，自己都觉愧疚。也许每一份感情最初都是美好的，所以才会有“人生若只如初见，何事秋风悲画扇？等闲变却故人心，却道故人心易变”的感叹。

张爱玲和胡兰成的爱情故事，一直以来都是人们热议的话题。因为所有史料都来自《今生今世》，所以胡兰成的薄幸多情，张爱玲的痴心苦恋，也在人们心中几乎形成定式，直到《小团圆》的出版。两书最大的差别在于，前者文采斐然，妩媚流丽，如同用Photoshop编辑处理过的照片，去掉影响美观的黑痣，放大了眼睛，再削掉令人厌恶的双下巴……胡兰成给二人的爱情故事，尤其是爱情中的张爱玲镀了一层金，像九天神女般供奉起来；后者却语言平淡，几乎没有什么渲染，解释性的语言和心理活动很多，倒更像流水账似的生活纪实，而且一副绝不肯文过饰非的态度，即便是对自己。

张爱玲在《小团圆》中所做的，就是消解胡兰成所写的纯情小说般的爱情神话。两人情感中很多不快的经历，胡兰成都是语焉不详，装痴卖傻一笔带过，张爱玲却从不遮掩，像胡兰成不喜欢张爱玲的衣着风格，很多场合都觉得给他丢人，像胡兰成指桑骂槐说张爱玲不肯周济他，像他说起二人的关系总想撇清自己，“我们这是对半，无所谓追求”。像他怀疑张爱玲而偷偷地翻她的抽屉，像他跟众多女人包括两人身边好友的肉体关系，像他们并不愉快的性生活。《小团圆》中胡兰成的世俗心态、风流无度、自我撇清固然一览无余，张爱玲自己也绝非言情小说中纯洁得可耻的女主人公。她对这份感情

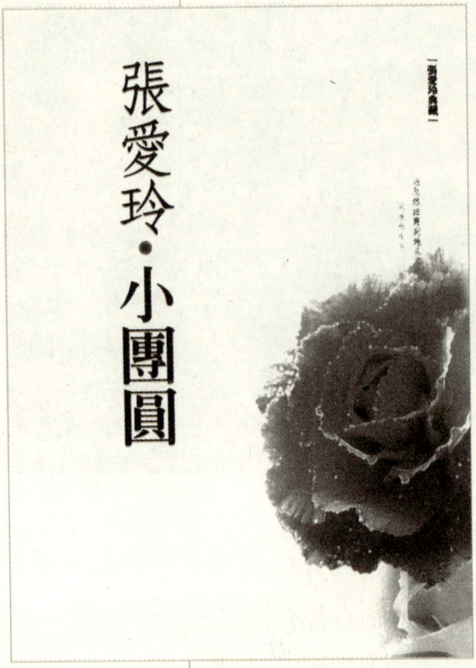

《小团圆》书影。《小团圆》的出版，无疑将改变人们对张胡恋的很多看法。关于择偶的眼光，张爱玲确实没有另一位民国才女林徽因那么富于智慧。但张爱玲之所以为张爱玲，正因为她的独特。她始终认为，只有无目的的爱才是真的。在她的眼中，爱情的确是盲目的，而且盲目得不计后果不计代价，但是爱情的意义也就在于它的盲目性，任何现实考虑下的估量算计、比较取舍都不是真爱。

一直是悲观的，而且充满了顾虑、现实的羁绊与无奈，也时时都准备抽身，只不过人真的陷在感情里，并不是想抽身就能够做得到而已。胡兰成几次求欢不成，不再上门，她甚至觉得是一个不错的解脱。后来胡兰成想要摆酒宣布结婚，她考虑到这样将来会对自己不利，也漠然置之，两人只写了一纸婚书。她也直言自己拿了胡兰成很多钱——虽然自己并没有开口要，而且后来胡兰成落难，自己很长一段时间里，并不肯拿出钱来周济他。更重要的是，她消解了那句“亦不能再爱别人”的情话，让人觉得胡兰成在《今生今世》里转述的张爱玲那段“将要萎谢了”的失恋宣言，不过是他的极度自恋——因为张爱玲在跟他还没完全结束的时候，已经在跟别人恋爱，甚至差点导致“两个世界要相撞了”的尴尬。

张爱玲保持了她一贯的大老实、不自欺的人生态度。她既写了爱情的华美，也写了这袭华美的袍上令人烦恼的跳蚤。至纯至性的爱情只存在于童话中，“普通人的一生，再好些也是‘桃花扇’，撞破了头，血溅到扇子上。就这上面略加点染成为一枝桃花”。[①] 艳丽不可方物的桃花，原型却是撞破头喷溅

①张爱玲：《红玫瑰与白玫瑰》，见《张爱玲集·倾城之恋》，第42页，北京，北京十月文艺出版社，2006。

的鲜血，这正说明所谓传奇人生和爱情神话的虚妄。张爱玲用自己的人生，再一次印证了她在小说里一遍一遍演绎的主题："生在这世上，没有一样感情不是千疮百孔的。"①从开始的华美，一点点破了洞，到最后百孔千疮，是人类爱情的宿命吗？

然而，当你以为这一切都盖棺论定的时候，《小团圆》却跳出了这样一个结尾：

> 她从来不想要孩子，也许一部分原因也是觉得她如果有小孩，一定会对她坏，替她母亲报仇。但是有一次梦见五彩片《寂寞的松林径》的背景，身入其中，还是她小时候看的……当时的彩色片还很坏，俗艳得像着色的风景明信片，青山上红棕色的小木屋，映着碧蓝的天，阳光下满地树影摇晃着，有好几个小孩在松林中出没，都是她的。之雍出现了，微笑着把她往木屋里拉。非常可笑，她忽然羞涩起来，两人的手臂拉成一条直线，就在这时候醒了。二十年前的影片，十年前的人。她醒来快乐了很久很久。②

张爱玲说《小团圆》"是一个热情故事，我想表达出爱情的万转千回，完全幻灭了之后也还有点什么东西在"。③那么这个结尾，是万转千回的终点吗？这个电影镜头般的结尾，不禁让人想起韩国电影《霜花店》，两个相爱的人因为第三者的介入到最后反目成仇，把剑刺入彼此的身体，至死还说着从来都没有爱过对方的仇恨的话。可是镜头切换，突然现出一片悠悠田野，两个人骑马狩猎，快乐地在草地上驰骋——这是其中一个人曾经的梦境。在两人的爱与生命都灭亡之后，这梦境却在影片结尾复活了。《小团圆》的结尾也

①张爱玲：《留情》，见《张爱玲集·倾城之恋》，第24页，北京，北京十月文艺出版社，2006。②张爱玲：《小团圆》，第283页，北京，北京十月文艺出版社，2009。③张爱玲1976年4月22日致宋淇信，参见宋以朗《〈小团圆〉前言》，见《小团圆》，第7页，北京，北京十月文艺出版社，2009。

有异曲同工之妙吧。从开始在金色的永生的爱之河中徜徉，到后来逐渐发现河里泥沙泛滥几欲淹死；从开始疯狂地喜欢他的散文，到后来发现他散文中的怪腔怪调，看见“××亦是好的”之类就要发笑。可是即便如此，当她在潜意识里渴望一份安稳永恒的爱时，还是看见了他的身影，还是希望生几个他的孩子——在远离尘嚣的松林边的小木屋里，在一生只做过一次的童话般的梦境中。

爱就是不问值得不值得。

第六章

来去之间

第六章

来去之间

一、一生一代一双人

按照公众人物的叙事习惯，没有获得合法性的爱情故事，一般是能否认就否认，能遮掩便遮掩，而且一向还有无数的亲朋好友代为否认和遮掩。[①]倘若遮掩不利或干脆不遮掩的，就会显得格外刺眼；而不遮掩反拿出来卖弄的，如胡兰成之类就更成了众矢之的。因此，在这种“遮掩”的惯性之下，很多看起来忠厚忠贞的老实人，他们姹紫嫣红的爱情故事，都是多年之后才渐渐浮出水面。当然谁也没有义务把自己的私生活公布于众，所以桑弧不愿承认他与张爱玲的关系，倒也无可厚非。

---

①龚之方在《离沪之前》中说：“……有一次与张爱玲见面，婉转地向她提过此类的想法，她的回答不是语言，只对我摇头、再摇头和三摇头，意思是叫我不要再说下去了。……我可以在此作证，所有关于张爱玲与桑弧谈恋爱的事，都是没有事实根据的。”龚之方言之凿凿，但这里描述的事实，实在只能说明张爱玲不希望听龚之方谈到这个话题，后来她所言的“恐怕这两件事都不大可能了”（指留在上海和跟桑弧结婚），也只是对结果的一个判断，而并非是否认她和桑弧之间关系的正面回答。如果再对比《小团圆》中的情节，九莉和燕山的事两人心照不宣地都在保守秘密，因为燕山始终怕九莉带累他，只让九莉做个地下恋人，知道的几个朋友也似乎都不同意，代为隐瞒。那么，龚之方的推论就更不足以证明什么。另外，张爱玲的好友宋淇也曾说起，自己就《哀乐中年》的问题向张爱玲提起桑弧，张爱玲的回答也是你不要提，你不要提。宋淇得出的结论是，觉得张爱玲跟桑弧有相当的感情，所以在剧本上不计得失帮他的忙。可见张爱玲不愿提及她和桑弧的问题是真，但是从中得出什么样的结论，不同当事人的判断却是大相径庭。

著名导演桑弧(1916-2004)。原名李培林,20世纪40年代后期曾三度跟张爱玲合作编导电影,跟张爱玲私交亦深。从前公认的说法是,两人并无男女之情,甚至当时有朋友试图撮合二人,张爱玲的回答亦是摇头、再摇头和三摇头。《小团圆》出版后,大家才惊讶地纷纷指证,其中跟九莉有一段情的“燕山”,原型便是桑弧。

人物传记并非专登娱乐八卦的小报,因此20世纪40年代的上海小报尽可以对张爱玲和桑弧的绯闻大加渲染,而传记却不得不慎之又慎。从桑弧到“燕山”,有多大程度的真实,多大程度的虚构,张爱玲从未谈论过。不过从桑弧后来对张爱玲一直讳莫如深的态度,以及张爱玲在《小团圆》中处理纪实与虚构的一贯尺度来看,至少有一点可以肯定,张爱玲绝不至于完全编造出这么一段情。至于纪实与虚构之间的具体尺度,只能由读者自己去评判了。

跟柯灵晚年颇喜欢谈论张爱玲不同,桑弧对张爱玲一直都讳莫如深。蔡登山提到1993年为拍摄《作家身影》纪录片中关于张爱玲的一集,采访桑弧,“原本期望可以了解张爱玲编写剧本时的一些情况,但没想到桑弧却不想谈,我们只得知难而退了。”① 甚至张爱玲去世,有关的无关的,沾边的不沾边的都纷纷执笔悼念,桑弧也一样保持沉默。他的沉默,从前当然是为了自己,后来也许大半倒是为了张爱玲——借张爱玲上位,一个胡兰成已经足够了。

①蔡登山:《张爱玲〈色,戒〉》,第196页,北京,作家出版社,2007。

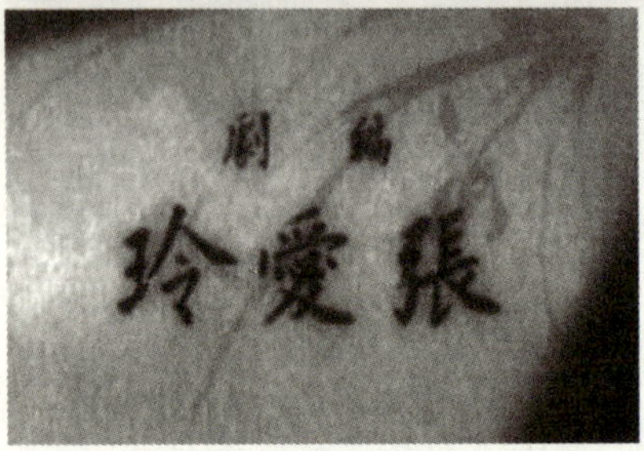

上图,《申报》上登载的电影《不了情》广告;下图,由张爱玲编剧的电影《不了情》。公映从1947年4月10日开始,广告从4月2日到5月8日(5月1日除外)一直连续刊登,有的广告词极尽煽情,如“地老天荒,堪叹古今情不尽;痴男怨女,可怜风月债难酬”等等。影片讲述贫穷的单身女家庭教师虞家茵,与事业成功的已婚中年男主人夏宗豫之间的爱情故事,可谓民国版的“灰姑娘”,但结局家茵独自离去,并没有童话般的美好。

张爱玲对桑弧的沉默姿态显然也心中有数。所以《小团圆》中的“燕山”是唯一连职业都由编剧导演改为明星,改头换面最为严重的人物。不过小说中叙述的二人的感情发展线索,和目前所公认的二人交往过程,还是几乎全部能对号入座。

两人的结识要追溯到1946年夏天。当时,刚成立的文华影业公司的导演桑弧和宣传主任龚之方,由柯灵牵线邀请张爱玲为公司写作电影剧本。张爱玲从未写过剧本,加之为了胡兰成的事几近崩溃,所以很犹豫。桑弧多方鼓励,张爱玲终于答应下来,这就是后来的电影《不了情》。

从这时起二人来往不断,桑弧自己就是电影编剧,想来至少在剧本写作技巧上是可以鼎力相助的。剧本从准备到完成,二人共同合作,费时费力。直到1947年2月,《不了情》才投入拍摄。《小团圆》中有九莉的“两个世界相撞”的相关情节:之雍从上海过境,在九莉这里过夜,燕山刚好打来电话,九莉只得含混应对,觉得“耳边轰隆轰隆,像两簇星球擦身而过的洪大的噪音”。小说写九莉对燕山的那种感觉,自己仿佛找回了初恋,从前错过的一个男孩

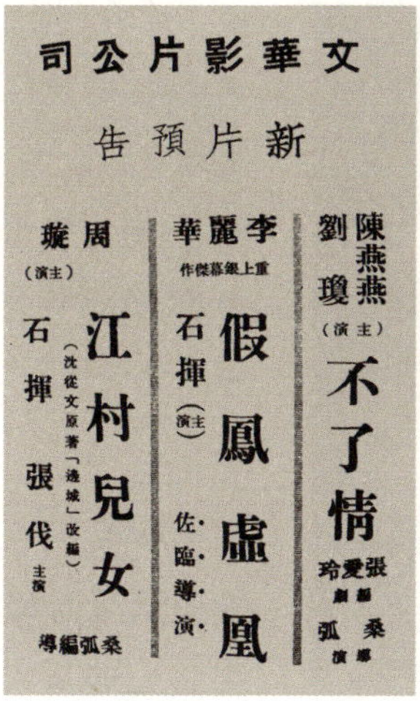

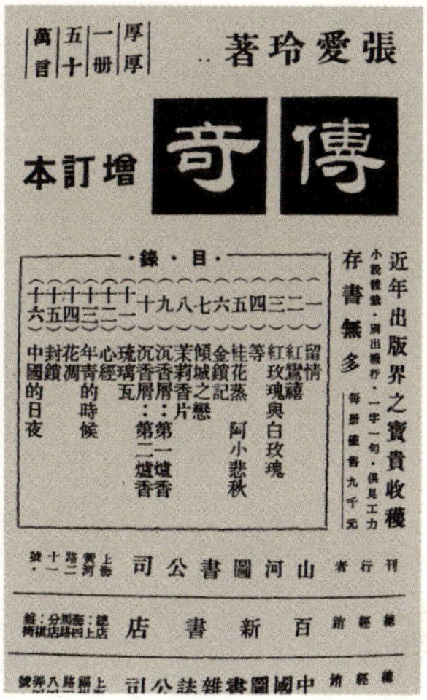

《大家》创刊号封面以及上面刊登的《不了情》和《传奇》(增订本)的广告。《大家》月刊是由唐云旌主编的一份通俗刊物,对张爱玲非常推重,小说《华丽缘》就发表在其创刊号上。可惜《大家》只出了三期,1947年6月之后就停刊了,张爱玲这次短暂的复出,在小说创作方面也随之再度停顿。

子。这时期九莉和燕山两人经常通电话,正如刚恋爱的情人之间,似乎也并不专为有什么事。如果这是张爱玲的真实经历,那么这次“相撞”应该是1946年底胡兰成回温州前取道上海在张爱玲处过夜时发生的事,二人此时正处在探讨剧本、聊天问候、偶尔煲电话粥的阶段。

1947年4月10日,《不了情》在户光、卡尔登两家影院同时上映,非常卖座。尤其电影结尾,夏宗豫赶来看虞家茵,但是已经人去楼空,一时间百感交集,在无限怅惘的气氛中将“不了情”推向高潮,电影也就在这高潮中结束,赚足了观众的眼泪。

做电影编剧的同时,张爱玲在文学创作上也试着复出。1947年4月,《华丽缘》在通俗刊物《大家》创刊号上发表。编辑还特意强调:“张爱玲小姐除掉出版了《传奇》增订本和最近为文华影片公司编写《不了情》剧本,这二三年之中不曾在任何杂志上发表过作品,《华丽缘》是胜利以后张小姐的‘试笔’,

通俗小说家张恨水(1895—1967)和他的小说《啼笑因缘》封面。张爱玲中学时就喜欢张恨水的小说，她的一位好友喜欢张资平，两人常常为此争论。她这次在文坛复出，就把目光投向了自己一直喜欢的通俗小说创作。

值得珍视。”[1]抗战胜利后的两年间，巨大的舆论压力和胡兰成在感情上的背叛，把张爱玲从幸福的巅峰骤然推下万丈深渊，一时间错愕惊惶，那支曾经流光飞舞的妙笔也仿佛瞬间干涸了。《华丽缘》是她这次重整旗鼓的“试笔”之作，虽然取了个华丽的名字，但实在是一篇平淡的散文化的小说，和《大家》这样的通俗刊物风格也不太契合。接下来的《多少恨》采用“灰姑娘”的情节模式，重点叙述悲欢离合的爱情故事，倒是更接近通俗小说的风格。对于这种转变，张爱玲解释道：

> 我对于通俗小说一直有一种难言的爱好；那些不用多加解释的人物，他们的悲欢离合。如果说是太浅薄，不够深入，那么，浮雕也一样是艺术呀。但我觉得实在很难写，这一篇恐怕是我

①《编后》，载《大家》创刊号1947年4月。

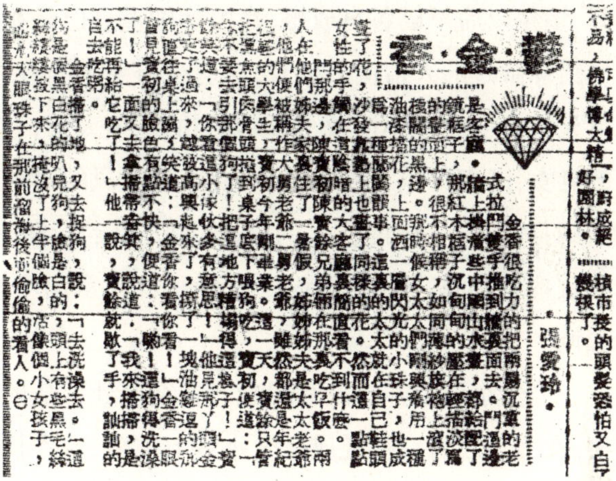
鬱金香
張愛玲

上海小报《小日报》上发表的小说《郁金香》，连载于1947年5月16日至5月31日，署名张爱玲。这篇小说在上海小报中沉睡了半个多世纪，2005年被学者发现。

能力所及的最接近通俗小说的了，因此我是这样的恋恋于这故事。①

这段话可以看出张爱玲虽然直言自己对通俗小说的爱好，并且称赞其类型化了的人物形象，戏剧化了的爱情故事，大众化了的市民趣味等等，但还是有意无意地保持着和通俗小说的距离，“最接近”毕竟不是“等同于”——两年来世事变迁，早已在张爱玲与严肃文学刊物之间画了一条无形的线，她才不得不再次退守于通俗刊物。命运总有其诡谲之处，最初她带着自己的小说去拜访通俗文学作家周瘦鹃，由此敲开了文坛的大门；不过短短四年，如今再回到通俗刊物，早已繁华落尽，物是人非，正是她所说的那种苍茫变幻的感觉。

另外值得一提的是，近年来，学者发现了1947年5月在上海《小日报》上连载的中篇小说《郁金香》，署名张爱玲。《郁金香》仍是以新旧杂糅的殷实大家庭为背景，庶出的大舅少爷宝初跟已故夫人的丫鬟金香是这个家庭中的一对边缘人，他们静悄悄地相爱相惜，又带着同是天涯沦落人的无奈分

①张爱玲：《〈多少恨〉题记》，见《张爱玲集·郁金香》，第160页，北京，北京十月文艺出版社，2006。

开,多年以后早已各自成婚,在电梯中重逢已是相见不相识。小说从大家庭中错综微妙的人情世故展开,亲舅少爷宝余的放肆张扬,对比着过继来的异母兄长宝初的谨小慎微,猥琐絮叨的老姨太太,对比着"大家风范"的雄赳赳的老女仆,细碎家常的铺陈,带点红楼遗风的对话,直至意象的捕捉、气氛的渲染:如一声一声的盲人的磬,一明一暗的渐渐上升的老式电梯,艳丽得如同玫瑰色池塘一般的被面……确乎都显示出不同于普通小报品格的张腔张调。

当然小说也并非没有瑕疵。在结尾处,从前二舅少爷宝余调戏金香的事,在多年之后反被说成是金香爱上宝余,这令真正与金香相恋的宝初听来刺耳,心中亦愤然:"这世界上的事原来都是这样不分是非黑白的吗?"如果这算是篇末点题的话,那么实在是不仅"点"得浅了,而且"点"得偏了。因为小说最令人震撼的显然不是大家庭中的颠倒是非,而是宝初和金香的爱情——它虽然不无凄美,令宝初时时回味,但同时也寒酸得上不得台面,

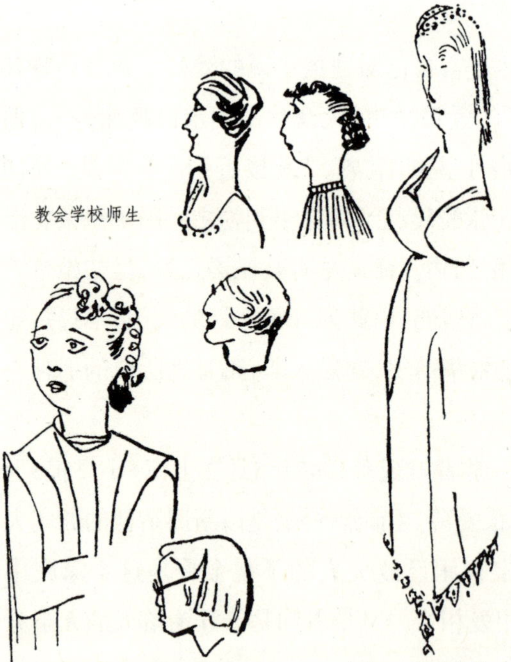

教会学校师生

太太——社会栋梁
她自身成为一种制度,代表三纲五常,治安风化

《流言》插图之太太。张爱玲不无讽刺地称之为"社会栋梁",因为她们本身成为一种制度,代表三纲五常,治安风化。《太太万岁》中的陈思珍就是这样一个常见的中产阶级太太——整天团团转地维持着家庭的和睦,同时也等于支撑着整个社会的和谐秩序。

这才是真正令宝初内心刺痛，多年不能释怀的地方。最后金香“泯然众人矣”，混在一群娘姨大姐中，宝初早就认不出了，更是再一次印证了这凄凉爱情的寒酸相。相比之下，宝初内心为金香鸣不平的那一句“这世界上的事原来都是这样不分是非黑白的吗？”反而和宝初的心境以及全篇渲染的氛围明显脱节，不但读来突兀，也把整篇小说的意味带散了，不能不说是个遗憾。

《不了情》获得成功之后，张爱玲与桑弧趁热打铁，又准备合作下一部电影《太太万岁》，其间两人的感情也有了进一步发展：

> 燕山微笑道：“他好像很有支配你的能力。”
> “上次看见他的时候，觉得完全两样了，连手都没握过。”
> ……

桑弧（左一）。《小团圆》中九莉对燕山“是初恋的心情，从前错过了的，等到到了手已经境况全非，更觉得凄迷留恋，恨不得永远逗留在这个阶段”。[①]那么张爱玲对桑弧呢？

①张爱玲：《小团圆》，第273页，北京，北京十月文艺出版社，2009。

“一根汗毛都不能让他碰，”他突然说，声音很大。

她一面忍着笑，也觉得感动。

……

那天他走后她写了封短信给之雍。一直拖延到现在，也是因为这时候跟他断掉总像是不义。当然这次还了他的钱又好些。

燕山来了，她把信微笑递给他道：“我不过给你看，与你没关系，我早就要写了。”免得他以为要他负责。

虽然这么说，究竟不免受他的影响。昨天告诉他他们感情破裂的原因，燕山冷笑道：“原来是为了吃醋。”因此她信上写道：“我并不是为了你那些女人，而是因为跟你在一起永远不会有幸福。”……①

将《小团圆》的上述情节跟胡兰成《今生今世》对照，这应该是1947年6月的事。从九莉和燕山的对话来看，这已经不是普通朋友之间谈论的话题了。

1947年12月14日，《太太万岁》在上海的皇后、金城、金都、国际四家影院同时上映，据说整整两周，即使大雪纷飞的天气，也是场场爆满。②《太太万岁》完全不同于《不了情》的浪漫悲情，是一出家庭轻喜剧，到处充满了噱头、误会、巧合等电影的常用技巧。女主人公陈思珍自始至终都在殚精竭虑地“扮演”一个好太太的角色。之所以说扮演，因为她要善意地瞒哄刁怪的婆婆，偷偷出钱补贴斤斤计较的佣人，想尽办法骗父亲借钱给丈夫帮助他的事业……可是她善意的谎言却频频弄巧成拙，受到众人的责备，连丈夫也移情别恋，差点弄到离婚的地步，当然影片最后还是以喜剧收场。其实，张爱玲写这部家庭轻喜剧，并不像表面上只为博观众一笑那么简单，在她看来，这“快乐的结局”也不过是太太煞费苦心换来的暂时的“欢乐”而已，张爱玲要表达

①张爱玲：《小团圆》，第270页，北京，北京十月文艺出版社，2009。②陈子善：《围绕张爱玲〈太太万岁〉的一场论争》，陈子善：《说不尽的张爱玲》，第98页，上海，三联出版社，2004。

《太太万岁》剧照

一种“哀乐中年”的主题，是“太太”这样一个身份，在家庭和社会中永远尴尬的位置，那种理所应当的自甘牺牲、顾全大局，却永远被轻视，四处不讨好，所谓“太太万岁”其实不过是一个反讽。基于主题和外在表现之间的反讽关系，张爱玲在影片公映之前，就写了《〈太太万岁〉题记》，发表在《大公报·戏剧与电影》上，揭示电影中“注定了要被遗忘的泪与笑”背后的东西，希望俗中求雅，对影片的立意进行解释。

她没有料到的是，却由此被卷入了一场笔墨官司。起因是发表这篇《题记》的《大公报·戏剧与电影》版编辑洪深，在《编后记》中盛赞张爱玲“将成为我们这个年代最优秀的high comedy作家中的一人”。不料立刻惹来叫骂：“……寂寞的文坛上，我们突然听到歇斯底里的绝叫，原来有人在敌伪时期的行尸走肉上闻到high comedy的芳香！跟这样的神奇的嗅觉比起来，那爱吃臭野鸡的西洋食客，那爱闻臭小脚的东亚病夫，又算得什么呢？”[①]这位署名胡珂的作者，指张爱玲为“敌伪时期的行尸走肉”，指洪深对张爱玲的称赞为“歇斯底里的绝叫”，此时《太太万岁》尚未上映，他显然并不针对电影，文中也未提半句《题记》，只是借题发挥，从意识形态的立场，表达对张爱玲在电影界“华丽复出”的愤怒和对洪深站错立场的批判。这之后陆续又有关于《太

①胡珂：《抒愤》，载上海《时代日报·新生》，1947年12月12日。

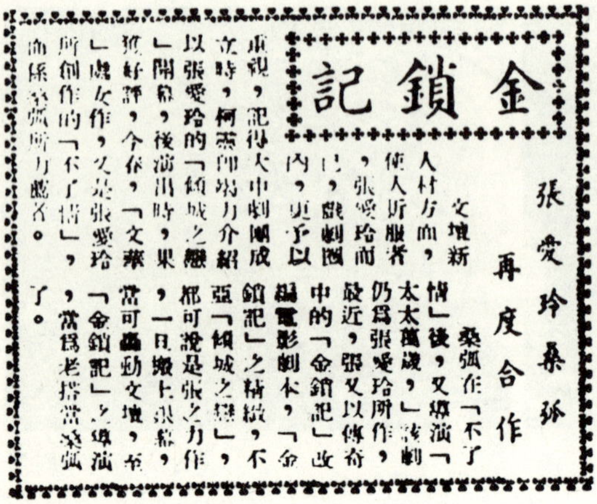

1947年文华电影公司预计拍摄《金锁记》的宣传广告。据说剧本已经改编好，是张爱玲与桑弧的第三度合作，但终于在时代的巨大变迁中默默沉落，没能被搬上银幕。

太万岁》的影评，总的说来客观的不多，有些已初现后来庸俗社会学批判模式的端倪。终于，洪深迫于压力——如果没有压力，恐怕没有哪个文坛大师辈的人愿意这样自打自脸，在短期内迅速“翻供”，更何况他在文中不但不敢对谩骂自己的“胡珂”表示一点愤怒，而且还要表示感谢——发表文章全面否定了自己之前的言论，对《太太万岁》进行批评。

这场论争以洪深的自我批判终结，张爱玲对此保持了她一贯的态度——沉默。不过沉默不等于无所谓，张爱玲受到的打击是可想而知的。《〈太太万岁〉题记》之后，她两年多再没有发表过一行文字。事实上，直到离开大陆，她再也没有使用过“张爱玲”这个名字发表作品。

这件事很大程度上也给她和桑弧的关系笼罩了阴影。不但他们预计第三次合作的电影《金锁记》流产，而且1949年桑弧编剧导演的电影《哀乐中年》，张爱玲参与了编剧但是却没有署名，只拿了些编剧费。“他们也从来没提过要守秘密的话，但是九莉当然知道他也是因为她的骂名出去了，连骂了几年了，正愁没新资料，一传出去势必又沸沸扬扬起来，带累了他。他有两个朋友知道的，大概也都不赞成，代为隐瞒。”[1]这可能也是当时张爱玲与桑弧的处境。

1949年5月，上海解放了。张爱玲和姑姑在重华新村的公寓窗前，亲眼目

①张爱玲：《小团圆》，第275页，北京，北京十月文艺出版社，2009。

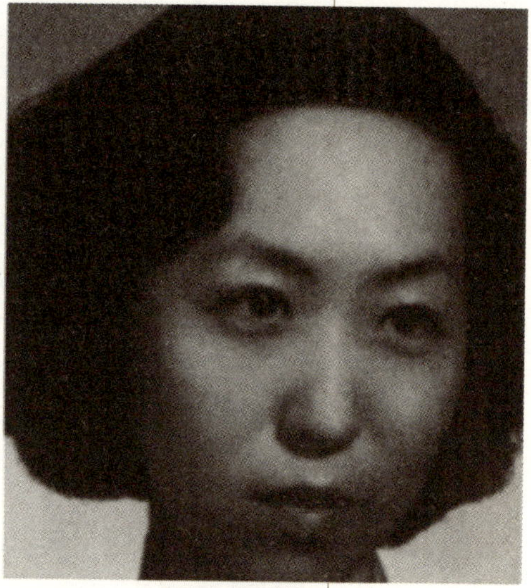

20世纪50年代初的张爱玲，为了领什么证件拍的派司照(Passport Photo)。这时的张爱玲改名叫“梁京”。无论是登记户口、参加文代会，还是发表作品，以至申请离开大陆，都用这个名字。从前她写散文《必也正名乎》，曾明言恋恋于自己的名字，虽“恶俗不堪”却绝不愿改，文笔间是那样一种飞扬自信的少年意气。即使抗战胜利后，各种压力铺天盖地，她宁愿停笔也没有想过改名，可惜世事多无奈，高傲如张爱玲也终于改名换姓，只求不受盛名之累，能够在时代大潮的缝隙中安身立命。

睹了解放军进上海的情景。轰轰烈烈的喧天锣鼓，熙熙攘攘的秧歌舞队，街头巷尾的标语口号，似懂非懂的新名词，铺天盖地的中山装、列宁装、军装……浩浩荡荡如交响乐一般逐渐淹没了旧日的一切，让它的声音从每一个人的口里发出来。这种欢天喜地的新气象，张爱玲却有点儿觉得震惊和恐慌，在太平的世界里，自己要变得“寄人篱下”了吗？

不管你愿不愿意，新生活还是席卷而来。张爱玲像这个时代中所有的普通人一样，去领配给的粮食、配给的土布，去排队登记户口、办各种各样必需的证件。当她穿着配给的湖色土布做成的喇叭袖唐装衫裤，站在户口登记干部面前的时候，那个操着西北口音的大汉竟抬头问了一句“认识字吗？”被误认作不识字的老乡妇女，张爱玲有种“惊喜交集”的感觉，虽然她立刻解释并非为了趋时惧祸，妄想冒充工农，只是不喜欢知识分子那种俨然的神气。然而，曾经那么热衷于奇装炫人的张爱玲，如今也为自己的“深藏不露”而沾沾自喜，还是不能不慨叹时代变迁在她心灵上留下的深深痕迹。

1950年7月，张爱玲应邀参加上海市第一次文艺工作者代表大会，她在旗袍外面罩了件白色的网眼绒线衫，应该也是自认为很保险的衣着了，没想到七百多人的会场，全是一片灰蓝的中山装、列宁装，她悄然坐在最后一排，

上图，柯灵（1909-2000）；下图，柯灵（右）与夏衍。柯灵的《遥寄张爱玲》是20世纪80年代中期介绍和评价张爱玲的重要文章。其中对张爱玲的拳拳之心更是天地可鉴。不过从张爱玲的《小团圆》看，对柯灵的印象似乎很坏。

还是带着高处不胜寒的气息，一眼看去就是个“异类”。上海市的这次文代会，张爱玲虽然得到了入场券，并且被安排随文代团去苏北乡下参加土改运动，①但是并不意味着真正改变了她尴尬的处境。

对于张爱玲当时的处境，一般说法是柯灵向当时上海的文化领导夏衍推荐张爱玲，夏衍阅读了张爱玲的作品，也看了她编剧的电影，很欣赏她的才华，只是当提出安排张爱玲编剧新电影的时候，遭到激进派的反对而暂时作罢。

在柯灵来说，对张爱玲似乎确实多有照顾，从开始任《万象》编辑的时候发表张爱玲的小说，到后来排演话剧《倾城之恋》的时候跑前跑后，张与桑弧

①也有另一种说法，否认张爱玲曾经下乡参加土改。

晚年桑弧(左)。虽然九莉和燕山的爱情最终因燕山不敢面对舆论压力而告终,不过"燕山的事她从来没懊悔过,因为那时候幸亏有他。"不知《小团圆》中的这句话,是否也是张爱玲自己多年后对桑弧的感念?

合作写剧本似乎也是柯灵牵线搭桥;不过从《小团圆》看,张爱玲对柯灵的印象却极坏。小说中的"荀桦"自作多情在先,在电车上调戏九莉在后,好几个妻子,一大堆孩子,还绯闻缠身,闹过妻子不依不饶当众满地打滚的笑话,做了文化官员之后对九莉避之不及,完全是个忘恩负义的丑角。张爱玲与柯灵之间的恩恩怨怨,后人已经很难分辨清楚,可以肯定的是,张爱玲对柯灵的印象很坏,也并未感念过他的照顾之情。

桑弧在新中国成立后很快进入了上海电影制片厂,他的编剧导演事业也开始发生新的变化。1950年他编导的电影《太平春》,描写恶霸地主与国民党反动势力相勾结,欺男霸女,无恶不作;而贫苦学徒和裁缝之女不畏权贵,勇敢斗争,终于迎来解放,把恶霸地主的财产悉数交给新政府。电影展现了桑弧在新时代的蜕变,主旨很符合当时的主旋律。桑弧紧跟时代,更显出他与张爱玲之间越来越尴尬的差距。

《小团圆》中写九莉两个多月不来月经,以为是怀孕了,说给燕山,燕山说:"那也没有什么,我们就宣布……"。但是那声气暗淡,任谁听了也心凉。九莉不禁流泪道:"我觉得我们这样开头太凄惨了。"燕山只得又说:"这也没有什么。"这段叙述不由令人想起张爱玲另一部小说里,同样暗淡的毫无希望的爱情：

宝初……半晌方道："我想……将来等我……事情做得好一点的时候，我我……我想法子……那时候……"金香哭道："那怎么行呢？"

其实宝初话一说出了口听着便也觉得不像会是真的，可是仍旧嘴硬，道："有什么不行呢？我是说，等我能自主了……你等着我，好么？你答应我。"金香摇摇头，极力的收了泪……道："不是我不肯答应你，我知道不成呀！……"①

这两部小说中的男女主人公之间，都是这样惨淡的明知就要走到尽头的感情，男主人公都是那么唯唯诺诺，一句承诺说出，立刻融化在虚空之中，轻飘飘的没有分量。燕山后来知道九莉没有怀孕当然是幸免于难的庆幸，宝初后来处理掉了金香送他的信物也是一块石头落了地。张爱玲真实地写出不能承担结果的爱的无望与凄凉。后来，燕山有了公开的女朋友，九莉彻底沦为地下恋人，甚至他没有通知九莉便结了

桑弧1949年导演的电影《哀乐中年》剧照，"哀乐中年"四个字显然来自张爱玲的影响。新中国成立后以后，桑弧紧跟时代，他的电影创作发生了很大变化，从"浮世的悲欢"的市民气息，转入工农群众的生活之中，他与张爱玲之间，渐行渐远。

①张爱玲：《郁金香》，见《张爱玲集·郁金香》，第229页，北京，北京十月文艺出版社，2006。

婚，九莉也无话可说，两人的人生已经没有了交集。

20世纪50年代初，桑弧曾在《亦报》上化名叔红对《十八春》进行推荐，还写过一篇评论《与梁京谈〈十八春〉》，是目前所见的二人最后的公开交往。“雨声潺潺，像住在溪边。宁愿天天下雨，以为你是因为下雨不来。”《小团圆》中九莉这柔肠百转诗意绵绵的倾诉，透着的甜蜜、无奈和凄凉，也许正是张爱玲自己的情感体验。九莉说：“燕山的事她从来没有懊悔过，因为那时候幸亏有他。”这也可以看作是张爱玲自己对这段无疾而终的爱情的评价。

二、结束铅华归少作

张爱玲并不愿意湮没个性而成为时代的传声筒、留声机，很难想象穿了中山装、剪了短发、满口意识形态新名词的张爱玲是什么模样，她宁愿就在这尴尬的时代夹缝中，识时务地保留一点个人主义的小天地。20世纪50年代初，张爱玲暂时觅得了安身立命之处，就是唐大郎（云旌）主编的上海小报

《十八春》书影，1950年3月25日至1951年2月11日在上海《亦报》副刊连载，同年11月出版单行本。《亦报》是唐大郎（云旌）、龚之方等《大家》杂志的旧班底创办的一份小报，创刊于上海解放后的1949年7月25日，张爱玲的《十八春》、《小艾》都连载于此，1952年11月20日停刊，可见市民小报在当时的时代环境下已无立锥之地。

《亦报》。1950年3月起，她署名“梁京”的小说《十八春》在《亦报》上连载，边写边载，历时近一年。梁京，是用“玲”字的子音切“张”字的母音为“梁”，再用“张”字

的子音(古音)切“玲”字的母音为“京”,字面上并无象征含义,如果说有,那也只是表达了张爱玲恋恋于自己的名字而又无可奈何的感情。

“梁京”在读者眼中是“新面孔”,《亦报》在宣传和推介方面下足了工夫。《十八春》开始连载前三天,《亦报》就打出预告强调是“名家小说”,在连载前一天署名“叔红”的桑弧再次推荐,言语中尽显对“梁京”旧作小说散文的熟悉,指出其“即使描写人生最暗淡的场面,也仍使读者感觉他所用的是明艳的油彩”。小说连载不到半月,《亦报》又刊登署名“传奇”的短文《梁京何人?》,推测不是徐讦就是张爱玲。其实明眼人足可以从这些蛛丝马迹中断定“梁京”即是张爱玲,但文艺圈中既无人说破,激进人士此时大多不关注小报,普通读者当然也就无从深究了,这个藏头露尾的疑阵,《亦报》布置得可谓煞费苦心。

《十八春》是张爱玲最长的一部小说,以男女主人公沈世钧与顾曼桢的爱情悲剧为主线,诉尽十八年的悲欢离合、世事沧桑,在当时市民读者中影响很大。

张爱玲仍然遵循了一贯的“在普通人中寻找传奇,在传奇中寻找普通人”的原则。小说一开始就提到,女主人公顾曼桢并不是那种让人一见钟情的大美人,男主人公沈世钧最初对她全无印象,甚至不记得到底是什么时候第一次看见她的;而且,沈世钧的朋

卡尔登公寓,今长江公寓。张爱玲和姑姑20世纪50年代初搬到这里,曾经有一个《十八春》的读者,自称有跟曼桢一样的遭遇,站在公寓的门外向张爱玲凄凄切切地哭诉,张爱玲无奈,只好搬出姑姑代为劝慰。在这幢英式公寓中,张爱玲度过了她离开大陆前最后的一段日子。

友许叔惠跟曼桢邻桌办公，两人相识较早，叔惠也并没有钟情于曼桢。男主人公沈世钧也并不出类拔萃，他只是个木讷沉默的实习工程师，他的朋友叔惠显然更优秀，聪明漂亮，能说会道，也更能干，是他们三个朋友中的核心人物。不过曼桢也没有因此而倾心于叔惠，她和世钧相爱，只觉得世钧才是最好的。张爱玲在小说开头故意设置了这样一个三角关系，却并没有让他们展开哪怕一丝一毫的三角恋爱，叔惠也许正是作者为了有别于一般通俗小说的三角恋爱模式，而故意设置的一个个性标签。她要讲的，不是缠夹离奇的多角恋爱，而是两个普通人之间的爱情故事。

张爱玲将这两个普通人的爱情发展成传奇，借助的是邪恶阴谋导致的误会。曼桢的姐姐曼璐当年为了养活全家，解除跟恋人张慕瑾的婚约而做了舞女、交际花。逐渐门庭凋零之后，嫁给了一个小商人祝鸿才。祝鸿才发迹后开始嫌弃色衰的曼璐，转而对曼桢垂涎三尺。曼璐为了保住自己的地位，也因为妒忌昔日恋人慕瑾移情于曼桢，与祝鸿才合谋强奸囚禁了曼桢。此前恰好曼桢与世钧发生争吵，世钧听信了曼璐的谎言，误以为曼桢与慕瑾结了

电影《半生缘》中的曼璐与祝鸿才。

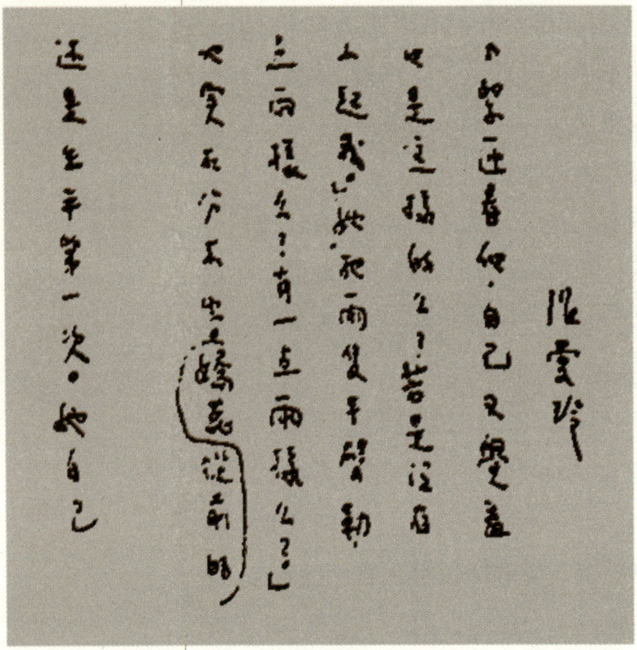

张爱玲笔迹。

婚。当曼桢生了祝鸿才的孩子之后,从医院逃出来,刚好听说世钧已经跟石翠芝结婚。一时间天地变色,痛苦万分。曼桢因为孩子终于下嫁祝鸿才,仇人做夫妻自然日子过得也跟仇人差不多,世钧与石翠芝也并不相爱——翠芝心里爱的是叔惠。就这样十几年倏忽而过,当世钧和曼桢重逢时,早已物是人非。

张爱玲显然在小说中充分考虑了市民读者的需要,使用了一些通俗小说常用的误会、巧合、悬念等技巧,如开始突出曼桢家庭的神秘,在叔惠和世钧的猜测中,逐渐剥茧抽丝引出曼璐做舞女的情节等等。整个故事的转折更是靠着一个巨大的阴谋造成的天大的误会——普通读者从故事中轻易能找到棒打鸳鸯的罪魁祸首祝鸿才和曼璐,这也很符合市民读者的善恶标准。不过张爱玲还是在小说中尽力保持了张腔张调,例如曼璐与祝鸿才串谋伤害曼桢之后,姐妹两个的对峙:

刚才这一巴掌打下去,两个人同时都想起从前那一笔账,曼璐自己想想,觉得真冤,她又是气愤又是伤心,尤其觉得可恨的就是曼桢这样一副烈女面孔。她便冷笑了一声道:"哼,倒想不到,我们家里出了这么个烈女,啊?我那时候要是个烈女,我们一家子全饿死了!我做舞女做妓女,不也受人家欺负,我上哪儿去撒娇去?我也是跟你一样的人,一样姊妹两个,凭什么我就这样贱,你就尊贵到这样地步?"她越说声音越高,说到这里,不知不觉的,竟是眼泪流了一脸。①

曼璐从前为家庭牺牲做了舞女、妓女，如今人老色衰不能生育，为了挽住丈夫的心，不惜设计陷害妹妹，这虽然令人发指，终究是“恶”得符合逻辑；然而她把自己对命运不公的诅咒，都转化为对妹妹的怨毒的妒忌，一定要毁了妹妹的前途才觉得平衡，才觉得解气，这潜意识中的阴暗心理，不禁让人想起曹七巧，同样因为自己的不幸，要拼死揪住儿女们给自己陪葬，扭曲的人性，充满怨毒的畸形的亲情，正是典型的张腔张调。

张爱玲所绘《传奇》插图，戏剧人物。

曼璐妒恨曼桢，还因为她过去的恋人张慕瑾如今移情于曼桢。曼璐和慕瑾的重逢，也是典型的张爱玲式的重逢。此前，曼璐以为慕瑾对自己旧情未断，特意精心装扮，穿了从前慕瑾最喜欢的紫色丝绒旗袍来见他：

慕瑾……一抬头，却看见一个穿着紫色丝绒旗袍的瘦削的妇人，也不知道她什么时候进来的，倚在床栏杆上微笑地望着他。慕瑾吃了一惊，然后他忽然发现，这女人就是曼璐——他又吃了一惊。他简直说不出话来，望着她，一颗心只往下沉。

①张爱玲：《十八春》，见《张爱玲文集》，第3卷，第180-181页，合肥，安徽文艺出版社，1992。

他终于微笑着向她微微一点头。但是他实在不知道说什么好，再也找不出一句话来，脑子里空得像洗过了一样，两人默默相对，只觉得那似水流年在那里滔滔地流着。

……曼璐抱着胳膊，两肘撑在床栏杆上，她低着眼皮，抚摸着自己的手臂，幽幽地道："其实你不该上这儿来的。难得到上海来一趟，应当高高兴兴地玩玩。——我真希望你把我这人忘了。"

……

……慕瑾微笑道："人总是要变的，我也变了。我现在脾气也跟从前两样了，也不知是否年纪的关系，想想从前的事，非常幼稚可笑。"

他把从前的一切都否定了。她所珍惜的一些回忆，他已经羞于承认了。曼璐身上穿着那件紫色的衣服，顿时觉得芒刺在背。浑身就像火烧似的。她恨不得把那件衣服撕成破布条子。①

与慕瑾的初恋，曼璐一直是放在水晶瓶子里好好供奉在心头的。这是她悲凉生活中唯一的慰藉，虽然也是仅限于回忆。可是这次重逢不但把她的水晶瓶摔得粉碎，而且那碎片还一枚一枚全扎在她心上，她在慕瑾眼中不过是个不堪回首的中年妇人，她所珍惜的怀念的爱恋的一切，也不过是可笑的自作多情。张爱玲笔下的这次重逢，把慕瑾的冷淡尴尬和曼璐的难堪羞愤，都刻画得入骨三分。

相比于曼璐和慕瑾的重逢，曼桢和世钧十几年后的重逢就显得苍白和草率得多。曼桢与世钧几乎是见面草草几句话，就转到了互相鼓励，报名去东北的话题。小说结尾不但曼桢、世钧、翠芝、叔惠等人纷纷报名来到东北支援建设，而且暗示了慕瑾和曼桢将会结合的结局。这是在市民读者的大团圆

①张爱玲:《十八春》,《张爱玲文集》,第3卷,第115-116页,合肥,安徽文艺出版社,1992。

电影《半生缘》中的曼桢与世钧。

口味和当时流行的意识形态的双重挤压之下，张爱玲不得已地"缴械投降"。她个人显然对这个结尾并不满意。后来将《十八春》改写成《半生缘》的时候，她去掉了意识形态化的因素，对这段重逢也是全部重写。

《半生缘》中的顾沈重逢，极尽铺陈。先是小心翼翼，怕牵着心中的痛处；然后是一句一伤，尤其是曼桢那句震动五脏六腑的"世钧，我们回不去了"，道尽无限辛酸，无限凄凉。人生在这世上，只有接受千疮百孔的人生，无论爱与不爱，都回不去了：

> 她一直知道的。是她说的，他们回不去了。他现在才明白为什么今天老是那么迷惘，他是在跟时间挣扎。从前最后一次见面，至少是突如其来的，没有诀别。今天从这里走出去，是永别了，清清楚楚，就跟死了的一样。[①]

①张爱玲：《半生缘》，第368页，北京，北京十月文艺出版社，2006。

张爱玲离开大陆时的派司照。她22岁在文坛华丽登场，不过三年时间，正唱到高潮却仿佛失了声般戛然而止；她24岁遇到放恣飞扬的爱情，也不过两年时间，早已灰飞烟灭。而立之年的张爱玲，经历了普通人大半辈子的人生变故，曾经的盛名如今变成负累，不再有“出名要趁早”的少年意气，只剩下“结束铅华归少作，摒除丝竹入中年”的沧桑。

《十八春》连载结束后，张爱玲又在《亦报》上开始连载中篇小说《小艾》。小说讲了一个半生受主人虐待甚至被糟蹋的女佣小艾，终于苦尽甘来得到自己的爱情，并且在新社会过上好日子的故事——这大概是张爱玲所能做到的跟主流社会接轨的最大努力了。然而小说给人留下印象的地方还是那些旧式家庭中琐碎缠绕的人情世故，那些不经意间流露出的张腔张调。

不久，张爱玲以完成在港大被战事中断了的学业为由，申请去香港复学。龚之方后来回忆说，曾经请张爱玲不要离开大陆，并撮合张爱玲和桑弧，张爱玲摇头说：“恐怕这两件事都不大可能了。”龚之方将此作为张爱玲与桑弧并无恋爱关系的佐证，殊不知，“恐怕”和“不大可能”两个词，恰恰能表现出一种情非得已的心境。龚之方能找出这两个词来复述张爱玲的话，倒是非常准确地重现了她当时充满无奈和落寞的口气。

1952年，张爱玲告别了桑弧、姑姑，没有通知弟弟，独自离开了上海。“今天从这里走出去，是永别了，清清楚楚，就跟死了的一样。”《半生缘》里曼桢和世钧这种生离死别之痛，恐怕也是张爱玲当时的心境。情人、亲人、上海……一切都渐渐模糊在身后，不到黄泉，永不相见了，甚至连一个美丽苍凉的手势也显得多余。

三、浮花浪蕊千帆过

1952年7月，张爱玲离开上海，乘火车南下广州，从深圳罗湖桥通关到达香港。张爱玲曾跟胡兰成说："现代的东西纵有千般不是，它到底是我们的，与我们亲。"她也曾跟苏青说过，希望永远是乱世，因为在太平盛世里，自己就要寄人篱下了。如今，这些话都应验了。属于他们的一切早已物是人非，胡兰成的世界随着抗战的胜利已经土崩瓦解，新中国成立后苏青随尹桂芳的芳华越剧团去了福建做编剧，事实上也等于隐姓埋名。而她自己则成了一个永远的"流亡者"。此次申请出境的过程，多年后在她的《对照记》中提起，口气中还带着抑制不住的揶揄：

> 离开上海的前夕，检查行李的青年干部是北方人，但是似乎是新投效的，来自华中一带开办的干部训练班。
>
> 我唯一的金饰是五六岁的时候戴的一副包金小藤镯，有浅色纹路的棕色粗藤上镶着蟠龙蝙蝠。他用小刀刮金属雕刻的光滑的背面，偏偏从前的包金特别厚，刮来刮去还是金，不是银。刮了半天，终于有一小块泛白色。他瞥见我脸上有点心痛的神气，便道："这位同志的脸相很诚实，她说是包金就是包金。"
>
> 我从来没听见过这等考语。自问确是脂粉不施，穿着件素净的花布旗袍，但是两三个月前到派出所去申请出境，也是这身打扮，警察一听说要去香港，立刻沉下

张爱玲1952年向香港大学申请复学助学金的文件。

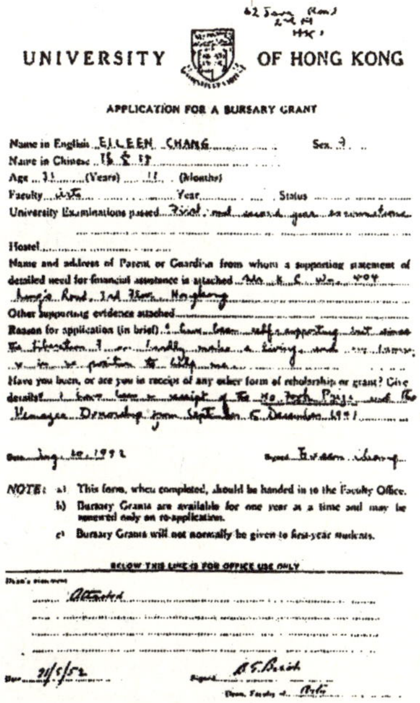
UNIVERSITY OF HONG KONG

APPLICATION FOR A BURSARY GRANT

Name in English EILEEN CHANG Sex

Name in Chinese

Age (Years) (Months)

Faculty Year Status

University Examinations passed

Hostel

Name and address of Parent or Guardian from whom a supporting statement of detailed need for financial assistance is attached

Other supporting evidence attached

Reason for application (in brief)

Have you been, or are you in receipt of any other form of scholarship or grant? Give details?

Date Signed

NOTE: a) This form, when completed, should be handed in to the Faculty Office.
b) Bursary Grants are available for one year at a time and may be renewed only on re-application.
c) Bursary Grants will not normally be given to first-year students.

BELOW THIS LINE IS FOR OFFICE USE ONLY

Date 21/5/52 Signed

脸来，仿佛案情严重，就待调查定罪了。

幸而调查得不很彻底，没知道我写作为生，不然也许没这么容易放行。一旦批准出境，马上和颜悦色起来，因为已经是外人了，地位仅次于国际友人。……①

除了《对照记》中绘声绘色的叙述，张爱玲在她的小说《浮花浪蕊》中，对自己出境时的心理体验也多有描绘：

……过了桥就是出境了，但是她那脚夫显然认为还不够安全，忽然撒腿飞奔起来，倒吓了她一大跳，以为碰上了路劫，也只好跟着跑，紧追不舍。

是个小老头子，竟一手提着两只箱子，一手携着扁担，狂奔穿过一大片野地，半秃的绿茵起伏，露出香港的干红土来，一直跑到小坡上两棵大树下，方放下箱子坐在地下歇脚，笑道："好了！这不要紧了。"②

这简直不是出境，而是出逃，完全是流亡者的心境，带着劫后余生的庆幸："自从罗湖，她觉得是个阴阳界，走阴的回到阳间，有一种使命感。"③小说的女主人公洛贞从上海到香港，再远走日本的过程，很多都融合了张爱玲自己的经历和体验。这种阴阳界的感觉，是张爱玲两年来内心恐惧和惶惑的一次表白。当时的大陆，时代洪流淹没了个人声音，创作空间的瓶颈越收越窄。如果说抗战胜利后张爱玲还只是迫于压力暂时不能发表作品，那么新中国成立后恐怕就更进一步——时时感到人身的威胁了。这一时期轰轰烈烈的

①张爱玲：《对照记》，第70页，北京，北京十月文艺出版社，2007。②张爱玲：《浮花浪蕊》，见《张爱玲集·郁金香》，第365-366页，北京，北京十月文艺出版社，2006。③张爱玲：《浮花浪蕊》，见《张爱玲集·郁金香》，第379页，北京，北京十月文艺出版社，2006。

运动，有批判电影《武训传》，批判萧也牧的小说《我们夫妇之间》，开展“三反”、“五反”，文艺界的整风……文艺工作者的精神压力越来越大，动辄得咎。正是在这样激进的时代氛围里，张爱玲“出逃”香港才会有如此体验：一路战战兢兢，通关时被检查者认出是小说作家，颇为惶恐，直至成功出境，还有点后怕，仿佛从鬼门关走了一遭。

张爱玲此次来港大复学，和 13 年前初来读书时的心境已经是天渊之别。那时多少梦想，多少期盼，如今都千帆过尽，只剩浮花浪蕊了。她只在港大读了两个月，就给校长打了退学报告，匆匆赶往日本投奔好友。但是日本之行显然也颇不顺利，张爱玲通过日本奔赴美国的计划归于失败，不得不于 1953 年 2 月再次回到香港。

原来一直为她的事热心奔走的港大文学院院长贝查教授，对张爱玲此前的弃学非常愤怒，港大不再接受张爱玲，并且后来也一度拒绝证明她在港大的学习情况。几经波折，张爱玲终于在美国驻港领事馆新闻处(United States Information Agency)找到了做翻译的工作。

张爱玲此时翻译了海明威的《老人与海》，这是她喜欢的作品。但大多数

宋淇与邝文美夫妇。张爱玲在美国新闻处任翻译期间，结识了同事邝文美及其丈夫宋淇(笔名林以亮)。宋淇、邝文美夫妇对张爱玲在写作和生活上处处关照，是她后半生最亲密的朋友。张爱玲去世时，将自己的遗物全部托付宋淇夫妇处理。

的翻译工作是枯燥无趣的。张爱玲后来说:“我逼着自己译爱默森,实在是没有办法。即使是关于牙医的书,我也照样会硬着头皮去做的。”“译华盛顿·欧文的小说,好像同自己不喜欢的人说话,无可奈何地,逃又逃不掉。”[1]

除翻译之外,张爱玲几乎把全部精力都投入到新的写作计划中。她把自己用英文写作的小说《*The Rice Sprout Song*》,即后来译成中文的《秧歌》,寄给美国的经纪人和出版商,然后和好友宋淇夫妇一起焦急地等待结果。她显然志不在香港,《秧歌》是她为将来赴美的一次投石问路。在驻香港美国新闻处的资助下,《秧歌》终于在美国出版,《纽约时报》、《时代》周刊、《星期六文学评论》等报刊都有推荐。与此同时,张爱玲将其译成中文,在香港《今日世界》上连载。

《秧歌》以土改后的中国农村为背景。这篇小说是张爱玲第一次将眼光投向乡村,从小镇上的一排茅厕写起,到路边的吃食店,到当街懒懒照着的太阳,到挑担的小贩,能清晰地感受到一种审视的目光:

《秧歌》书影。

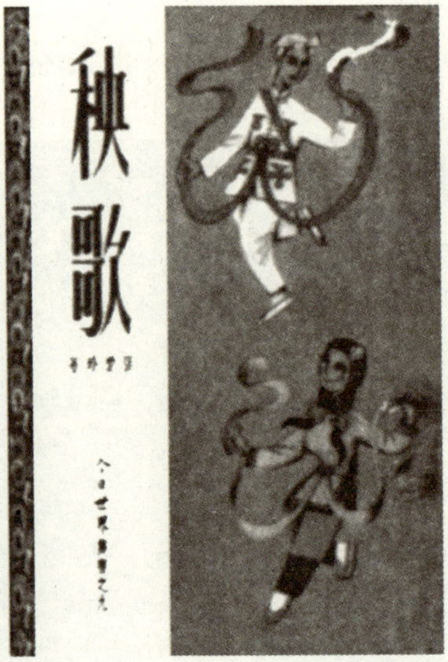

有一爿吃食店,卖的是小麻饼与黑芝麻棒糖。除这两项之外,柜台上还堆着两叠白纸小包,看不出是什么一类的东西。有人来买了一包,当场就拆开来吃,原来里面包着五只小麻饼。柜台上另外那一叠纸包,想必是黑芝麻棒糖了。

①参见林以亮:《私语张爱玲》,见陈子善编《私语张爱玲》,第35页,杭州,浙江文艺出版社,1995。

——不过也许仍旧是麻饼。①

从这里我们能真切地感觉到一个陌生的外视角，充满了慵懒、疏离和隔膜的情绪。为了保持这种视角，又同时能够走进乡村生活，小说借助于女主人公月香——一个在城里帮佣三年后，回乡务农的青年女子，让她带着“准城市人”的审视目光回到家乡。月香回到家乡之后，发现家乡的人分了田地但并不能够维持温饱，到处都是虚假的新名词和新花样，可是大家仍处在半饥饿的生活状态中。月香和丈夫谭金根、女儿阿招，就在半饥饿的生活中，围绕着“吃”的问题，跟乡里亲戚经历着种种琐碎的烦恼。

小说前十二章以日常农村生活为主。张爱玲显然把她一向熟悉的市民生活和市民心理融进了乡村世界。我们在小说里很少看到乡村人的质朴直爽，更多的还是那些琐碎的家长里短、邻里之间的微妙心理。小说写到月香回来后，乡里亲戚因为饥饿川流不息地来借钱，月香不敢露“富”，一律不借。丈夫金根从小相依为命的妹妹金花也来借钱，丈夫要求

时任美国新闻处主任麦卡锡（Richard M. McCarthy）。《秧歌》和《赤地之恋》两部小说，都得到了美国新闻处的资助。

①张爱玲：《秧歌》，第6页，台北，皇冠文化出版有限公司，1991。

1954年张爱玲于香港。到了香港，张爱玲又红巾翠袖、环珮叮当、张扬地打扮起来。时任美国新闻处主任的麦卡锡曾提到，有一次邀请张爱玲和美国作家马昆德(John P. Marquand,1893-1960)吃饭，张爱玲盛装出席，脚趾甲甚至涂着绿色的指甲油。

至少给妹妹做一顿干饭，可月香实在怕做了干饭，反让小姑起了疑，以为自己的日子过得多么好，不借钱的理由就不成立，因此照旧做了稀得照见人影的粥。丈夫觉得愧对妹妹，引发了夫妻之间的争吵。

快到年关，村里要求每户拿出四十斤年糕、半只猪去慰问军属，没养猪的就交钱。因为金根是村里的劳动模范、积极分子，所以村干部王同志首先来金根家，动员他带头交钱。金根一直以来被虚妄的劳模名号和实实在在的饥饿折磨着，心中气愤，坚称没有钱。月香恐怕事情闹大将自己在上海帮佣攒下的钱给了王同志，结果被金根暴打一顿。金根和月香一向感情很好，这次爆发其实是因为金根一直以来的憋气无处发泄，用月香做了出气筒。月香深知丈夫在困窘中打肿脸充胖子做劳模的苦恼，所以并没有责怪丈夫。

从第十三章开始，小说的情节急转直下，叙事也有些手忙脚乱。在农民

上图,夏衍编剧、桑弧导演的电影《祝福》(1956年)中的祥林嫂;下图,导演桑弧(左)在给演员说戏。张爱玲在香港创作《秧歌》《赤地之恋》的时候,桑弧也在大陆一部接一部地导演新片,其中尤以鲁迅名篇改编的电影《祝福》最为著名。如果说写《十八春》和《小艾》是张爱玲跟新的时代,跟桑弧靠近的一种努力,那么到了这个时候,两人已经海角天涯,彻底走上了不同的道路。

上缴年糕和半只猪的过程中,王同志说金根的年糕短斤少两,终于让压抑已久的金根彻底爆发出来,村民们也跟着闹起来,一起冲向粮仓。王同志眼看事情不可收拾,下令开枪,在骚乱中金根受了重伤,女儿阿招被人群踩死,月香拖着金根逃到邻村,可是金根的妹子金花不敢收留他们,最后金根为了不拖累月香偷偷自尽,月香万念俱灰,回到村里一把火烧了粮仓,自己也同归于尽。

新年里,村民们还是排好队,扭着秧歌,敲着锣鼓,挑着年糕和猪肉出发了,他们被要求按照原计划去慰问邻村的军属,好像一切都不曾发生过。

在这个惨烈的乡村故事之外,小说还有一条隐线,就是来农村体验生活的作家顾冈所写的电影剧本中的这个故事。在顾冈的剧本中,他保留了最初幻想的那个技术工程师与老农民合作建水坝,解决水患的故事,但是加进了更为惊心动魄的阶级斗争:村庄里的地主,是国民党的潜伏特务,企图炸毁水坝,失手后又和姨太太一起放火烧粮仓,结果被当场捉住,搜出国民党的委任状。

顾冈的创作灵感当然是来自于现实，如剧本中写地主土改后仍生活得比别人好,常常关起门来大吃大喝,有干部来访问的时候就赶紧把碗筷藏起来,这原型就来自于月香回家第一天,唯一做过的那顿稠粥,结果掩藏不及被来访的王同志看到。再如老地主的年轻妻子，也是以月香为原型创作的——其中当然还夹杂了顾冈对月香的性幻想。真实被顾冈剪切、涂抹、重构之后,变得面目全非。真实的惨烈和虚构的荒诞,形成强烈的反差。张爱玲要告诉我们的,正是当时激进的时代潮流中,“一个剧本是如何诞生的”。月香一家家破人亡,在剧本中被改写为地主的反革命颠覆活动。即便剧本如此这般地重构了一番,这场烧毁粮仓的大火,作家也不敢让它尽情地烧起来:

> ……但是结尾可惜不能有一场伟大的火景。那一场火不能让它烧得太大。刚刚有一两袋米开始冒起烟来,就已经有一个守兵绕着墙角跑了过来,大声喊叫着:“失火了!失火了!有人放火!”要不然,那就显得民兵太低能了,太缺少警惕性。一定有许多报纸怒气冲冲地声讨他,“敌友不分地滥用讽刺的武器抨击人民自己的组织……超出了建设性的批评的范围……”①

张爱玲的小说其实并不专为批判中共。在写谭大娘一家杀猪的时候,小说还特意提到日占时期,他们养的一头猪被伪军抢走,儿媳差点受辱,儿子也被拉壮丁一并带走，七年来生死不明——从前的日子似乎确实要比现在更糟。张爱玲对政治的兴趣是有限的,小说中的隐线“一个剧本的诞生”才是她要表达的核心。她最不能忍受的,恐怕是被主流意识形态异化了的文艺创作,是被谎言堆积起来的虚假神话。张爱玲从来都不否认人生中悲惨和扭曲

①张爱玲:《秧歌》,第190页,台北,皇冠文化出版有限公司,1991。

的一面，妻离子散、家破人亡的惨剧每个时代都有，但要一个作家放弃基本的文学立场，把这悲惨和扭曲粉饰成繁荣和幸福的宏大叙事，于她是万万不能的。这部小说或者可以自圆其说地解释张爱玲“逃离”大陆的原因。

《赤地之恋》书影。

继《秧歌》之后，张爱玲又创作了小说《赤地之恋》。这是张爱玲自己也非常不满意的小说，她几次提到这是自己的迁就之作——为了顾及读者口味，又早有事先拟定的大纲。[①]在这部小说里，张爱玲试图将更大的社会图景展现出来，写大学毕业生刘荃，在大陆20世纪50年代初期的土地改革、“三反”“五反”和抗美援朝等几件政治大事中的遭遇，从最初的满怀理想，到后来一步步幻灭，集中体现了张爱玲的政治立场。

很多年之后，当《十八春》和《小艾》重新出土时，很多人惊异于张爱玲两年间创作上完全相反的意识形态。其实这不过更进一步证实了那个时代的高意识形态性——不论在大陆，在香港，还是在美国。因此不难理解，为什么《秧歌》出版后，可以上书评榜，而后来的《怨女》却几乎无人问津。华裔作家即便在海外，要想真正跳出意识形态这个圈子，也是相当困难的。无论在大陆、香港还是美国，张爱玲更希望在时代的缝隙中，做一个识时务的个人主

①据水晶说，访问张爱玲时她明确表示是在授权的情形下写出来的。参见水晶：《夜访张爱玲》，见《替张爱玲补妆》，第20页，济南，山东画报出版社，2004。但是当时美国新闻处的理查德·麦卡锡却否认这一点，只承认曾跟张爱玲一起讨论过故事大纲，询问过写作进度，没有具体干涉过写作。参见高全之：《张爱玲与香港美国新闻处——访问麦卡锡先生》，见《记忆张爱玲》，第130-131页，济南，山东画报出版社，2006。

义者。为了做到这一点,她付出了很大的代价——放弃这类意识形态化的创作之后，她回归自己喜爱的中国旧家族生活题材，呕心沥血地用英文改写《怨女》。可是她后来的创作始终不能像《秧歌》那样容易地被出版商接受。失去美国新闻处的庇护,她的“第三条道路”是行不通的,这也许是张爱玲最不愿承认的事实。

第七章

哀乐中年

第七章

哀乐中年

一、明日巴陵道，秋山又几重

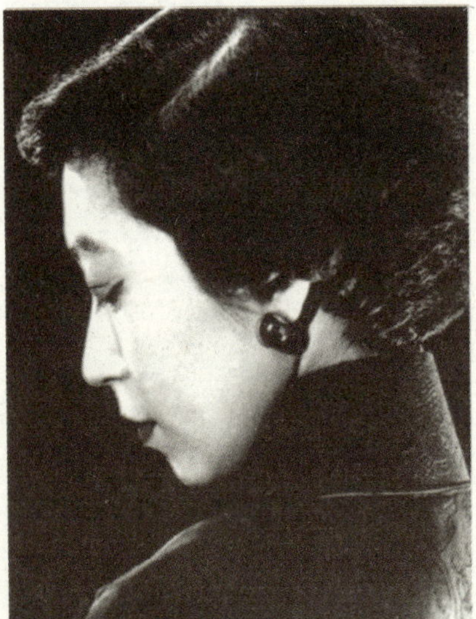

1955年离港前的张爱玲。这个半身的侧影，仿若欲回首，却又眼眸低垂，介于留恋和诀别之间，正是张爱玲离港时心情的写照。

张爱玲根据美国1953年颁布的难民法令申请移民，于1955年秋天乘坐克里夫兰总统号海船离港赴美。船刚到日本，她就给宋淇夫妇写了长达六页的信："别后我一路哭回房中，和上次离开香港的快乐刚巧相反，现在写到这里也还是眼泪汪汪起来。"张爱玲向来以冷漠著称，小时候母亲出国前来作别，她也一副淡然的面孔。如今这次离港，却是"执手相看泪眼，竟无语凝噎"的伤怀，张爱玲当时心情的凄苦可见一斑。

从中学时候起，张爱玲就一直梦想着像母亲和姑姑一样踏上异国的土地，揭开人生绚丽的新一页。可是她再也不会想到，一二十年就这样倏忽而过,自己却总是失之毫厘,谬以千里,几次跟梦想擦肩而过,即使有过绚丽的绽放,也如昙花一现般短暂。如今已经35岁,带着陌生和茫然的恐惧,作为“难民”前往那遥远的未知的异国的土地,怎能不慨叹造化弄人呢?

在海上漂泊月余,张爱玲从旧金山入境。这时的张爱玲十分清瘦,以至于办理入境手续的日裔登记员将她的身高五英尺七英寸,错写成了六英尺七英寸,张爱玲很多年后对这个小细节还记忆犹新,认为这是个弗洛伊德式的错误——瘦高的张爱玲一定给那个矮小的日裔海关职员留下了触目惊心的印象。入境之后,张爱玲立刻到纽约去投奔好友炎樱。

通过炎樱的一个熟人介绍,张爱玲暂时住进了救世军(Salvation Army)女子宿舍,这是一个慈善机构的救济所。繁华的纽约高楼林立,灯火辉煌,然而一切的繁华与热闹都是别人的,张爱玲只是这个辉煌背影下的,一个一文不名的“难民”。在这种惨淡的心情下,她来美国不到一周,就去拜访了胡适。

她与胡适之间的忘年交,要追溯到1954年

胡适(1891-1962)。张爱玲初到美国,与胡适他乡遇故,曾有一段忘年之谊,她在一篇散文中写抗战后,姑姑在报上看到胡适回国的照片,笑容满面,笑得像个猫脸的小孩,打着个大圆点的蝴蝶式领结,不禁笑说:“胡适之这样年轻!”然而那已经是十年前的事了。这时的胡适侨居美国,独自做学术研究,境况也颇为落寞。炎樱在拜访胡适后曾说:“你那位胡大博士不大有人知道,没有林语堂出名。”①

①张爱玲:《忆胡适之》,见《张爱玲集·对照记》,第97页,北京,北京十月文艺出版社,2007。

10月，她将自己的小说《秧歌》中文版寄给胡适，希望胡适指正。同时附信一封，信中提及她的小说《秧歌》里有“平淡而近自然”之气，是得益于胡适非常喜欢的两部小说《醒世姻缘》与《海上花列传》。胡适认真读了小说之后于1955年1月回信，认真而平实地称赞了《秧歌》，也指出其中的小纰漏。张爱玲很快回了一封较长的信，进一步谈自己的创作近况，并且表达了想将《海上花列传》和《醒世姻缘》这两部小说译成英文的心愿。

从前，张爱玲与胡适两家族间也互有来往。胡适的父亲胡传和张爱玲的祖父张佩纶相识，张佩纶曾经帮过胡传的忙，胡适也曾跟张爱玲的母亲、姑姑同桌打过麻将。胡适在1955年11月10日的日记中记载：

> Callde on Miss Eileen Chang。张爱玲，author of《秧歌》始知她是丰润张幼樵的孙女。
>
> 张幼樵（佩纶）在光绪七年(1881)作书介绍先父(胡传，字铁花)去见吴窸斋(大徵)。此是先父后来事业的开始。①

有这样的家族渊源，加之二人之前的书信

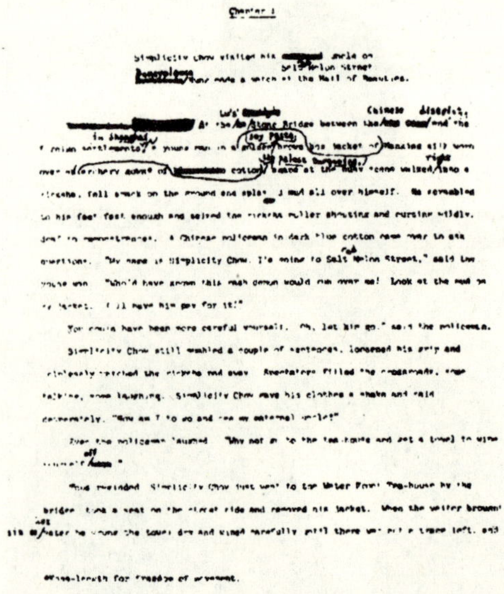

张爱玲英译《海上花》手稿。张爱玲和胡适都对《海上花列传》评价很高。张爱玲在1955年与胡适的通信中，曾提到要将《海上花列传》译成英文的心愿。十几年后她真的动手翻译时，想到胡适先生早已不在这世上，不觉悲从中来，泪如雨下。

①胡适1955年11月10日日记，见《胡适全集》，第34卷，第361页，合肥，安徽教育出版社，2003。

来往，张爱玲一到纽约就将胡适作为长辈亲人去拜会，也就不足为奇了。这天照例由炎樱作陪，张爱玲在下午的阳光中看到一排白色水泥方块形的港式公寓建筑，顿时有一种恍然还在香港的错觉。待上了楼，她看到中式风格的家具，穿着长衫的胡适先生，讲话带着安徽口音的胡适太太江冬秀，以及玻璃杯里泡着的绿茶，时空交叠的感觉更浓了。这次相见颇为愉快，胡适夫妇也很喜欢活泼的炎樱，江冬秀拉着她不停地问长问短。

后来张爱玲又独自去拜访过胡适一次，两人在书房对谈。张爱玲称自己如对神明，胡适则仍是谦谦君子的风度。谈话间胡适如果发现张爱玲有不同意见，就会很快转换话题。比如谈到大陆的情况，胡适说："纯粹是军事征服。"而张爱玲觉得"左派"自30年代起就已成潮流，对大陆的影响颇深，所以不是简单的军事征服，因而顿了顿没有回答，胡适脸上的不喜之色一闪而过，随即也就换了话题。胡适又说："你要看书可以到哥伦比亚图书馆去，那儿书很多。"大概在张爱玲的笑容中看到了拒绝的意思，胡适立刻又转移了话题。① 张爱玲对自己的不会敷衍世情一直耿耿于怀，所以后来说，这次谈话唯这两处记忆深刻。

胡适也曾去看望张爱玲。在救世军宿舍破旧空阔的客厅里，胡适很有涵养地称赞这里不错。张爱玲随后送胡适到大门外，两人站在台阶上说话。旁边的赫贞江上一片空蒙，雾霭沉沉，两人在寒风中微笑着站在那里，张爱玲却觉得"仿佛有一阵悲风，隔着十万八千里从时代的深处吹出来，吹得眼睛都睁不开"。② 那是她最后一次看见胡适先生。

相聚总是如此短暂，生离死别也总在不经意中到来。张爱玲和胡适的这段交往，在他乡遇故知的亲切背后，是异乡漂泊者无法排遣的孤独感："十年离乱后，长大一相逢。问姓惊初见，称名忆旧容。别来沧海事，语罢暮天钟。明日巴陵道，秋山又几重。"唐代诗人李益的这首《喜见外弟又言别》，虽然讲的是亲戚之间短暂的乱世重逢又分别，但其间那种异乡漂泊、恍如隔世和聚散

①②参见张爱玲：《忆胡适之》，见《张爱玲集·对照记》，第98页、第101页，北京，北京十月文艺出版社，2007。

无常的情感，不正是张爱玲与胡适这段交往的写照吗？

二、执子之手，与子偕老

麦克道威尔文艺营。1956年，张爱玲在这里结识了她的第二任丈夫赖雅。

1956年2月，张爱玲为了生计，也为了能完成自己的写作计划，向位于新罕布什尔州彼得堡(Peterborough, New Hampshire)的爱德华·麦克道威尔文艺营(Edward Mac Dowell Colony)提出申请，希望该基金组织能够提供一段时间的免费食宿。她在美国的出版代理人玛丽·罗德尔(Marie Rodell)和在香港曾经跟她有一面之缘的著名作家马昆德(John P. Marquand)都为她做了保证人。

3月中旬的一天，张爱玲从纽约转火车到波士顿，再转长途汽车到彼得堡市，再坐计程车到数英里外的麦克道威尔，一路风尘仆仆来到了文艺营。

麦克道威尔文艺营是由已故作曲家爱德华·麦克道威尔的遗孀马琳女士1907年创办的，坐落在新罕布什尔州的群山之间，风景宜人。文艺营有四十多间房舍，包括28个大小不一各自独立的艺术工作室，十来个宿舍，图书馆和大型活动中心，占地420英亩，给一些有潜力的艺术家提供食宿，让他们在无后顾之忧的状态下潜心完成自己的艺术创作。

虽然这里十分寒冷，但生活终于稳定下来，有了独立的工作室可以创作，张爱玲到美国后第一次有了“家”的感觉。这里的管理非常人性化。每天早晨艺术家们共进早餐后就回到自己的工作室，专心创作。午餐会由专人送到工作室门口的午餐篮子里，艺术家们随时自取，以免打断艺术创作的思路。下午4点后，是自由活动和交流的时间，然后共进晚餐。

在这里，文艺营的一位美国作家费迪南·赖雅(Ferdinand Reyher)走进了张爱玲的生活。赖雅1891年出生于美国费城的一个德国移民家庭。幼时家境尚好，父亲按照严格的德国习惯教育他，从小就可以讲一口流利的德语。他少时也像张爱玲一样有神童之誉，五六岁即可在众人前即兴赋诗。17岁时，他入宾州大学文学系读书，其间创作了诗剧《莎乐美》。1912年入哈佛大学攻读文艺学硕士学位，其间写作的剧本《青春欲舞》，获得彼得堡的麦克道威尔戏剧节奖。他从哈佛毕业后，经人推荐到麻省理工学院任教。但他并不是一个安于平淡学者生活的

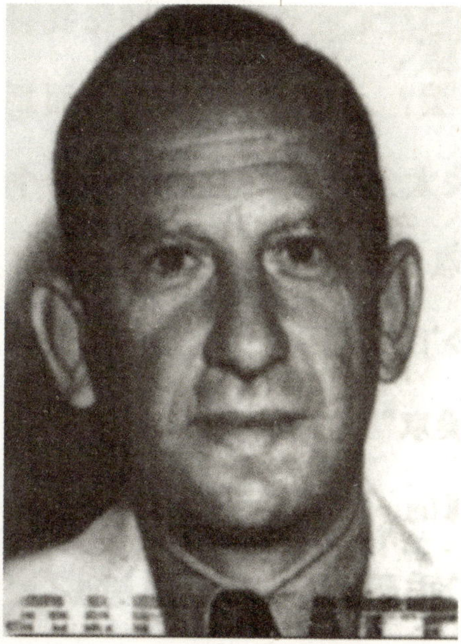

费迪南·赖雅(Ferdinand Reyher,1891-1967)，张爱玲的第二任丈夫，与胡适同庚。赖雅在麦克道威尔文艺营与36岁的张爱玲相逢之时，已经是65岁的老人了。此前他两次中风住院，身体情况并不好。他年轻时过着今朝有酒今朝醉的生活，不善理财，老来根本没有任何积蓄，创作才华也逐渐消磨，大多数时间就辗转在各大文艺营之间。

人，他喜欢旅游、运动、交友、摄影、玩乐……因此，赖雅很快就辞去教职，先是任《波士顿邮报》驻欧洲的战地记者，报道第一次世界大战，后来干脆做了自由撰稿人。1917年，赖雅与美国著名女权运动家吕蓓卡·郝威琪（Rebecca Hourwich）结婚。他们育有一女，但是夫妻二人都是在各自生活圈子里自得其乐的人，共同的家庭生活有限，永远是聚少离多，终于在1926年离异。

在1920年张爱玲出生的时候，赖雅的人生已经度过了二十九个春秋，正穿梭于美国和欧洲，过着"天生我材必有用，千金散尽还复来"的才子和荡子生活。他洒脱豪爽，花钱如流水，缺钱时就"狂轰滥炸"地写东西，发表一篇小说大约能得到两千美金的稿酬，甚至随便给妇女杂志写点稿子，或写写烹饪方面的文章也能赚钱。他交游甚广，曾旅居巴黎、柏林、土耳其等地，著名诗人埃兹拉·庞德（Ezra Pound，1885–1972）、作家詹姆斯·乔伊斯（James Joyce，1882–1941）和戏剧家贝托脱·布莱希特（Bertolt Brecht，1898–1956）都是他的朋友。

从1931年起，他进入好莱坞，开始写电影剧本。在此后的12年间，他拿着大约每周500美元的高薪，过着更加及时行乐的生活。他才思敏捷，写出的剧本对白精彩，很受好莱坞制片方和导演们的欢迎，像《斯大林格勒的好男儿》（*The Boys From Stalingrad*）和《崎岖之旅程》（*Riding a Crooked Mile*）都是他

赖雅（右一）与著名戏剧家布莱希特。

较为著名的电影剧本。

20世纪30年代，在世界性的“红色潮流”中，赖雅也成为一个马克思主义的信徒，他没有加入美国共产党，但却以一个激进的左翼作家著称于世。他的好友，马克思主义戏剧家布莱希特从德国逃亡出来时，赖雅慷慨地伸出援助之手，设法把他的家眷接到美国，帮助他在加州定居。他真诚地赞美、到处宣传布莱希特的戏剧。这时布莱希特远不及赖雅名气大，赖雅对他的帮助，完全是一种朋友的仗义和热情。后来布莱希特声名渐盛，1950年邀他到德国联手发展，可是这场合作很快就以赖雅的不辞而别告终。对此一般人都认为是布莱希特出名后变脸，故意冷淡赖雅。但笔者认为这种观点不太能站住脚。果真如此，布莱希特就根本不必邀请他来，更没必要在他不辞而别后多次写信挽回。所以更可能的情况是，两人的关系已经在不知不觉中对调，赖雅从前仗义疏财帮助落魄的布莱希特，而如今布莱希特整天忙碌，风光无限，赖雅反而成了“跟着混饭吃”的人。高傲的赖雅因此感觉受到冷落，他的离开，更多应是自尊心受到了伤害。

1956年，已经没有固定收入的赖雅，在麦克道威尔文艺营专事写作。他仍保持着开朗健谈的性格，总是在下午自由活动的时间里谈笑风生、十分活跃。就在这一年的3月13日，他第一次注意到张爱玲，一个神秘安静的东方女性。第二天两人交谈了几分钟，彼此留下了深刻的印象。随后，二人感情迅速升温，3月下旬开始互访工作室。4月的一天，赖雅读了张爱玲的小说《秧歌》，虽然这篇小说的意识形态跟赖雅的信仰相冲突，但还是得到了赖雅真诚的赞美。5月12日，赖雅在日记中写道：“Went to the Shach and Shached up.”（同去小屋之中并过夜。）

5月中旬，赖雅在麦克道威尔的期限已满，张爱玲则可以逗留至6月底。5月14日，他们依依惜别。赖雅的下一站是纽约州北部的耶多文艺作场——他在那里可以住上六个星期。张爱玲坚持去车站相送，他们还共同预订了秋季重返这里的名额。

如果不是张爱玲意外怀孕，很难预测这份感情会不会成为过眼云烟，对

张爱玲与赖雅。张爱玲第二次婚姻也少有人看好。也许因为张爱玲后来被奉为华语文学界的传奇，所以大家自然会觉得这样一位已经“过气”又不断中风的老人根本配不上她。但初到美国的张爱玲，被孤独感和挫折感包围着，完全游离在异国世界的边缘，一个有才气有见识，热情地欣赏她、肯照顾她的父亲般的情人，也许就是足够巨大的温暖。而且即便这样的一个美国老人，若是早几年，也还未必会爱上张爱玲——“她也不相见恨晚。他老了，但是早几年未见得会喜欢她，更不会长久。”《小团圆》中九莉的这段独白，更让人为张爱玲的这段婚姻感到苍凉。

于两个同样在社会边缘漂泊的人来说，相濡以沫还是相忘于江湖，都是人生常态。然而人生没有如果，当7月5日，赖雅收到张爱玲诉说怀孕的信时，他立刻决定向张爱玲求婚，并且当天就冒雨去邮局发出了求婚信。张爱玲则更加急切，她没等赖雅的回信，两天后就亲自赶到赖雅当时住的萨拉托卡泉镇的罗素旅馆。

同年8月14日，两人在纽约举行了简单的婚礼，然后一起游览了纽约。母亲黄逸梵得知女儿的婚讯，寄上280美元作为贺礼，赖雅对此十分感动。张爱玲的经纪人罗德尔女士将他们的婚讯电话告知麦卡锡，麦卡锡还高兴地以为张爱玲终于可以衣食无忧，有了经济上的保证，没想到罗德尔一语道破天机：“我们的女儿没嫁出门，倒是招进个穷女婿。”①

张爱玲的这次婚姻，像她十多年前跟胡兰成的婚姻一样，也不为人所看

①高全之:《张爱玲与香港美国新闻处》，见陈子善编《记忆张爱玲》，第132页，济南，山东画报出版社，2006。

好。其中以夏志清的态度最为激烈。他爱惜张爱玲的才华，认为赖雅的残病之躯后来拖累了张爱玲很多年，严重影响了张爱玲的文学创作；同时，他认为赖雅坚决要求张爱玲打胎，也损害了张爱玲的健康，剥夺了她做母亲的权利；他甚至对两人的结婚动机也有颇不客气的揣测：

> ……对她来说，同一个有资格进麦克道威尔文艺营的美国文人结婚未始不是一条好的出路。不论他年纪多大，在经济上总该比她有办法。她哪会知道65岁的赖雅早已钱、才双尽，在他的向往中，同刚有新书在美国出版的年轻中国才女结婚，正好也解决了他的一切问题。①

夏志清的推测未免过于武断。从赖雅和张爱玲的性格来看，都不是那种希望攀龙附凤，靠婚姻来改善经济条件的人。更何况，他们两人相识于麦克道威尔，怎么会想不到辗转于各个文艺资助基金会的人，经济状况都不乐观呢？

两人虽然不至于为了钱而结婚，但也自然不再是少年人那种轰轰烈烈的爱情。他们都已经过了以

张爱玲与赖雅。对于风烛残年的赖雅和孤苦无依的张爱玲来说，两人的婚姻，也许更像是一种归宿，一个慰藉。

①夏志清：《〈张爱玲在美国〉序》，见司马新：《张爱玲在美国——婚姻与晚年》，第10页，上海，上海文艺出版社，1996。

为整个世界就只有爱情的那种年纪了。对于风烛残年的赖雅和孤苦无依的张爱玲来说，两人的婚姻，更像是追求一个归宿，一种慰藉。他们都应该清楚，他们选择的是互相扶持的温暖，而不是肆意绽放的绚烂的爱情。

两人共同决定打掉小孩。很多人对张爱玲打胎一事，一直责怪赖雅，认为是他坚持不要小孩，称小孩为"the thing"（那个东西），张爱玲才堕胎。继而认为是赖雅伤害了张爱玲的身体健康，也剥夺了张爱玲做母亲的权利。后来张爱玲在《小团圆》中，倒似乎是有意替赖雅翻案：

> "生个小盛也好，"起初汝狄说，也有点迟疑。
>
> 九莉笑道："我不要。在最好的情形下也不想要——又有钱，又有可靠的人带。"①

这样看来，不要小孩倒是张爱玲更坚决。赖雅应该并不十分讨厌小孩，在年轻时他也生了女儿菲斯，但是他如今的健康状况、经济收入、生活状态都已经不适合再要小孩，所以他不想要这个孩子是情有可原的。而张爱玲，则除了经济上的考虑之外，还有性格上的原因。她自身的经历，导致她对于家庭中的亲情关系极度不信任。她在《小团圆》的结尾提到的，她觉得如果有孩子，一定对自己很无情，正如自己这么无情地对待自己的母亲，对命运的轮回她显然充满宿命式的悲观情绪。因此，张爱玲和赖雅很容易就达成打胎的共识，只是具体操作却并不容易，好不容易才联系到一位医生愿意做手术。《小团圆》中有关九莉打胎的一段叙述，偷偷登门的医生，古老的药线打胎的方式，翻江倒海的腹痛，落在抽水马桶里的胎儿……很令人震惊，不知张爱玲当年打胎是否也有相似的恐怖经历，所以她说："女人总是要把命拼上去的"。

1956年10月至次年4月，他们双双回到麦克道威尔文艺营居住。其间赖

①张爱玲：《小团圆》，第155页，北京，北京十月文艺出版社，2009。

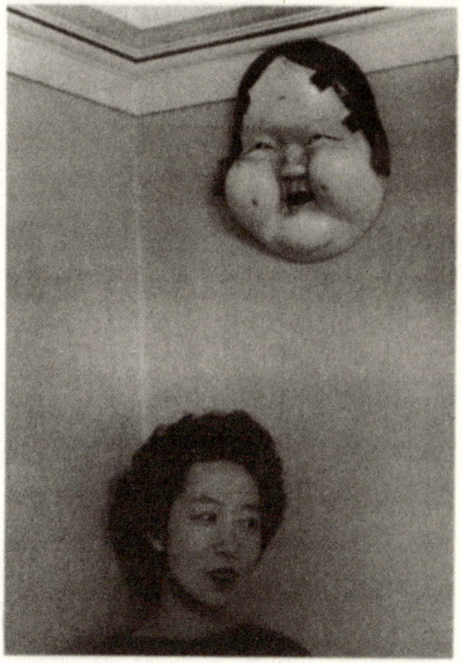

1961年的张爱玲。张爱玲曾说:“所谓‘哀乐中年’,大概那意思就是他们的欢乐里面永远夹杂着一丝辛酸,他们的悲哀也不是完全没有安慰的。我非常喜欢‘浮世的悲哀’这几个字,但如果是‘浮世的悲欢’,那比‘浮世的悲哀’其实更可悲,因为有一种苍茫变幻的感觉。”① 此时,张爱玲年过四十,赖雅身体情况时好时坏,两人虽然相濡以沫,颇为甜蜜,但同时也处处都有烦恼摩擦,无时不在体会着“浮世的悲欢”。

雅两次中风,第二次尤其严重,面部麻痹,几乎失声。张爱玲非常恐惧焦虑,形容消瘦。赖雅只好强作坚定,保证不会撒手而去。在麦克道威尔文艺营期满之后,他们没有申请到新的基金资助项目,只好在彼得堡城以每月61美元的价格租住了松树街25号的公寓。1957年他们度过了较为平静的一年。两人读书写作之余,共同游览过波士顿,接待过赖雅的女儿菲斯来家做客。在张爱玲生日这天,两人一起散步、看电影,其乐融融。张爱玲不由得说:“这是我有生以来最好的生日。”

然而,快乐中也永远掺杂着悲伤和打击。首先是张爱玲辛苦创作的英文长篇小说《粉泪》被出版商退稿,张爱玲为此大病一场。她因为《秧歌》的成功出版,一直有信心靠英文写作在美国闯出一片天地,可是《赤地之恋》被拒在先,根据中文代表作《金锁记》精心改写的《粉泪》如今也是同样的命运。这对张爱玲打击之大可想而知。另一个打击是张爱玲的母亲在英国病危,写信希望见女儿最后一面,可是张爱玲只寄去100美元,没有前往。当她的母亲孤独

①张爱玲:《〈太太万岁〉题记》,见《张爱玲集·流言》,第266页,北京,北京十月文艺出版社,2006。

谢世之后，一只装满古董、照片等遗物的箱子，由英国寄来，整个房间里都充满了悲伤的气氛。张爱玲又一次病倒，几个月之后才有勇气打开箱子，整理母亲的遗物。

打开这只箱子，仿佛打开了她和母亲以及整个家族的罗愁绮恨。这里装满了她的过去，纵然不好，总是属于她的世界，如今的太平盛世里，她又有什么好的呢？

一种难言的今昔之感。

总的说来，张爱玲和赖雅婚后几年的生活，是辛苦辗转，苦乐参半。1961年8月，张爱玲终于鼓起勇气向赖雅说明，她要去台湾为计划写作的英文小说《少帅》搜集资料，同时她也计划到香港写更多的剧本赚更多的钱。她正值中年，在文学上有很大的野心，喜欢美丽时尚的衣服，向往繁华的文学出版中心纽约，而这一切，都需要金钱上和资料上更丰厚的准备。赖雅沉默了，他在情感上和生活上都离不开张爱玲了，也许潜意识里，他害怕张爱玲一去不回，剩下自己孤独终老。年轻时再玩世不恭及时行乐的人，到了风烛残年，也一样依恋平静的家庭生活。他在这天的日记中写道："好，我想过现在这样的生活，她却想要改变。"

1961年10月初，张爱玲登上了飞往台湾的飞机，赖雅的

张爱玲与王祯和、王母在台湾花莲。王祯和是当时台湾大学外文系二年级的学生，张爱玲曾读过他的小说《鬼·北风·人》，对小说中描写的他故乡花莲的风土人情十分感兴趣。她此次来台湾，就由王祯和陪同游览了花莲。

女儿菲斯答应父亲可以去华盛顿，租住在她家附近的公寓里，以便照应。

来到台北，张爱玲刚下飞机，就有了一种恍然如梦之感，不禁令她想起昔日的上海。负责接待的是昔日香港旧相识麦卡锡先生，他此时任美国驻台北领事馆的文化专员。他为张爱玲接风，还专门请当时台湾大学外文系的一群文学青年作陪，这些学生当时正在办《现代文学》杂志，有白先勇、陈若曦、王祯和、欧阳兴、王文光等。对于这次聚会，当事人之一的陈若曦后来写道：

> 她真是瘦，乍一看，像一副架子，由细长的垂直线条构成，上面披了一层雪白的皮肤，那肤色的洁白细致很少见，衬得她越发瘦得透明。紫红的唇膏不经意地抹过菱形的嘴唇，整个人，这是唯一令我有丰满的感觉的地方。头发没有烫，剪短了，稀稀疏疏地披在脑后，看起来清爽利落，配上瘦削的长脸蛋，颇有立体画的感觉。一对杏眼外观滞重，闭合迟缓，照射出来的眼光却是专注、锐利；她浅浅一笑时，带着羞怯，好像一个小女孩。嗯，配着那身素净的旗袍，她显得非常年轻，像个民国二十年左右学堂里的女学生。浑身焕发着一种特殊的神采，一种遥远的又熟悉的韵味，大概就是30年代所特有的吧。①

张爱玲显然给在座的各位都留下了深刻的印象。她

夏志清，1921年生。美籍学者夏志清在他的《中国现代小说史》(1961年初版）中给了张爱玲最多的篇幅和最高的评价。其实早在1957年，相关章节已由其兄夏济安(时任台湾大学外文系教授)推荐给学生，因此台大外文系的青年学生们对张爱玲早有耳闻，对她的作品也相当熟悉。

①陈若曦:《张爱玲一瞥》，载台北《现代文学》，1961年11月。

的语速极慢，她的不善言谈，她的羞涩拘谨，以及她的独特韵味。不过饭后陈若曦陪同张爱玲去购物的时候——为花莲之行给王祯和的母亲买衣料作礼物——张爱玲倒是落落大方，谈了很多纯粹的女性话题，衣料的颜色、老式的发髻、香港的旗袍、女人的腰肢等等，还谈到自己对台北的印象。

张爱玲的花莲之行也非常愉快。她住在王祯和家特为她准备的有日式榻榻米的房间，品尝了王祯和小说中提到的种种花莲小吃，游览了花莲一家上等妓院“大观园”，仔细观察了风土人情、寺庙酒家，还观看了当地阿美族的丰年祭山地舞。张爱玲早年就谈到过对原始舞蹈的喜爱，对于这里原汁原味的民间艺术更是赞不绝口。

张爱玲虽然已经年过四十，但仍显得十分年轻，走在当时台湾花莲县的大街上，是名副其实的时髦女郎，同行的王祯和比她年幼20岁，两人走在一起竟被误认为是一对小情人。可惜短暂的快乐很快被打断了，张爱玲刚刚在台湾散散心，展露青春的笑靥，就传来赖雅中风住院的消息。原来她离开不久，赖雅启程去华盛顿，途经宾夕法尼亚州时就又一次中风昏迷，被女儿菲斯接到华盛顿的一家医院安顿下来。现实对张爱玲来说总是纷扰不断，美国传来的坏消息完全打乱了她的台湾之行，前面一周的愉快经历立刻被打得烟消云散，加之她为写作小说《少帅》而访问张学良的计划没有得到台湾当局的批准，可以想象张爱玲是带着怎样扫兴的心情离开台湾的。

张爱玲身上的钱已经不够买返程机票，赖雅的病也需要昂贵的医疗费

张爱玲来香港之前的派司照。这时的张爱玲浓妆笑靥，带着满满的希望。不料访问张学良和给电懋公司写电影剧本都遇到挫折，台港之行变成了一次伤心之旅。

用。因此，她从台湾直接到香港，希望通过写作电影剧本赚取回程机票和足够的医疗费。从20世纪50年代末起，她经好友宋淇穿针引线，开始为香港电懋公司写电影剧本，像《情场如战场》、《桃花运》等，都非常卖座。可是这次来港的五个月，写作剧本也成了噩梦一般的经历。这从她和赖雅的通信中可见一斑：

……我工作了几个月，像只狗一样，却没拿到一分酬劳，那是因为一边等一边修改的缘故，为了省时间，所以许多剧本会在最后一分钟完成。我刚刚完成第三和最后部分的大纲，并且刚送去宋家，想让他在农历年前完成审稿……目前请不要对我如此超级敏感……请不要担心，让我安心完成这儿的工作，我在这的处境已经够艰难的了。如果你能看到我在这里的生活，就能理解我为何如此想念我俩的小公寓了……①

此时，她为电懋公司写作的电影剧本《红楼梦》上、下集，原本预计可以得到1600美元到2000美元的报酬，但是因为公司迟迟不能通过，改了又改而得不到一分钱，小报上又盛传电懋公司的对头邵氏公司要抢先拍摄《红楼梦》，这意味着她的努力可能付诸流水。她不得不一次次推迟归期，听从宋淇的建议开始写另一个可以赚取800美元报酬的剧本。张爱玲在香港日夜写作，劳累过度导致眼睛充血，双腿浮肿，彻夜失眠，连看病的钱都是向宋淇借的，远在美国的赖雅一次次神经过敏地写信催促她回去。这一切让她心力交瘁，痛苦不堪。1962年农历元宵节的前一天晚上，她在给赖雅的信中写道："当我在黑暗中孤独地徘徊在阳台上时，心中不禁猜想你是否知道我的处境、我的心情，顿时觉得在这个世界上我可以投向谁？"②

1962年3月16日，张爱玲终于登上了去美国的飞机，结束了这令她懊恼

①②转引自周芬伶：《哀与伤：张爱玲评传》，第80-82页，上海，远东出版社，2007。

张爱玲。照片中是浓妆旗袍的打扮，具体拍摄情况不详。据周芬伶说拍于60年代，但总觉得这张照片看上去比她60年代初的两张相更年轻，脸部线条饱满，应该是张爱玲50年代的照片。

失望的港台之旅。她在香港，除了病痛、剧本纠纷之外，无所依傍的漂泊感与孤独感也深深地打击了她。鲁迅在小说《在酒楼上》中说："觉得北方固不是我的旧乡，但南来又只能算一个客子。"张爱玲这次香港之行也应有这样的感受，她带着与宋淇夫妇深厚的感情记忆回到香港，却因为剧本问题变得关系紧张，不欢而散。在张爱玲的心目中，宋淇夫妇已不再是原来的朋友了。当她在香港租住房的阳台上孤独徘徊的时候，她的心境是幻灭的：无论是大陆、香港、台湾还是美国，偌大的天地中，对她来说已经是黑漆漆一片，也许只有她和赖雅的方寸之间的小天地，是唯一的安慰。

赖雅此时已经非常衰弱，他一直在无比思念中等待着张爱玲。虽然明知3月18日张爱玲才会到，他还是在17日就跑到机场徘徊，希望奇迹会发生。第二天，他跟女儿菲斯一起去机场将张爱玲接回家。这处位于华盛顿第六街105号的公寓，离女儿菲斯家和国会图书馆都很近，既方便他们去图书馆查资料和写作，也方便赖雅去女儿家共享天伦之乐。张爱玲并不喜欢参加这样的家庭聚会，经常以各种理由推脱，拒绝跟赖雅一同前往。她跟菲斯年纪相仿，但关系微妙，无法深交。她从前最恨自己的继母，没想到20年后自己也成了继母，总觉得命运有些讽刺。

这样平静的生活没能持续多久，赖雅的中风反复发作，而且一次比一次严重。1963年7月，赖雅又一次在散步中跌倒，从此卧床不起，终至全身瘫痪，大小便失禁，繁重的看护工作令张爱玲困苦不堪。1964年电懋公司的老板陆运涛飞机失事身亡，电懋公司解散，身为制片人的宋淇也要另找出路，张爱迈阿密大学聘张爱玲为驻校作家的报道。报道称她是中国第一流的女作家，也是迈阿密大学第一次由外国人做驻校作家。

SLANT WALK REPORT

campus news about the University, its students and alumni

Top Chinese Authoress: Miami's Writer-In-Residence

Outstanding Chinese authoress Eileen Chang will be Miami's first foreign Writer in Residence. Miss Chang's novels and other works in both Chinese and English have brought her recognition as "one of the best living Chinese novelists.

"We see Miss Chang's presence on the campus as an important opportunity for our programs in East Asian Studies, Chinese literature, creative writing and modern American literature, while at the same time providing her with favorable circumstances for further work on her current novel," said President Shriver.

"It is understood that while she will not teach any regular course.

Eileen Chang

appear soon, and Edgar M. Branch, authority on both Mark Twain and James T. Farrell, are Research Professors in English. Howard L. Ritter currently on leave for nuclear research in Puerto Rico, is Research Professor in Chemistry. Dwight L. Smith, author or editor of several books, is Professor on Continuing Research Appointment in History. David Bean, pianist, holds formal designation as Artist in Residence.

玲长期以来的重要经济来源——为电懋写电影剧本——也断绝了。她和赖雅的生活越来越拮据，不得不搬到黑人居住区的(Kentucky Court)政府廉租房里。

张爱玲一面照顾赖雅，一面设法赚钱。她在美国新闻处谋到了翻译的兼职，同时在麦卡锡先生负责的美国之音广播电台编广播剧，先后改编过陈纪滢的长篇小说《荻村传》和苏联作家索尔仁尼琴的小说《伊凡生命中的一天》、《玛曲昂娜的家》。1966年9月，在刘绍铭、庄信正等人的努力下，她被俄亥俄州的迈阿密大学聘为驻校作家，为期七个半月。但菲斯不能全职照顾瘫痪的父亲，看护也觉得照顾大小便失禁的赖雅非常为难，张爱玲只好将赖雅接来迈阿密大学，自己照顾。1967年4月，在夏志清的推荐下，张爱玲又拖着赖雅前往麻州剑桥的赖德克利夫大学(Radcliff University)，在该校研究机构里从事独立研究——翻译《海上花列传》。

1967年10月8日赖雅在麻州剑桥逝世。尽管他本意上并不愿意拖累张爱玲和女儿菲斯，也不愿意别人为了他的痛苦而难过，但是事实上他还是拖累了她们好几年。赖雅的离世，在张爱玲应该是早在意料之中。照顾病人的忧心如焚终于解脱了，但从此她在这个世界上也彻底孤独了。跟赖雅共同生活11年，他只给她留下了一个姓氏，张爱玲后来一生都冠以夫姓，称自己为Eileen Reyher。为了这份"执子之手，与子偕老"的承诺，她付出了艰辛的代价。从此，47岁的张爱玲带着赖雅的姓氏，一个人孤独终老。

1966年离开华盛顿之前留影。大约25年前，张爱玲在《烬余录》里，曾经记述自己在香港医院里做"一个没有良心的看护"的经历，她那时任极度痛苦的病人昼夜呼喊而冷漠对待，在那个病人死去的早晨欢欣鼓舞。如今她多年照顾瘫痪在床的丈夫，在丈夫床边搭行军床睡觉，一边拼命赚生活费，一边昼夜服侍，心力交瘁地做了"一个尽职尽责的看护"许多年。如果当年那个死去的病人泉下有知，一定会感谢命运为自己报了"一箭之仇"。命运的残酷有时近于讽刺。

对于她和赖雅的生活，张爱玲后来很少提起，在《对照记》中既无照片也没有只言片语。《小团圆》中也仅有打胎一处提了几句化名为汝狄的赖雅。小说中的汝狄是一个自称懦夫、闯完祸就跑的人，九莉打胎，他倒是抡着板斧守在门口，预备若是九莉打胎出了危险，就跟医生拼命；但看着九莉肚子疼得翻江倒海，自己却仍有滋有味地大吃烧鸡，还让九莉也吃。这可以看出，赖雅是一个热情、天真和粗心的人。正如张爱玲在赖雅去世后跟朱西宁的通信中所说："他是个粗线条的人，爱交朋友，不像我，但是我们很接近，一句话还没说完，已经觉得多余。"① 后半句可以看作是张爱玲对两人关系的盖棺论定。

①张爱玲致朱西宁信。参见朱西宁：《致张爱玲先生》，见子通、亦清编《张爱玲评说六十年》，第186页，北京，中国华侨出版社，2001。

一直在思考，为什么《小团圆》这部被张爱玲自己称为"写爱情的万转千回"的自传小说，只将赖雅一笔带过？也许因为她和胡兰成荡气回肠、恩怨缠绵的爱情，跟桑弧找补人生缺失的两小无猜的初恋，都是绚烂之后很快萎谢，免不了"相忘于江湖"的结果。只有在年过花甲的赖雅身上，她找到了平淡真实的夫妻生活。但这已不是万转千回的爱情，他们的"一句话还没说完，已经觉得多余"，也绝非"身无彩凤双飞翼，心有灵犀一点通"的青年人的爱恋，而只是在相濡以沫的生活中达成的互相理解。赖雅常说"I'm good company"，这是赖雅对自己的评价，也是他对他们关系的评价，他们是人生的伴侣。他们在一起的这十一年，大多数时候都是被抛到社会边缘的一对夫妻，远离都市，病痛缠身，经济困难，互相依赖和互相照顾对彼此来说都是一种精神上的支撑。后来她说："人生，是在追求一种满足，虽然往往是乐不抵苦的。"[①] 也许对张爱玲来说，即便是乐不抵苦，也并不见得后悔，因为追求的过程本身，也是一种需要，一种满足。

三、一弦一柱思华年

《北地胭脂》(*Rouge of the North*)书影。1967年，她不断改写的小说《粉泪》，更名为《北地胭脂》，由英国凯塞尔(Cassell)出版社出版。这是她到美国后，在英语世界打拼11年，唯一像样的成果。但这并不是她终于闯进英语文学世界的一个转折，相反，小说的销路和评价都不理想。《北地胭脂》的出版，恰是她对打进英语文学世界彻底死心的一个转折。此后，她的创作，明显向华语文学世界回归。

①参见殷允芃：《访张爱玲女士》，见陈子善编《私语张爱玲》，第116页，杭州，浙江文艺出版社，1995。

赖雅逝世前后，张爱玲的人生出现了新的转折。随着夏志清、夏济安、刘绍铭等人在华语世界的佳评和推介，她在香港和台湾再一次走红。加上英文小说《北地胭脂》出版后销路不好，评价也差，她失望之余，创作重心明显转回了华语文学世界。张爱玲的选择显然非常明智。作为第三世界国家的小说家，如果不在本土厚积薄发，获得享誉世界的声誉，而想要单身匹马用英文写作一炮走红，获得美国主流文化的认可，那可以说是天方夜谭。更何况她的小说最出色的部分，永远在于以一种极其中国化的方式，深入精细地描摹中国文化视角下的人性，其间错综复杂又琐碎的美，只有中国人才能够真正懂得。

1968年，她在台湾出版了《张爱玲短篇小说集》，开始了跟皇冠出版社数十年的合作。台湾皇冠出版社的老板平鑫涛是著名言情小说家琼瑶的丈夫，也是20世纪40年代上海中央书店老板平襟亚的侄子，他非常珍视跟张爱玲的合作关系，一直付给张爱玲最优厚的版税，陆续出版了张爱玲几乎所有的新旧作。张爱玲终于摆脱了经济上的困扰，不必再东奔西突四处写东西糊口，可以专心从事自己真正感兴趣的写作事业了。

1968年，张爱玲根据《金锁记》改写的长篇小说《怨女》（1966年曾经在香港《星岛晚报》上连载）由皇冠出版社出版。从《金锁记》到《粉泪》，到《北地胭脂》，再到《怨女》，张爱玲心中的这个故事，用英文

1968年的张爱玲。比之一年前，张爱玲明显又见苍老。她跟赖雅的婚姻，让她远离都市和文化中心，提前过上了老年生活；她执着于英文写作，结果让人生里最充沛的黄金十年付之东流。因此，很多人认为这十年对她来说是生命和才华的双重浪费。不过人生的选择有时也谈不上值得不值得，生命有它自身的图案，我们唯有临摹。

中文反复书写，前前后后竟是二十几年过去了。小说除了从3万字的中篇扩充为10万字的长篇之外，最突出的变化，是中心的偏移——由“恨”变为“怨”。《金锁记》突出的是曹七巧被金钱扭曲的人性，人与人之间最后归结为刻骨的恨：“她知道她儿子女儿恨毒了她，她婆家的人恨她，她娘家的人恨她。”而《怨女》突出的则是一个“怨”字，银娣只是一个在不公平的人生命运中饥渴而又无奈，心怨难平的普通女性。在《怨女》中，她和三爷之间的感情变化过程，脉络变得更加清晰，这样银娣的爱恨也有了更充分的因由；而原小说中女儿长安的相关内容被删节，不似七巧那般硬要拖住女儿一同在这黑暗里受难，银娣的形象看上去不那么极端变态了。

张爱玲曾说：“……我的小说里，除了《金锁记》里的曹七巧，全是些不彻底的人物。他们不是英雄，他们可是这时代的广大的负荷者。因为他们虽然不彻底，但究竟是认真的。他们没有悲壮，只有苍凉。”[①]多年后的改写，《怨女》中的银娣终于一改曹七巧的极端，也变成了不彻底的人物，张爱玲显然又一次申明了自己的创作观。小说结尾的处理也相当精彩：

> 忽然从前的事都回来了，蓬蓬蓬的打门声，她站在排门背后，心跳得比打门的声音还更响，油灯热烘烘熏着脸，额上前刘海儿热烘烘罩下来，浑身微微刺痛的汗珠，在黑暗中戳出一个个小孔，划出个苗条的轮廓。她引以自慰的一切突然都没有了，根本没有这些事，她这辈子还没经过什么事。
>
> “大姑娘！大姑娘！”
>
> 在叫着她的名字。他在门外叫她。[②]

张爱玲用镜头闪回式的电影手法，让银娣的人生在一串蒙太奇的变换

①张爱玲：《自己的文章》，见《张爱玲集·流言》，第14页，北京，北京十月文艺出版社，2006。②张爱玲：《怨女》，见《张爱玲文集》，第3卷，第437页，合肥，安徽文艺出版社，1992。

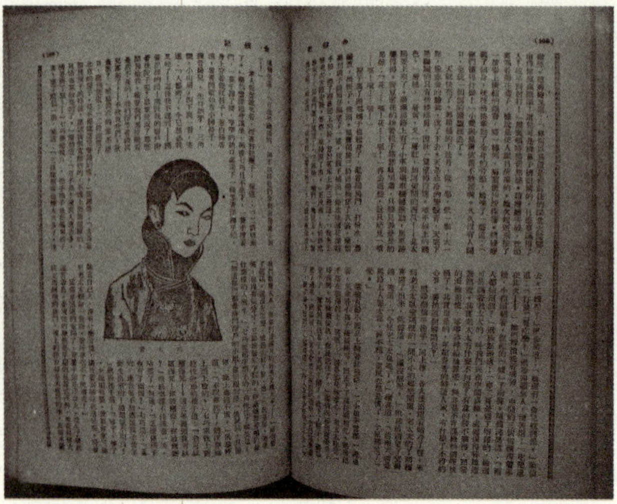

1943年发表于《杂志》上的《金锁记》。夏志清在《中国现代小说史》中称其为“中国自古以来最伟大的中篇小说。”夏志清的评价，使张爱玲在20世纪70年代末期进入大陆学者的视线，对大陆重新发现张爱玲和此后的“张爱玲热”都有深远的影响。

中闪回到出嫁前的这个点上，嘭嘭嘭的打门声，热辣辣的呼唤声，明明昧昧的油灯，咚咚咚跳个不停的心……小说的结尾并非意在表达银娣对年轻时生活的怀念，纵然时光能够倒流，她的人生又能改写吗？这个结尾要表达的是对时间的彻悟——这么多年来，银娣所经历的一切，都不过是荒诞和虚妄，到头来只剩下满目荒凉，什么也没有留下，一切都等于没发生过，从终点又回到起点，时间没有了意义。

此外，还有很多细节的处理，《怨女》都优于《金锁记》，也更具有现代意味。但是《金锁记》的震撼力和冲击力是刺目的，有时候裹挟着难以抵挡的艺术魅力，足以覆盖《怨女》温润的光芒。例如女主人公和三爷翻脸的一段情节，《怨女》写银娣曾经借钱给三爷，但是后来三爷再次带着债主上门，才愤而翻了脸。这样改动看上去更合情合理，但无论如何，读来都远不如《金锁记》中的那一段有味：

七巧虽是笑吟吟的，嘴里发干，上嘴唇黏在牙仁上，放不下来。她端起盖碗来吸了一口茶，舐了舐嘴唇，突然把脸一沉，跳起身来，将手里的扇子向季泽头上滴溜溜掷过去，季泽向左偏了一偏，那团扇敲在他肩膀上，打翻了玻璃杯，酸梅汤淋淋漓漓溅了他一身。七巧骂道：“你要我卖了田去买你的房子？你要我卖田？钱一经你的手,还有得说么?你哄我——你拿那样的话来哄我——你拿我当傻子——"她隔着一张桌子探身过去打他,然而她被潘妈下死劲抱住了。①

七巧毫无征兆突然翻脸,是因为多年来积在心头的希望,以为就要成真的这一刻,突然发现完全是个骗局。那种压抑久了的爱,由被欺骗的绝望一下子变成恨,爆发出来的力量,足以毁天灭地,却比什么都来得更合情合理。此外,七巧和女儿长安之间的那种怨毒的母女关系,同样有着令人过目难忘的震撼性,也是《金锁记》的一个重要亮点。

总的说来,《金锁记》跟《怨女》各有千秋。后者在艺术上更加圆熟,语言也精益求精。但是女主人公银娣,流失了《金锁记》中曹七巧身上那种最动人心魄的力量,使《怨女》看上去更加冗长琐碎。更何况它作为一个改写作品,不但对读者来说没有更多的吸引力,在文学史上也难和最初的《金锁记》一较高下。

1969年,张爱玲应加州大学伯克利分校陈世骧之邀,到该校中国研究中心任高级研究员。在伯克利的中国研究中心,张爱玲总是下午四五点钟来到办公室,一直工作到午夜,几乎不参加任何社交活动,即便是同事也很少见她一面。这段时间她将主要精力用于继续将《海上花列传》译为英文和对《红楼梦》的考据研究。这两样都是张爱玲一直有着浓厚兴趣的工作。对于《海上花列传》的英文译名,她就很下了一番功夫,*Flowers of the sea*太普通,*The Belles of Shanghai*又不能准确显示出妓女的含义,最后根据晚清英美人将吴语的"先生"误听为"Sing Song"且由此称这些妓女为"Sing Song Girls"的洋泾浜英语,将书名敲定为*Sing Song Girls of Shanghai*,里面的翻译也是字斟句酌,从不马虎。对《红楼梦》的研究,张爱玲更是到了痴迷的程度,以至于

①张爱玲:《金锁记》,见《张爱玲集·倾城之恋》,第150页,北京,北京十月文艺出版社,2006。

郑苹如女士。《色，戒》的故事原型。张爱玲把当时上海非常著名的郑苹如刺丁默村案，加上好友宋淇提供的另外一条线索——抗战时期北平爱国的富家子弟自发组织起来的一个除汉奸小团体众多材料融合在一起，进行了独特的再创造。

有“十年一觉迷考据，赢得红楼梦魇名”之说，她十年功夫最后总结成书为《红楼梦魇》，1977年由皇冠出版社出版。

1979年，张爱玲在《中国时报·人间》副刊上发表了小说《色，戒》。这篇小说故事很简单，讲了一群爱国大学生在抗战时期，自发组织起来以美人计设下圈套，刺杀汉奸易先生。他们约定由美人计的女主角王佳芝和易先生在珠宝店买首饰的时候下手。可是在最后关头功亏一篑：王佳芝看到易先生给自己买的那颗硕大的钻石，突然女人性战胜了民族大义，提醒易先生逃跑。结果计划失败，参与者尽数被秘密处决——包括临阵反水的王佳芝在内。

这部小说因为2007年李安执导的同名电影而为人熟知。其实在发表之初，它就曾因涉及敏感的汉奸题材而引起哗然，遭到指责。一向不写任何解释文字的张爱玲，由于自身经历的敏感也不得不写了一篇短文《羊毛出在羊身上》，算是对指责做出回应，解释自己的立场。

张爱玲的《色，戒》仍然保持了一贯的人性立场。汉奸、爱国志士、民族大义等词汇，并不是她要表达的主题词，而只是她小说的一个背景。她将刺杀前不长的几分钟，无限地拉长，女主人公王佳芝的心理变化，也是剥茧抽丝地呈现：

只有现在，紧张得拉长到永恒的这一刹那间，这室内小阳台

李安执导的电影《色丨戒》剧照。

上一灯荧然，映衬着楼下门窗上一片白色的天空。有这印度人在旁边，只有更觉是他们俩在灯下单独相对，又密切又拘束，还从来没有过。……

这个人是真爱我的，她突然想，心下轰然一声，若有所失。

太晚了。

店主把单据递给他，他往身上一揣。

“快走。”她低声说。[①]

王佳芝本来是一个进行爱国除奸活动的女学生，但是在易先生给她买了大钻戒、温柔又有点悲哀地看着她的时候，她却瞬间千愁万绪，把一切铿锵有力的宏大叙事全推到了人生的背景布上，乱嗡嗡的一片，什么也听不见了——只剩下盲目的爱，或者说是盲目地以为被爱。

①张爱玲:《色，戒》，见《张爱玲集·郁金香》，第412页，北京，北京十月文艺出版社，2006。

一个原本异常紧张、动人心魄的间谍故事，以这么“反高潮”的方式结尾，恐怕是所有谍战题材的小说中最为独特的一个。虽然在间谍小说中，反水而死的女特务并不少见，但那大多是邪恶一方向正义一方的皈依，最后爱情的力量和正义的力量得到了叠加，悲情女主角也往往因崇高的爱情和弃暗投明的自我牺牲精神，而获得大众的认可。张爱玲却恰恰反其道而行之，叙述了人生的另一种可能性，王佳芝作为正义一方的临阵倒戈。张爱玲显然并非意在美化汉奸，而是不愿像所有谍战小说那样“正说”，从而令掷地有声的宏大叙事掩盖一切个人化的东西，以正义的名义遮掩掉爱的盲目与不计代价。只有在《色，戒》的故事中，人性的悲剧，在民族国家的宏大叙事的比照之下，才更加令人震撼。

小说《色，戒》后来收入1983年出版的《惘然记》里，张爱玲在序言中毫不掩饰对这个故事的喜爱之情。她自言50年代得到材料时的惊喜，以及后来不断改写的历程，不觉之间写写改改，三十多年过去了，自己却并不后悔，她说：“爱就是不问值得不值得。”

很多人都觉得这是她对于爱情的看法，其实这句话，更是她作为一个作家对自己写作天职的深情宣言。

张爱玲终生至爱写作，确实做到了可以为这份至爱而不计代价。

她是真正为写作而生的作家。

爱就是不问值得不值得。

第八章

灯火阑珊

第八章

灯火阑珊

尾声 独有一客寄孤篷

张爱玲摄于1994年7月7日。这张照片，张爱玲手持当日报纸，她自言是模仿绑匪寄给肉票家人的照片——证明她当天还活着。此时的张爱玲，参透生死，一副只等时间随时来撕票的达观。一年多以后，时间真的带走了她，却留下永远的传奇，撒落人间的种子。

从20世纪60年代后期开始，张爱玲在港台热潮再起，知名度越来越高，仰慕者越来越多，外界对这位传奇女性的探究兴趣也越来越浓。而张爱玲的生活却越来越自我封闭，逐渐变成了一种与世隔绝的隐居。

1971年陈世骧逝世后，张爱玲失去加州大学伯克利分校的研究员职位，从此她搬到了洛杉矶，彻底过起了“隐居”生活。虽然晚年张爱玲又恢复了和大陆亲人的通信，也跟少数几个朋友保持着联系，但是绝大多数时间里，她都是将自己关闭在只属于自己的世界里。台湾皇冠出版社的老板平鑫涛，跟她合作30年却素未谋面，只通过只言片语的信件联系相关事宜。跟她在花莲结下友谊，保持多年通信联系的王祯和，到美国时希望能前来洛杉矶拜访，也被她回信拒绝，并说“你应该了解我的意思”。王祯和对此解释为张爱玲希望留着彼此之间从前的印象：“后来没见面是对的。让我记忆中她永远是那青春的一面。其实我应该寄张现在的照片给她，告诉她我也老了，请她也寄张现在的照片给我。不要，还是不要，还是留着以前的记忆吧。真是奇怪，我真的能把她的每一件事，每个动作，说的话都记得清清楚楚，包括她喜欢戴的大耳环……”①

对于朋友避而不见，普通读者和研究者的访问她更是很少接待。她说：“我

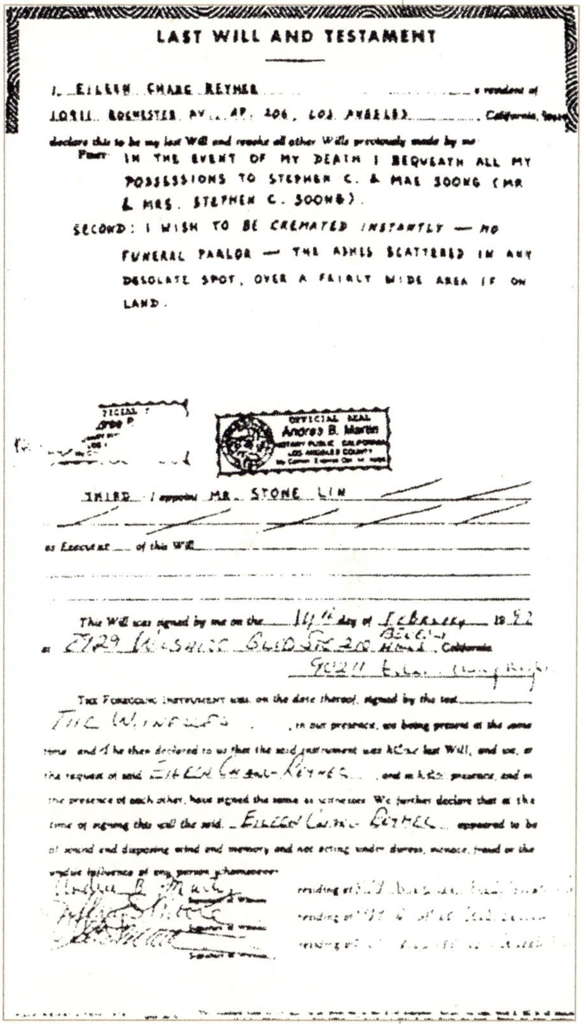
LAST WILL AND TESTAMENT

I, EILEEN CHANG REYHER, a resident of 10911 ROCHESTER AV., AP. 206, LOS ANGELES, California, declare this to be my last Will and revoke all other Wills previously made by me.

First: IN THE EVENT OF MY DEATH I BEQUEATH ALL MY POSSESSIONS TO STEPHEN C. & MAE SOONG (MR & MRS. STEPHEN C. SOONG).

SECOND: I WISH TO BE CREMATED INSTANTLY — NO FUNERAL PARLOR — THE ASHES SCATTERED IN ANY DESOLATE SPOT, OVER A FAIRLY WIDE AREA IF ON LAND.

OFFICIAL SEAL Andrea B. Martin NOTARY PUBLIC CALIFORNIA LOS ANGELES COUNTY

THIRD: I appoint MR. STONE LIN as Executor of this Will.

This Will was signed by me on the 14th day of February 1992 at 2729 Wilshire Blvd Ste 20, Beverly Hills, California 90211

The Foregoing instrument was on the date thereof, signed by the testator in our presence, we being present at the same time, and the then declared to us that the said instrument was her last Will, and we, at the request of said Eileen Chang Reyher and in her presence, and in the presence of each other, have signed the same as witnesses. We further declare that at the time of signing this will the said Eileen Chang Reyher appeared to be of sound and disposing mind and memory and not acting under duress, menace, fraud or the undue influence of any person whomsoever.

张爱玲遗嘱。张爱玲1993年写下遗嘱，寄给执行人林式同先生。主要内容有如下几项：死后马上火葬，不要人看到遗体。不举行任何葬礼仪式。骨灰撒向空旷无人处。遗物全部寄给宋淇先生。

①邱彦明：《张爱玲在台湾——访王祯和》，载台北《联合文学》第二十九期，1987年3月。

很早就没了家族，孤独惯了，在哪儿都觉得一样。而且在国外，更有一种孤独的借口。”“我常常觉得我像是一个岛。”①

张爱玲安心于自己的“孤岛”生活，写她的《对照记》，改她的《小团圆》，把自己和世界用茫茫大海阻隔起来。可是随着“张爱玲热”的持续升温，外面的世界却更加车水马龙，人们对张爱玲神秘生活的关注，似乎比她的坚守孤独更加执着，颇有八仙过海各显神通之势。以至于后来发生了有台湾女记者访问不成，偷翻张爱玲的垃圾，以获得任何蛛丝马迹为荣的著名的“垃圾事件”。这次“垃圾事件”以张爱玲得知后迅速搬家而告终。

对于张爱玲的隐居生活，有人认为是一种怪癖，有人认为是一种与众不同的高贵，还有人认为这只是一种孤独写作的生活状态。1992年，她在一则序言中坦言：“人生有飞扬，我飞扬不起来；人生有热闹，可是我热闹不起来。我可以逃离一切，但我逃不出这生命的苍凉。”从这段话中，我们能够看出她是主动选择离群索居这样的生活方式，但这并不是一种自得的生活，而是一种孤独的宿命。或许还要加上时间的砝码：“……时间加速，越来越快，越来越快，繁弦急管转入急管哀弦，急景凋年倒已经遥遥在望。一连串的蒙太奇，下接淡出。”② 她的生命永远逃离不了“苍凉”二字，越接近人生的谢幕，便越如影随形。

1995年9月8日，张爱玲被发现逝世于洛杉矶的公寓中。她的朋友、遗嘱执行人林式同后来回忆说：

> 张爱玲是躺在房里唯一的一张靠墙的行军床上去世的，身下垫着一床蓝灰色的毯子，没有盖任何东西，头朝着房门，脸向外，眼和嘴都闭着，头发很短，手和腿都自然地平放着。她的遗容安

①殷允芃：《访张爱玲女士》，见陈子善编《私语张爱玲》，第120页、第122页，杭州，浙江文艺出版社，1995。②张爱玲：《对照记》，第81页，北京，北京十月文艺出版社，2007。

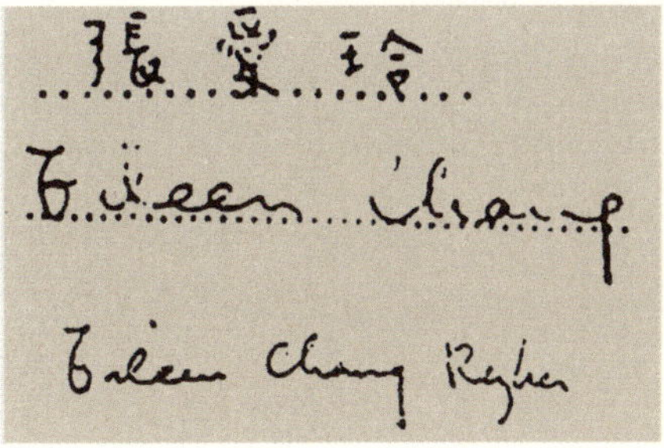

详，只是出奇的瘦，保暖的日光灯在房东发现时还亮着。[1]

在去世之前，张爱玲一直有牙病、眼病、皮肤过敏，经常感冒，不爱做饭，基本靠吃各种方便食品果腹，体质已经非常孱弱，死亡对于她来说，未尝不是一种顺其自然的解脱。

1995年9月30日，农历中秋节这天，她的骨灰被撒入太平洋。

一轮满月清辉如雪，广袤荒凉的大海深处，听见莲花开的声音。

①《张爱玲逝世四周年专辑》，载台湾《中国时报》1999年9月8日。